Hans Bankl

Kolumbus brachte nicht nur die Tomate

Geschichten hinter der Geschichte

GOLDMANN

Umwelthinweis:
Alle bedruckten Materialien dieses Taschenbuches
sind chlorfrei und umweltschonend.

Der Goldmann Verlag ist ein Unternehmen
der Verlagsgruppe Random House GmbH

1.Auflage
Vollständige Taschenbuchausgabe Oktober 2004
Wilhelm Goldmann Verlag, München,
in der Verlagsgruppe Random House GmbH
© 2002 der Originalausgabe Kremayr & Scheriau, Wien
Umschlaggestaltung: Design Team München
Satz: DTP im Verlag
Druck: GGP Media GmbH, Pößneck
Verlagsnummer: 15292
KF · Herstellung: Sebastian Strohmaier
Made in Germany
ISBN 3-442-15292-5
www.goldmann-verlag.de

Inhalt

Vorwort 11
Über das Wissen und den Wissenserwerb 11
Wissen macht Spaß 15

Kolumbus brachte nicht nur die Tomaten 18
Wie alles begann 18
Wer war Kolumbus und was haben wir ihm
   zu verdanken? 19
Die Rückkehr des Kolumbus 24
Die venerische Seuche 26
Die vielen Namen der Syphilis 29
Berühmte Patienten 32
   Päpste 33
   Humanisten 33
   Könige 34
   Bildende Künstler 34
   Philosophen 35
   Ein Arzt 35
   Dichter 36
   Musiker 37
Begleiterscheinungen der Syphilis 38
Die Seuche der Gegenwart – AIDS 40
Chronologie der Ereignisse 42

Ein zahnloser Politiker	47
Wer kennt Reimerich Kinderlieb?	50
Es war einmal ein Stein in der Wüste...	53
Der »Schwarze Stein« als Heiligtum	54
Mohammed	56
Was ist der Koran?	60
Die Entstehung des Islam	62
Die Ausbreitung der islamischen Religion	65
Weiteres Wissenswertes über den Islam	66
Abraham (Ibrahim)	66
Alkoholgenuss	67
Dschihad	67
Fatwa	68
Frauen und Ehe	68
Moschee	70
Die Würdenträger des Islam	71
Der islamische Fundamentalismus	74
Wieviel Arabisch sprechen wir eigentlich?	76
Kurzer geschichtlicher Überblick	78
Was die Leber nicht umbringt, macht sie härter	80
Sie alle litten an Leberzirrhose	80
Der Komponist	81
Der Dichter	82
Der Komödiant	84
Der Unschuldige	86
Das Lied einer Nation	88
Mohrenköpfe	92
Als das Dach brannte	92
Was man in einem Museum so alles findet	93

Österreich und die Freimaurerei
im 18. Jahrhundert 95
Wer bürgte für wen? 97
Angelo Soliman, der hochfürstliche Mohr 99
Der Mohr wird ausgestopft 103
Berühmte Verwandtschaft 105
Noch heute kann man sie bewundern 105
Wo ist »El Negro« wirklich? 107
Die Hottentottenfrau 109

Die richtige Reihenfolge: Zuerst Christ,
dann Komponist, schließlich Direktor 110
Der Weg zum Ruhm 112

Eine amerikanische Karriere 116

Historisches und Aktuelles zu einer Krankheit
der »guten Zeiten« 118
Was ist Gicht? 119
Wer leidet an Gicht? 122
Zwei berühmte königliche Gichtpatienten 124
Der erste König 124
Der zweite König 126
Ein Grab ist nicht genug 129
Eine Galerie prominenter Gichtkranker 130

Ein Mord in der Badewanne 134

Der erste Medienstar des 20. Jahrhunderts 137

Keiner wird so oft zitiert wie er 139
Der reitende Held 142
Eine Meisterleistung der damaligen Technik 143
Der Zuruf wurde zum Zitat 146

Die Welt zur Zeit des Götz von Berlichingen 147
Who was who im Spätmittelalter 150

Mit 66 Jahren ist noch lange nicht Schluss 153
Er war ein biologisches Phänomen 155
Anmerkungen zum Zweiten Weltkrieg 158

Drei Herren trafen einander in Paris 159
Der Journalist 161
Der Dichter 163
Der Fabrikant 165
Wie kam Marx zum Kommunismus? 166
Marxismus für Anfänger 168

Ein Patient wie jeder andere 172
16 Jahre krank und über 30 Operationen 174

Ein ungewöhnlicher Gast 178

*Hinter dem Vorhang entstand eine
neue Wissenschaft* 182
Er begann als Landarzt 185
Anthrax – die Geschichte einer Bedrohung 187
  Berichte aus der Antike 188
  Das medizinische Mittelalter 190
  Langsames Aufkommen der Wissenschaft 192
  Klärung der Ätiologie 193
  Milzbrand als Waffe 194

Ein Spiritist und ein Zauberer 196

Familienverhältnisse 199
Eine sonderbare Familie 199
Der ältere Teil der Familie 204

Der jüngere Teil der Familie 207
  Die Älteren 208
  Die Mittleren 209
  Die Jüngeren 209
Eine tragische Familie 210
Thomas Mann und Ernest Hemingway –
ein Vergleich 215

Der vergessene Sohn 217

Eine italienische Reise, eine alte Geschichte
sowie echte und falsche Ringe 220
Eine unglückliche Reise 220
Eine uralte Geschichte 223
Es gibt noch andere Ringe 226

Visionäre und Ingenieure 230
Der technische Experte 230
Der Vater der Weltraumfahrt 232
Walt Disney und die Weltraumfahrt 235
Er baute die Raketen 237
Die Geschichte der Raketentechnik 240
  Raketen als Waffen 242
  Raketen zur Belustigung 243
  Forschungsraketen 243
Die Geschichte der Weltraumfahrt 244
  Was bisher geschah 247

Die Krankheit war ernst und unheilbar 254
Von Medikamenten abhängig, von
Schmerzen gequält 256
Ein schwer kranker Politiker wird
zum Idol einer Epoche 257

Ein Frauenschicksal 260

Die Organe leben weiter 263
Dr. Barnards erste Herztransplantation 264
Der zweite Versuch 266
»Plötzlicher Ruhm ist ein berauschendes Erlebnis« 268
Worin liegt das Problem der Herztransplantation 270
Der Weg zum Herzen 273
Eine kleine Geschichte des Herzens 275
Auch in der Sprache schlägt das Herz 280

Arzt war doch nicht der richtige Beruf 282
Knochenschicksale 284

Literaturverzeichnis 287

Vorwort

Über das Wissen und den Wissenserwerb

Mit dem Wissen ist das so eine Sache. Da wird unterschieden
- zwischen dem, was wir wissen sollten, und dem, was wir wissen müssen,
- zwischen Allgemeinwissen und Spezialkenntnissen und schließlich
- zwischen dem, was zu merken ist, und dem, was wir vergessen können.

Dazu kommt, dass das Wissen je näher es an eine Wissenschaft herankommt, umso kurzlebiger wird. Die Halbwertszeit des Wissens in der Medizin etwa beträgt ungefähr fünf Jahre, d.h. dass nach fünf Jahren nur mehr die Hälfte unserer mühsam erworbenen Kenntnisse brauchbar ist. Das dürfen die Patienten aber nicht erfahren.

Aber alles wird relativiert, wenn man die Dinge praktisch sieht und an das einfache Menschenleben denkt: Was sollten wir wissen? Ganz einfach: die Lottozahlen beim nächsten Superjackpot oder zumindest die Antworten beim Millionenquiz. Da das mit den Lottozahlen jedoch genauso wenig funktioniert wie mit der Wetterprognose, bleibt also nur mehr das Bemühen, richtige Antworten auf gescheite Fragen zu geben. Nur, dazu braucht man etwas, das früher Bildung genannt wurde, dann aber in Vergessenheit geriet. Allgemeinbildung – in Abgrenzung zum beruflichen Fachwissen – erwirbt man durch Neugier und Nachdenken, durch dauerndes Fragen und

In-Frage-Stellen. Wer nicht fragt, ist und bleibt dumm und wird auch dumm sterben. Aber das stört ihn dann nicht mehr so sehr.

Wie erwirbt man Wissen? Ganz einfach dadurch, dass man neugierig die Welt betrachtet. In Zeiten der globalen Kommunikation funktioniert dies, wenn es die Gegenwart betrifft, sehr gut. Für die Vergangenheit, aus der wir eigentlich lernen sollten, gelten andere Maßstäbe. Da ist ja schon alles passiert und daher bleibt als der geeignetste Zugang nur die Fragestellung: Warum ist etwas passiert? Welche Konstellation der Ursachen gab es? Was ist geschehen, dass etwas ganz anders als erwartet verlaufen ist? Hier bekommt das merkwürdige Wort »hinterfragen« Berechtigung. Dieses Wort bedeutet »nach den Hintergründen fragen«, und genau das soll es sein.

Wenn wir solche Fragen stellen, werden wir sehen, dass es fast immer Menschen waren, die den Lauf der Geschehnisse beeinflussten und lenkten, selten Naturereignisse. Und nach solchen Menschen, nach solchen Ereignissen fragen wir in diesem Buch. Nicht geordnet im Kalender der Jahrhunderte, sondern blindlings aus der Glücksbox gezogen. Denn haben wir genug solche Bausteine der Geschichte, so werden wir sehen, wie sich teils allmählich, teils überraschend schnell Querverbindungen ergeben und so das Mosaik unserer Kenntnisse immer vollständiger, immer übersichtlicher, immer begreiflicher wird.

Der Erfolg von Rätselshows im Fernsehen kommt nicht von ungefähr, denn Neugierde, d.h. etwas wissen zu wollen, ist eine der Haupttriebfedern des geistig interessierten Menschen. Wenn man dabei noch etwas gewinnen kann – umso besser. Allerdings muss man dazu eine gewisse Grundausstattung an Wissen mitbringen. Ob man dies in der Schule lernt, ist fraglich. Jeder Unterricht nach Plan und Schema ist chronologisch und daher zwangsläufig, alles Zwangsläufige aber ist nicht spannend.

Schulen und Universitäten haben den allgemeinen Bildungsauftrag schon längst leise abgetreten. Es gibt nur mehr Fachschulen und Fachhochschulen. In den unteren Stufen lernen wir lesen und schreiben (trotzdem beträgt die Zahl der Analphabeten in Mitteleuropa in manchen Gebieten bis zu 10%), in den oberen Stufen lernen wir Spezialitäten, die der Absolvent eines parallelen Schulzweiges schon nicht mehr versteht. Die alten Universitätslehrer arbeiten jetzt nur mehr mit Kopf und Schultern: Ersteren schütteln sie, mit Letzteren wird gezuckt. Die jungen Universitätslehrer haben nichts anderes als ihr Spezialgebiet gelernt, sie schütteln und zucken nicht, sondern kommen sich über die Maßen gut und über alles andere erhaben vor.

Dem spanischen Philosophen José Ortega y Gasset (1883 bis 1955) gelang in seinem Hauptwerk *Aufstand der Massen* eine treffende Charakteristik des Spezialistentums: »Der Spezialist ist nicht gebildet; denn er kümmert sich um nichts, was nicht in sein Fach schlägt. Aber er ist auch nicht ungebildet; denn er ist ein Mann der Wissenschaft und weiß in seinem Weltausschnitt glänzend Bescheid. Wir werden ihn einen gelehrten Ignoranten nennen müssen, und das ist eine überaus ernste Angelegenheit; denn es besagt, dass er sich in allen Fragen, von denen er nichts versteht, mit der ganzen Anmaßung eines Mannes aufführen wird, der in seinem Spezialgebiet eine Autorität ist.«

Die Universität ist zur »Uni« verkommen. »Unus«, d.h. nur ein Gebiet lernt man dort, »universalis« im Sinne von »allumfassend« gibt es nicht mehr. Vielleicht sind sogar die Studienwechsler und -abbrecher noch am besten dran – ein wenig Jus, ein wenig Psychologie, etwas Publizistik und gut wäre noch eine merkantile Fachrichtung.

Vor langer Zeit gab es noch hin und wieder einen Polyhistor, einen Menschen, mit dem man eigentlich über alles reden konnte, fundiert, kein Partygeschwätz. Diese Leute sind jedoch ausgestorben, es gibt nur mehr Spezialisten und smalltalker. Der Wandel vollzog sich vom Menschen, der von »allem« erstaunlich viel wusste, zu jenem, der von »wenig« eigentlich erstaunlich viel weiß, aber darüber nur mit eigenen Fachkollegen reden kann. Dieses »Wenig« ist gefährlich. Wenn es sich nämlich beispielsweise auf die Gesellschaftskolumnen der Boulevardzeitungen, die Aussprüche unserer Politiker oder die Börsenkurse einschränkt, dann sind solche Leute wahrlich beschränkt.

Geschichte ist keine simple Abfolge von Ereignissen, Geschichte ist das, was die Menschen gestaltet haben. Manche Menschen griffen mehr, manche etwas weniger in den Lauf der Geschichte ein. Geschichte ist nicht die Kenntnis dessen, was einmal war, sondern das Wissen, wie etwas entstanden ist. Einige Menschen sind außergewöhnlich, z.B. an Begabung oder an Fleiß. Diese Menschen bewirken die Geschichte, die sonst eintönig wäre wie die Fortbewegung des Hamsters im Laufrad. Solche Leute nennt man Genies. Der Kulturphilosoph Egon Friedell (1878–1938) hat die Beziehungen zwischen genialen Menschen und den Umständen der Zeit, in der sie lebten, in drei Thesen herausgearbeitet.

1. Das Genie ist ein Produkt seines Zeitalters.
Hätte Martin Luther nicht im Zeitalter des aufkommenden Buchdrucks gelebt, so wäre die Reformation mangels Publizität untergegangen. Sokrates war das Produkt der griechischen Klassik, Lessing jenes der deutschen Aufklärung. In solchen Menschen verdichtete sich das ganze Zeitalter zu einem leuchtenden Stern.

2. Das Zeitalter ist ein Produkt des Genies.
Niemand kann den genialen Zauberern widerstehen, sie schaffen ihr eigenes Zeitalter. Sie schaffen Krieg, Revolution und Frieden. Sie entdecken neue Länder und neue Maschinen. Das Industriezeitalter und das Atomzeitalter, das

Zeitalter des Kopernikus und das Zeitalter Napoleons, ja, auch die Zeit des Dschingis Khan waren Produkte außergewöhnlicher Menschen.

3. *Genie und Zeitalter sind nicht miteinander vereinbar.*
Die Großen der Weltgeschichte waren immer einsame Sterne. Genies sind unikal, unangepasst und unanpassungsfähig. Sie ragen turmhoch über den Rest der Welt und das Gewimmel von Zeitgenossen hinaus, die sie ohnehin nicht verstehen.

Genies haben oft Sternstunden, wo in einem Augenblick das Entscheidende geschieht. Solche schicksalsträchtigen Augenblicke hat Stefan Zweig (1881–1942) in seinem Buch *Sternstunden der Menschheit* zusammengestellt. Wir verfolgen hier jedoch breiter den Einfluss außergewöhnlicher Menschen auf ihre Umgebung und Nachwelt, auf die Kulturgeschichte im Allgemeinen. Bildung ist immer ein Dilemma, denn wie wenig wir wissen, erkennen wir spätestens dann, wenn unsere Kinder anfangen zu fragen. Worüber man nicht reden kann, darüber muss man nicht schweigen, man kann darüber nachlesen. Man soll auch nicht vergessen, dass dies im Trend liegt, denn Bildungshunger und Wissensdurst machen nicht dick. Bildung kommt aber nicht vom Lesen allein, sondern vom Nachdenken über das Gelesene. Sonst geht es einem wie Oskar Kokoschka (1886–1980), der gesagt haben soll: »Aus der Schulzeit sind mir nur die Bildungslücken in Erinnerung geblieben.«

Wissen macht Spaß

Dieses Buch möchte Mut machen, Wissen zu erwerben. Den Mut bekommt man durch die Erkenntnis, dass die Großen der Weltgeschichte auch nur Menschen mit vielen Unzulänglichkeiten und Fehlern waren. Niemand braucht sich also zu schämen. Wissen zu erwerben, macht Spaß, wenn man nicht ein Lehrbuch der Geschichte in der Hand hat, sondern ein Geschichtenbuch, das belehrt. Geschichten, die das Leben schrieb, so wie sie jedem von uns passieren können.

Wir haben diese Geschichten in Rätsel verpackt, denn Rätselraten ist unterhaltsam und vor allem merkt man sich ein gelöstes Rätsel besser als ein nur gelesenes Ereignis.

Diese Rätsel umfassen entweder
- die ausführliche Darstellung einer oder mehrerer Personen, ihrer Zeit und ihrer Werke und Einflüsse; vor allem die oft erstaunlichen Zusammenhänge der Ereignisse und das Zusammentreffen der handelnden Personen, oder
- die kurze Charakteristik eines Geschehens oder einer Kuriosität, mit den nachfolgenden Fragen: Wer? Was? Wann? Wo? Warum?

Die Themen sind vielfältig, die Fragen ebenfalls. Wer weiß, vielleicht sind einige Antworten für das Millionenquiz darunter. Und auch wenn das gelöste Rätsel nur die persönliche Genugtuung des Wissens oder die Freude der Belehrung und Kenntnisbereicherung bringt, man sollte niemals vergessen: Wissen ist Macht, Nichtwissen ist Ohnmacht. Noch-Nicht-Wissen ist keine Schande und kann behoben werden. Wie sehr man sich vor Umkehrschlüssen hüten muss, zeigt der scherzhaft verdrehte Satz: »Wenn Wissen Macht ist, was macht dann Nichts-Wissen? Nichts-Wissen macht dann auch nichts.« Selbstverständlich beherzigen wir die Mahnung »Jeder Vergleich hinkt«, aber hoffentlich wissen die Mahner auch: »Nicht alles, was hinkt, ist ein Vergleich.« So viel zur vergleichenden Geschichtsbetrachtung.

Und damit gleich zur ersten Frage!

- Woher stammt das geflügelte Wort »Wissen ist Macht«?

Der englische Philosoph, Schriftsteller und Politiker Francis Bacon (1561–1626), ein Zeitgenosse von Elisabeth I., Maria Stuart und König Jakob I., veröffentlichte 1597 *Essayes. Religious Meditations* in englischer Sprache. Nur der zweite Teil erschien auf Latein und dort steht: »Nam et ipsa scientia potestas est« – »Denn die Wissenschaft selbst ist Macht.« Die zweite Auflage des Buches erschien gänzlich auf Englisch, hier steht: »Knowledge is power« – »Wissen ist Macht«. Bacon erklärte als höchste Aufgabe der Wissenschaft die Naturbeherrschung und war ein Früh-Aufklärer in England. Von ihm stammt noch ein zweites beherzigenswertes Zitat: »Tantum possumus quantum scimus« – »Wir vermögen soviel zu leisten, wie wir wissen.« Könnte man Eigennamen übersetzen, so würde Bacon auf Deutsch übrigens »Speck« lauten.

Achtung: Der Naturforscher Roger Bacon (zw. 1214 und 1220 – etwa 1292), der berühmte »Doctor mirabilis«, war ein ganz anderer und lebte 250 Jahre früher.

Kolumbus brachte nicht nur die Tomaten

Wie alles begann

Das Zauberwort für die am Ende des 15. Jahrhunderts einsetzende Entdeckerfreude hieß »Indien« und mit Indien war alles Land östlich des islamisch-arabischen Gebietes gemeint. Indien bedeutete Gold, Perlen, Seide, Elfenbein, Gewürze – kurz: unermesslichen Reichtum. Den kleinasiatischen Handelsweg zu Land von Europa nach Indien hatten die Türken mit der Besetzung von Konstantinopel 1453 abgeriegelt. Nun diktierten sie die Preise und dagegen musste Westeuropa etwas unternehmen.

Mit der Landkarte des Florentiner Arztes und Astronomen Toscanelli in der Hand und der richtigen Mischung zwischen Geschäftemacher, Entdecker und Desperado im Blut machte sich der Genuese Christoforo Colombo, der sich in Spanien Cristóbal Colón nannte, auf den Weg. Er wollte nach Cipango, so nannte man damals Japan und vor allem nach Cathay, das war China.

Als der Matrose Juan Rodrigo Bermejo am 12. Oktober 1492 um 2 Uhr morgens mit dem Ruf »Tierra! Tierra!« Land in Sicht meldete, wurde er von Kolumbus um die ausgesetzte Erfolgsprämie betrogen und es kam zur größten Überraschung der Weltgeschichte – eine bisher unbekannt »Neue Welt« war entdeckt.

• Warum heißt das neu entdeckte Land Amerika?

Der florentinische Kaufmann Amerigo Vespucci hatte 1501 in portugiesischen Diensten die Ostküste Brasiliens bereist. In spannenden Reisebeschreibungen berichtete er über seine Beobachtungen in diesem neuen Land und vertrat die Meinung, dass diese Länder mit Asien oder Indien nichts zu tun hätten. Dies erregte in Europa großes Aufsehen, denn bisher hatte es nur Erzählungen und Gerüchte gegeben. Jetzt lagen die Berichte schriftlich vor, die lateinische Version von Vespuccis Reiseabenteuern zur See trug den Titel *Americi Navigationes*.

1507, ein Jahr nach Kolumbus Tod, machte der Geograf Martin Waldseemüller in seiner *Einführung in die Kosmographie* den Vorschlag, den neuen Kontinent »das Land des Americus«, also »America«, zu nennen. Ohne Wissen des Vespucci erfolgte diese Namensgebung zunächst für Mittel- und Südamerika, während man sich bei Nordamerika noch einige Zeit nicht sicher war, ob es vielleicht doch zum asiatischen Festland gehörte oder nicht. Die Bezeichnung »Amerika« setzte sich durch, obwohl auch der Alternativvorschlag »Colomba« diskutiert wurde. Letzteres hatte aber keine Chance, da die Erben des Kolumbus mit der spanischen Krone um ihre Ansprüche stritten. Aus diesem Grund hatte das offizielle Spanien kein Interesse, den Namen der Familie Kolumbus mit der Neuen Welt zu verbinden.

Wer war Kolumbus und was haben wir ihm zu verdanken?

»Ich bin in Genua geboren«, ist die einzige Mitteilung über seine Herkunft. Sein Vater soll Wollweber gewesen sein. Er selbst wurde Seemann und kam als 25-Jähriger nach Lissabon, dem damaligen Zentrum für Seefahrt und Entdeckungsreisen. Dort heiratete er Felipa Moniz Perestrello, die ihm den Sohn Diego gebar. Zeitweilig versuchte er sich im sehr lukrativen

Zuckergeschäft. 1484 erläuterte er König João II. von Portugal seinen Plan, Indien auf einer Ost-West-Route zu erreichen. Die Portugiesen hatten jedoch gute Mathematiker und Geophysiker, die den Erdumfang und die wahre Distanz zwischen Europa und Asien kannten und daher eine solche Seefahrt für unmöglich erklärten. Kolumbus ging daraufhin nach Spanien, um dort »brevior via ad loca aromatum«, den »kürzeren Weg zu den Gewürz-Orten« anzupreisen. Auch schlug er eine andere Taktik ein: Die Reise sollte nicht ein geografisches Erkundungsunternehmen werden, sondern eine christliche Mission. Mit den materiellen Gewinnen – Gold, Gewürze, Seide, Edelsteine u. dgl. – werde es ermöglicht, einen neuen Kreuzzug auszurüsten zwecks Rückeroberung von Palästina und Jerusalem. Damit brachte er die katholischen Majestäten Ferdinand und Isabella sowie die Kirche auf seine Seite und hatte gewonnen. Seine Distanzberechnungen aber waren und blieben falsch, denn der Pazifische Ozean wie auch der Doppelkontinent Amerika waren unbekannt.

Die Passatwinde blasen seit jeher gleichmäßig von Ost bis Nordost und trieben so die Schiffe des Kolumbus mit einer Geschwindigkeit von etwa 12 Knoten, d.h. 22 Kilometer pro Stunde, über den Atlantik. Am 3. August 1492 hatten sie den Festlandhafen Palos (in der Nähe von Cádiz) verlassen, das eigentliche Abenteuer aber begann erst am 9. September, als sie ihre letzte Zwischenstation, die Kanarischen Inseln, im Osten aus den Augen verloren. Das Flaggschiff »Santa Maria« befehligte Kolumbus selbst, Kapitän der »Pinta« war der Reedereibesitzer Martin Alonso Pinzón, sein Bruder Vincente Yanez Pinzón führte die »Niña«. Die Schiffe sollen 25 bis 35 Meter lang und etwa 10 Meter breit gewesen sein. Wichtige Mitreisende waren ein königlicher Notar zur Inbesitznahme fremder Territorien, ein königlicher Buchhalter zur Beaufsichtigung der Beute und Luis de Torres, ein »converso«,

ein getaufter Jude, der Hebräisch, Aramäisch und Arabisch sprach.

Nach 33 Tagen Westfahrt erreichte die Flotte des Kolumbus eine kleine Koralleninsel im Bereiche der Bahamas, die er »San Salvador«, also »Heiliger Erlöser«, taufte. Die Reisedauer entsprach der von ihm berechneten Distanz zu den indischen Ländern und festigte seinen geografischen Irrtum. Bis zu seinem Tod erkannte Kolumbus nicht, was er entdeckt hatte und wo er tatsächlich gelandet war.

Die Insulaner, welche die Mannen des Kolumbus zuerst sahen, wussten nicht, was ihnen bevorstand. In Samt und Pluderhosen gekleidet, mit Eisenhelmen und Fahnen zelebrierten die Ankömmlinge ein Ritual, mit dem sie die Insel, welche die Eingeborenen »Guanahani« nannten, für Kastilien und Aragon in Besitz nahmen. Heute wissen wir, dass jene Einwohner von Venezuela aus über Trinidad die kleinen Antillen besiedelt hatten und von Fischerei, Jagd und Feldanbau lebten. Sie waren in Stämmen organisiert, nannten sich »Taino« und bemalten ihre nackten Körper bunt. Eine weitere Ironie der Geschichte war, dass die Spanier ständig nach Cipango fragten (damals wie heute wird die Zentralregion von Haiti Cibao genannt). Die Insulaner zeigten nach Süden und die Spanier fuhren weiter. Also kreuzte Kolumbus durch die Karibik und suchte nach den großen Städten und Goldschätzen, von denen Marco Polo berichtet hatte. Aber er fand nur Fischerhütten und keine Spur von Goldminen. Die gab es dort auch nicht, denn er segelte an der Nordküste von Kuba und Haiti entlang. Aber er hatte Glück, die Stammeshäuptlinge der »Indios« und deren Frauen trugen einfachen Goldschmuck, der sofort gegen spanischen Krimskrams eingetauscht wurde.

Wie schätzte Kolumbus nun die »Entdeckten« ein? Darüber gibt sein Bordbuch Aufschluss.

»Sie gehen nackend einher.« Es war für Kolumbus unfassbar, als er statt Untertanen des Großen Khans nackte Menschen antraf. Kleidung war doch, nach der Vertreibung von Adam und Eva aus dem Paradies, ein Zeichen menschlicher Kultur. Daher kam es zu Diskussionen, ob die Indios überhaupt Menschen seien.

»Sie kennen keine ernst zu nehmenden Waffen.« In militärischer Hinsicht waren die Indios für die hoch gerüsteten Spanier kein Problem. Auch entstand das Klischee der glücklichen und zufriedenen Wilden.

»Sie müssen gewiss treue und kluge Diener sein.« Die Ureinwohner wurden sofort als Untergebene bzw. Sklaven angesehen. Daran hat sich nicht viel geändert. Heute leben in den USA etwa 1,5 Millionen Indianer in Reservaten, und das in ihrem ehemals eigenen Land.

»Sie sind leicht zum Christentum zu bekehren.« Die Missionierung der katholischen Kirche spielte eine maßgebende Rolle

beim Genozid an der einheimischen Bevölkerung. Nicht mit der Bibel, sondern mit dem Schwert wurde das Christentum zwangsverbreitet.

- Welche lebensbedrohende Substanz wurde im Zuge der Entdeckungsfahrten des Kolumbus nach Europa gebracht?

Die Spanier konnten zunächst wenig mit den fremdartigen, kleingeschnittenen Blättern anfangen, welche die Eingeborenen in zylinderförmigen Rollen rauchten. »Tobako« wurden diese Rauchröhrchen genannt; es waren in Maisblätter eingewickelte Tabakschnitten. Die Handlung des Rauchens wurde ursprünglich für Rituale und Zaubereien verwendet, die Indianer am Festland rauchten Pfeifen, die später von den Franzosen »Calumet« genannt wurden. Zentrales Symbol des Rauchkultes war die Friedenspfeife, überdies hatte man die Möglichkeit mit dem großen Geist Manitou in Verbindung zu treten – man blies den Rauch in die vier Himmelsrichtungen.

In Europa wurde der Tabak als Heil- und Genussmittel angesehen, ein fataler Irrtum. Das Tabakrauchen ist die gefährlichste Atemluftverschmutzung mit den schwersten gesundheitsschädigenden Folgen. Schön wäre es, aber kaum einer rafft sich auf, etwas zu tun: »In unserer heutigen Gesellschaft ist Zigarettenrauchen die einzige leicht verhütbare Krankheits- und Todesursache und derzeit das wichtigste Problem des öffentlichen Gesundheitswesens.« Doch es gibt Interessenkonflikte: Im Gesundheitsministerium denkt man an die Lungenkranken, die Krebspatienten, die Arteriosklerotiker und berechnet die Kosten, die durch Raucherkrankheiten entstehen. Im Finanzministerium denkt man an die Tabaksteuer und plant die Einnahmen fix in das Budget ein.

- Gab es ein Ei des Kolumbus?

Einige Jahre nach dem Tod des Kolumbus schrieb ihm der italienische Schriftsteller Girolamo Benzoni die Geschichte mit dem Ei zu. Es soll bei einer festlichen Tafel gewesen sein, als die Frage auftauchte, wie man ein Ei auf einem der beiden Enden aufstellen könne. Als keiner eine Antwort wusste, soll Kolumbus das Ei mit der Spitze auf die Tischplatte geknallt und damit eingedrückt haben. So blieb es stehen.

Diese Geschichte hat mit Kolumbus in Wahrheit nichts zu tun, sondern existierte schon viel früher. Bereits der berühmte Florentiner Baumeister Filippo Brunelleschi (1377–1446) soll seinen Auftraggebern mit diesem »Eiertrick« die Konstruktion der Domkuppel in Florenz erklärt haben. Er hat dort ja eine frei tragende Überwölbung ohne Stützgerüst erreicht – eben eine Kuppel wie eine Eierschale.

Die Rückkehr des Kolumbus

Im März 1493 kehrte Kolumbus nach Spanien zurück und er brachte einiges mit. Sechs Indios und etliche Papageien führte er König Ferdinand und Königin Isabella vor, er zeigte exotische Früchte und Gegenstände und vor allem ein bisschen Gold. Nur wegen des Goldes wurden weitere Expeditionen ausgerüstet und die Europäer zogen einen regen Pendelverkehr auf.

Und was wurde da alles auf die Reise geschickt?
- Nach Westen – Pferde und Schießpulver, Pocken, Masern und Diphtherie sowie nicht zu vergessen der Alkohol, das später so berüchtigte Feuerwasser.
- Nach Osten – Mais, Kartoffeln und Tomaten, Tabak, Cocablätter und Hängematten sowie eine Geschlechtskrankheit.

Natürlich kam es ziemlich früh zu sexuellen Kontakten zwischen den Matrosen und den Indianerfrauen. Stolz wurde berichtet, dass »ein Spanier sich der Schätze des Landes und seiner Frauen nach Belieben erfreuen konnte, ohne dafür zahlen zu müssen«. Wie das so zuging, berichtete der Matrose Michele de Cueno, der ein Mädchen gefangen und mit Bewilligung von Admiral Kolumbus zu seiner Sklavin gemacht hatte: »Ich nahm sie in meine Kabine. Da sie nackt war, verspürte ich Lust, mich mit ihr zu vergnügen. Als ich daranging, meine Wünsche auszuführen, mochte sie dies nicht leiden und kratzte mich so heftig mit ihren Fingernägeln, dass ich wünschte, ich hätte gar nicht erst angefangen. Schließlich nahm ich einen Strick und schlug sie, dass sie in den unerhörtesten Tönen zu schreien begann. Daraufhin kamen wir zu einer Übereinkunft, und zwar so, dass man glauben hätte mögen, sie wäre in einer Schule für Dirnen erzogen worden.«

Die Spur der ersten Amerika-Fahrer verliert sich auf wenig heroischen Wegen: diejenigen, die etwas Brauchbares mitgebracht hatten, wurden Händler und Wirte; die anderen verdingten sich als Soldaten, wurden also Söldner, der Rest blieb Matrosen. Entscheidend aber ist, dass eine mobile Gesellschaft entstanden war: Personen mit regen zwischenmenschlichen Kontakten, die rasch von einem Ort zum nächsten wechseln – das sind die Voraussetzungen für jegliche Seuchenausbreitung.

Was die eingeschleppte Krankheit betrifft, so wurde unter den Begleitern des Kolumbus sogar ein Patient Nr. 1 namhaft gemacht: Der erste Kranke soll Martin Alonzo Pinzón, der Kommandant der »Pinta«, gewesen sein. Wie auch immer sich das im Detail zugetragen haben mag, fest steht, dass eine große Epidemie Europa von 1495 bis 1530 überschwemmte.

- Welche Krankheit hat sich nach der Rückkehr der Mannschaft des Kolumbus in Europa explosionsartig ausgebreitet?

Die venerische Seuche

Das lateinische Eigenschaftswort »venerius« bedeutet »der Venus geweiht« und man meinte damit »geschlechtlich«. Venerische Erkrankungen sind Geschlechtskrankheiten, zu denen auch die Syphilis gehört, eine noch heute in ungeahntem Ausmaß verbreitete Seuche und für Generationen von Medizinern der »Star« unter den Geschlechtskrankheiten. Über 50 Millionen Menschen auf der Welt haben Syphilis, d.h. etwa einer unter 120. Die Krankheit ist in Mitteleuropa völlig zu Unrecht verdrängt und vergessen, denn es gibt in Europa kaum einen Menschen, von dessen 4.000 Ahnen, die er innerhalb der letzten vier Jahrhunderte gehabt hat, nicht zumindest einige an dieser Krankheit gelitten haben – so sehr uns dieser Gedanke auch stören mag.

Die Syphilis ist eine junge Krankheit, in Europa kennen wir sie als Seuche seit 500 Jahren – eine historisch gesehen völlig unbedeutende Zeitspanne. Es steht außer Zweifel, dass sich die Syphilis erst ab dem Jahre 1495, also nach der Rückkehr des Kolumbus, epidemieartig ausgebreitet hat. Aber nicht nur die Frage, auf welchem Weg die Syphilis nach Europa gekommen ist, hat Mediziner und Historiker beschäftigt, sondern auch die Frage, inwieweit diese Krankheit Geschichte gemacht hat. Wer von den großen Akteuren der Weltgeschichte hat daran gelitten? Es waren Päpste, Könige und andere ihrer staatsmännischen Kollegen, aber auch Künstler, Dichter, Philosophen, von denen wir einigen jetzt gleich begegnen werden.

Dass es die Syphilis überhaupt noch gibt, ist traurig, denn die Krankheit könnte schon längst ausgerottet sein – einige dutzend Tonnen Penicillin würden ausreichen. Das medizinische Potenzial zum »overkill« wäre aufzutreiben, aber da die Sache keinen unmittelbaren wirtschaftlichen Vorteil bringt, engagiert sich niemand dafür.

Der Ursprung der Krankheit lässt sich exakt rekonstruieren. 1493 feierte man in Spanien die heimgekehrten »Westindienfahrer« und im gleichen Jahr beschloss König Karl VIII. von Frankreich, seine Erbansprüche auf das Königreich Neapel mit Waffengewalt durchzusetzen. Diese beiden Ereignisse waren für die Auslösung der ersten Syphilis-Epidemie verantwortlich. Karl VIII. marschierte mit einem internationalen Söldnerheer von 30.000 Mann los, König Ferdinand von Neapel warb zur Verteidigung ebenfalls Söldner an, darunter auch Matrosen aus Barcelona, dem Heimkehrhafen des Kolumbus. Im Tross beider Heere befanden sich zahlreiche Maketenderinnen und Prostituierte, um die rauen Landsknechte bei Laune und Kampfkraft zu halten. Ende Januar 1495 gelangten die Truppen Karls vor Neapel an, König Ferdinand floh und ließ 1.000 Mann zur Verteidigung zurück. Es kommt zur Belagerung, der Proviant ist knapp und daher wird der ganze überflüssige Anhang – Schlossgesinde, Soldatenhuren und die Frauen der Spanier – in das französische Lager geschickt. Nach dreiwöchiger Belagerung geben die Eingeschlossenen auf, kapitulieren und treten sofort in die Dienste des französischen Königs.

Enger und intensiver konnte die Durchmischung der Leute gar nicht sein. Und da brach die Krankheit aus und befiel in kürzester Zeit immer mehr Soldaten, zu deren Gefolge nach damaligem Kriegsbrauch wie gesagt immer auch eine Menge Frauen gehörten. Der verseuchte Heerhaufen zog nach Norden und wurde von den Truppen Kaiser Maximilians I. geschlagen und zerstreut. Da fast alle an diesem Krieg Beteiligten von der neuen Krankheit angesteckt waren, breitete sich diese über ganz Europa aus. Karl VIII., der Franzosenkönig, wurde nur 27 Jahre alt. Eigentlich war er eine völlig unbedeutende Figur in der Geschichte. Trotzdem wurde sein Namen unsterblich: Mit dem »langen Marsch« auf Neapel und wieder zurück begann der Ausbruch der Syphilis in Europa.

Wenn schon nicht wahr, dann gut erfunden ist die Anekdote, dass Jahrhunderte nach dem neapolitanischen Feldzug in der Pariser Kirche Notre Dame ein Herr auf Knien und im Gebet versunken vor dem Porträt Karls VIII. verharrte. Von einem anderen Kirchenbesucher gefragt, weshalb er seine Gebete denn an einen verstorbenen weltlichen Fürsten statt an einen Heiligen richte, antwortete er: »Sehen Sie, ich bin Dermatologe, und niemand hat so viel zur Blüte meines Berufes beigetragen wie dieser Herrscher, denn ihm und seinen Taten verdanken wir die Syphilis.« Und Voltaire, der die Seuche an mehreren Stellen seines Werkes erwähnt, schrieb die bissigen Zeilen: »Als die Franzosen tollköpfig nach Italien gingen, gewannen sie leichtfertig Genua und Neapel und die Syphilis. Dann wurden sie überall verjagt und man nahm ihnen Genua und Neapel weg, aber sie verloren nicht alles, denn die Syphilis ist ihnen geblieben.«

Seit der Rückkehr von der ersten Reise des Kolumbus bis zum Ausbruch der Epidemie waren genau zwei Jahre vergangen. Ist es innerhalb von zwei Jahren überhaupt möglich, dass eine durch Einzelfälle eingeschleppte Seuche eine große Verbreitung erreicht? Und wie! Wenn wir von nur einer erkrankten Person ausgehen und annehmen, dass dieselbe im Laufe eines Monats drei weitere Leute ansteckt und diese wiederum je drei und so fort, dann gelangt man nach Ablauf nur eines Jahres zu der erklecklichen Anzahl von 531.441 Infizierten (3^{12}) zurückgehend auf den Patienten Nr. 1.

Bei seiner ersten Reise verlangte Kolumbus von seinen Leuten unter massiven Strafandrohungen sexuelle Abstinenz gegenüber den Frauen der Eingeborenen. Dies geschah, um die gewünschte Bekehrung der Indios zum Christentum nicht durch Ausschweifungen zu gefährden. Solange Kolumbus dies beaufsichtigen konnte, hat es anscheinend funktioniert. Aber dann kam der Ausreißer des Martin Alonso Pinzón: Am 21. November 1492 war die »Pinta« samt Besatzung verschwunden, man befand sich gerade an der Nordküste von Kuba. Pinzón hatte eine Alleinfahrt angetreten und dabei waren sie natürlich nicht der Aufsicht und den Regeln des Kolumbus unterworfen. Erst am 6. Januar tauchte die »Pinta« wieder auf. Was in der Zwischenzeit alles geschehen war, ist nicht überliefert. Am 15. März 1493 war die erste Reise des Kolumbus zu Ende, zwei Schiffe und ein Großteil der Mannschaft kehrten nach Spanien zurück. Kolumbus wurde gefeiert, Martin Alonso Pinzón war krank und starb kurze Zeit später. Obwohl die Natur seiner Erkrankung völlig unklar ist, wird er in der Überlieferung immer als Syphilis-Patient Nr. 1 in Europa bezeichnet. Es ist zumindest eine gute Geschichte. Eines aber ist sicher: Nach der langen Enthaltsamkeit auf See stürzten sich die Heimkehrer in die Bordelle der Hafenstädte und auf einmal gab es eine neue Krankheit. Dies bestätigen auch Ärzte der damaligen Zeit, die in Barcelona erkrankte Seeleute behandelten: »Der göttlichen Gerechtigkeit gefiel es, uns eine bisher unbekannte neue Krankheit zu schicken, die 1493 in der Stadt Barcelona auftauchte. Diese Stadt wurde zuerst angesteckt, danach ganz Europa und schließlich die ganze bewohnte Welt.«

Die vielen Namen der Syphilis

Tatsache ist, die Syphilis war da und breitete sich gewaltig aus. Kurios gestaltete sich allerdings die vielfältige Namensgebung. Die Syphilis war mit Sicherheit eine kriegsgeborene Seuche und mit dem französischen Heer verbunden, weshalb die erste Namensgebung als »Franzosenkrankheit« bzw. »morbus gallicus« gar nicht so falsch war. Das aber beleidigte das französische Nationalgefühl und so entstanden weitere Namen. Jede Nation versuchte, dem Nachbarvolk die vermeintliche Schuld am Ausbruch des Übels zuzuschreiben. Das übrige Italien sprach vom »Mal de Naples« (»Übel von Neapel«), die Portugiesen von einem »Mal de Castilla« (»Übel von Kastilien«), die Polen nannten sie »Deutsche Krankheit«, die Russen die »Polnische« und die Orientalen nannten das Übel »portugiesisch«. Charmant waren lediglich die Chinesen: Als die Krankheit nach 1500 in Kanton ausbrach, gaben sie ihr den Namen »Pfirsichblüten-ähnlicher Ausschlag«. Der Name »Franzosenkrankheit« hielt sich am hartnäckigsten, aber das konnte die »Grande Nation« nicht auf sich sitzen lassen. Und so wurde in der lateinischen Fachsprache der Mediziner zunächst »Morbus venereus«, die Krankheit der Venus, die Krankheit der Lust, eingeführt, woraus dann schlicht »Lues«, die Seuche, wurde.

Der erst viel später gebräuchliche Name »Syphilis« geht auf ein Gedicht des Arztes, Astronomen und Dichters Girolamo Fracastoro (ca. 1478–1553) zurück. In diesem Gedicht wird der Hirte Syphilus wegen Gotteslästerung zur Strafe von der neuen Krankheit befallen: »Und nach ihm benennt die Menschheit heute noch die gleiche Seuche. Es empfängt von ihm die Krankheit nun den Namen Syphilis.« Die Lustseuche hat damit zwei offizielle Namen, die kein Volk diskriminieren: Syphilis und Lues.

Man muss dabei immer bedenken, dass das Wesen einer Infektion bzw. die Krankheitserreger damals noch nicht bekannt waren. Zur Frage der Ursache der Syphilis wurde eine für die damalige Zeit typische, abenteuerlich-komplizierte Theorie entworfen. Die Krankheiten der Geschlechtsorgane waren immer schon an das Sternzeichen des Skorpions gebunden. Für das Ende des 15. Jahrhunderts wurde eine Vereinigung der großen Planeten Saturn und Jupiter im Hause des Skorpions geweissagt und davon ausgehend Kriege und Seuchen prophezeit; diese Prophezeiung fand durch die neue Krankheit eine glänzende Bestätigung und allgemeine Anerkennung. Eine Sterndeuterei ähnlich jener, die viele Jahrhunderte zuvor schon beim »Stern vom Bethlehem« angewendet wurde. Der spanische Arzt Juan Almenar sah die Sache etwas differenzierter: »Bei den meisten Menschen entsteht die Syphilis durch einen unreinen Beischlaf, nur bei den Geistlichen durch den Einfluss der Gestirne oder verdorbene Luft.«

Über die neue Krankheit wurde zwar viel geschrieben, aber nur wenig dagegen getan. Die Befallenen wurden, ähnlich wie die Leprösen, ausgegrenzt: Den Gastwirten war es verboten, Syphilitiker zu beherbergen; Barbieren und Chirurgen war es untersagt, sie zu behandeln. Da die Kranken häufig aus einem bestimmten, gesellschaftlich geächteten Personenkreis kamen – Landsknechte und Veteranen, Deserteure und Vagabunden, Prostituierte und Zuhälter –, hausten sie unter Brücken, in Höhlen, im Wald oder in anderen desolaten Verhältnissen. Behandelt wurde die Syphilis durch Einreiben mit einer Quecksilberschmiere. Die gebildeten Mediziner hielten solche Behandlungen für unter ihrer Würde und so kam das Quecksilber in die Hände der Bader – der Ausdruck »Quacksalber« erinnert noch heute daran.

Da das Quecksilber schwere Vergiftungen hervorrief, wurde eine andere Behandlungsmethode, das Guaiak-Holz, eingeführt. Guaiak ist ein zentralamerikanischer Baum, dessen geschnitzeltes, abgekochtes Holz als Sud getrunken oder in die Hautwunden getropft wurde. Aus diesem Grund wurde vom spanischen Hof angeordnet, jedes aus der Neuen Welt zurückkehrende Schiff habe eine bestimmte Menge dieses wundertätigen Holzes mitzubringen. Das Handelshaus der Fugger hatte das Import-Monopol für das Holz. Als der große Paracelsus 1530 in einer Schrift neuerlich die Quecksilber-Schmierkur empfahl, wurde das Buch nach kurzer Zeit verboten. Nicht zu Unrecht kann man dahinter eine Intervention der Fugger aus Augsburg vermuten, die um ihre Handelsspannen fürchteten. Schon im 16. Jahrhundert waren die Pharma-Industrie und der Medikamentenhandel lukrative Geschäfte und sollten nicht gestört werden.

Es erschienen damals auch Anleitungen zur Selbstbehandlung, um die Patienten von den Medizinern, die ohnehin nicht helfen konnten, wegzubringen. Über solche Bücher brauchen wir uns nicht zu wundern, werden doch noch heute die Schriften von Alternativ-Medizinern, Kräuter-Heilkundigen und Gesundheitsjournalisten eifrig gekauft bzw. finden die Aussagen dieser Leute im TV ein höchst interessiertes Publikum.

Berühmte Patienten

Obwohl die Syphilis anfänglich vor allem eine Soldatenkrankheit war, verschonte sie auch die höhere Gesellschaft, die Wohlhabenden, Intellektuellen, Künstler und Politiker nicht. Eine Liste der, von »Amors vergiftetem Pfeil« getroffenen berühmten Syphilitiker reicht vom Beginn des 15. bis zum Endes des 19. Jahrhunderts.

Tragisch und deletär war es, wenn das Zentralnervensystem befallen wurde: Eine syphilitische Entzündung des Stirnhirns führt zur Progressiven Paralyse, einer Geisteskrankheit mit zunächst Wahnvorstellungen und dann völliger Verblödung. Bei Betroffensein des Rückenmarkes kommt es zur Tabes mit Störungen der Bewegungskoordination, Schmerzen und Lähmungen.

Die im Folgenden angeführten Personen haben zwar alle an Syphilis gelitten, aber keineswegs alle sind daran gestorben. Denn es ist bei dieser Krankheit erstaunlich, dass es bei fast zwei Drittel aller Infizierten zu keinen schweren oder tödlichen Komplikationen kommt. Sie bleiben allerdings meist infektiös und sorgen für die Ausbreitung der Lues.

Päpste

Alexander VI.: Der Spanier Rodrigo de Borja (1431–1503) wurde 1492 zum Papst gewählt, seine Kinder Cesare und Lucrezia trugen schon den italienischen Namen Borgia. Vater und Sohn litten an der Syphilis.

Julius II.: Der kriegerische Guiliano della Rovere (1443 bis 1513), Papstwahl 1503, war der Auftraggeber Michelangelos zur Ausgestaltung der Sixtinischen Kapelle. An Karfreitagen konnte er sich nicht einmal nach altem Brauch den Fuß küssen lassen, da dieser »totus ex morbo gallico ulcerosus«, völlig von Geschwüren der Franzosenkrankheit zerfressen war.

Leo X.: Giovanni de Medici (1475–1521), Sohn Lorenzos des Prächtigen aus Florenz, wurde mit 13 Jahren der jüngste Kardinal, den es je gab. Sein Hauptinteresse galt dem Weiterbau der Peterskirche, der ungeheure Geldsummen verschlang. Daher verkaufte Leo X. Ämter, Rittertitel und Ablässe. Letzteres brachte einen begabten jungen Theologen in Sachsen auf kritische Gedanken gegenüber der katholischen Kirche – es war Martin Luther.

Humanisten

Erasmus von Rotterdam (1469–1536) erklärte: »Man hätte das Heil der ganzen Welt bewahren können, wenn man die ersten Syphilitiker verbrannt hätte.« Vierhundert Jahre nach seinem Tod wurde 1928 die Gruft in Basel geöffnet und am Skelett zweifelsfrei syphilitische Veränderungen festgestellt.

Ulrich von Hutten (1488–1523) starb mit 35 Jahren an den Folgen der Syphilis. Der streitbare Publizist lebte zuletzt vereinsamt auf der Insel Ufenau im Zürichsee. »Er hinterließ nichts von Wert. Bücher besaß er keine, an Hausrat nichts außer einer Feder.«

Könige

Heinrich VIII. von England (1491–1547) infizierte sich schon als junger Prinz. Wieweit die Krankheit seine skrupellose Regierungsweise und Lebensart beeinflusst hat, lässt sich nicht mehr rekonstruieren.

Franz I. (1494–1547), König der Franzosen. Die Syphilis bekam er als Racheakt: Die Frau eines Pariser Rechtsanwaltes war seine Mätresse. Als der Ehemann dies erfuhr, infizierte er sich selbst absichtlich in einem Pariser Bordell, steckte dann seine Frau an und so wanderte die Syphilis zum König.

Bildende Künstler

Benvenuto Cellini (1500–1571), der geniale Bildhauer und Goldschmied, schildert in seiner Selbstbiografie, von wem er die Syphilis bekam: »Ich war eben neunundzwanzig Jahre alt und hatte eine Magd zu mir ins Haus genommen, von der größten Schönheit und Anmut... und ich brachte die meisten Nächte mit ihr zu... mehr als vier Monate blieb die Krankheit verborgen, alsdann zeigte sie sich mit Gewalt auf einmal... mit roten Bläschen, so groß wie Pfennige.«

Edouard Manet (1832–1883), der Wegbereiter des Impressionismus in der französischen Malerei, erkrankte mit 46 Jahren an einer Tabes dorsalis. Dies ist eine syphilitische Rückenmarksdegeneration, die etwa zehn bis zwanzig Jahre nach der Infektion auftritt. Sein Leiden dauerte fünf Jahre; er war an den Rollstuhl gefesselt und schließlich musste ihm ein Bein amputiert werden.

Hans Makart (1840–1884), der Malerfürst der Wiener Ringstraßenzeit und der Décadence des *Fin de siècle*, war ein Superstar seiner Zeit und dementsprechend von den Damen umschwärmt. Mit einer Körpergröße von 158 cm war er noch kleiner als Richard Wagner. Drei Jahre vor seinem Tod begann die Krankheit, die schließlich in einer Progressiven Paralyse endete.

Paul Gaugin (1848–1903), der Börsenmakler, gab mit 35 Jahren seinen Beruf auf, verließ seine Familie und wurde Künstler. Als einer der ersten Aussteiger landete er schließlich auf Tahiti, mitten im Pazifischen Ozean. Jahrelang an Syphilis leidend, starb er schließlich infolge einer Tuberkulose.

Philosophen

Arthur Schopenhauer (1788–1860) wurde mit Quecksilber-Medikamenten behandelt, die entsprechenden Rezepte sind erhalten. Da bei keiner anderen Krankheit Quecksilberpräparate verwendet wurden, ist eine Syphilis-Infektion sehr wahrscheinlich.

Friedrich Nietzsche (1844–1900) dämmerte mehr als zehn Jahre lang infolge einer Progressiven Paralyse geistig dahin. Wann er sich angesteckt hat, ist völlig ungewiss, aber auch unwesentlich, denn die Paralyse steht fest und ohne Syphilis gibt es keine Paralyse.

Ein Arzt

Ignaz Philipp Semmelweis (1818–1865) starb mit 47 Jahren in der Landesirrenanstalt in Wien. Dorthin kam er wegen einer akut aufgetretenen Paralyse, erschwert durch eine eitrige Allgemeininfektion ausgehend von einer Fingerverletzung. Über die Obduktion von Semmelweis liegen zwei völlig unterschiedliche Protokolle vor. In der Urschrift sind die syphilitischen Veränderungen beschrieben, als Eintragung in der Krankengeschichte steht nur: »Blutfülle des Gehirns, Hirnatrophie sowie akute Rückenmarksentzündung.« Diese Variante diente der Verschleierung der Syphilis, denn man wollte offenbar nicht, dass vom »Retter der Mütter« eine Geschlechtskrankheit bekannt würde.

Dichter

Ernst Theodor Amadeus Hoffmann (1776–1822) hieß mit seinem dritten Vornamen eigentlich Wilhelm. Aus Verehrung für Mozart änderte er mit 28 Jahren Wilhelm auf Amadeus und so entstanden die berühmten Initialen E.T.A. Sein exzessives Trinken führte zu einer Leberzirrhose, eine Syphilis-Infektion brachte schließlich die Tabes.

Heinrich Heine (1797–1856) war die letzten acht Jahre seines Lebens ans Bett gefesselt, seine »Matrazengruft«. Morphium war seine einzige Hilfe. Am 13. Februar 1856 sagte er, an seinen Memoiren arbeitend: »Ich habe nur mehr vier Tage Arbeit, dann ist mein Werk vollendet.« Vier Tage später starb er an den Folgen einer syphilitischen Rückenmarkserkrankung.

Nikolaus Lenau (1802–1850), eigentlich Nikolaus Franz Niembsch, Edler von Strehlenau, verbrachte die letzten sechs Jahre seines Lebens im Irrenhaus, denn Kranken- oder Pflegeanstalten für neurologische Fälle gab es damals noch nicht.

Charles Baudelaire (1821–1867) führte ein Künstlerleben in der Pariser Halbwelt. Opium, Haschisch und Alkohol war die Drogenmischung, ohne die er nicht leben konnte. In einem »Notizbuch der Liebe« notierte er Adressen und Vorzüge jener Dirnen, die er für besuchenswert hielt. Er färbte sich die Haare grün und hatte deutlich schizophrene Züge. Die Symptome der Syphilis begannen fünf Jahre vor seinem Tod. Mit 19 Jahren verfasste er für sich eine Grabinschrift:

»Hier ruht, der allzu sehr den Dirnen sich ergab und in des Maulwurfs Reich drum musste früh hinab.«

Gustave Flaubert (1821–1880), der mit seinem Roman *Madame Bovary* einen Welterfolg schrieb, war Alkoholiker, nahm Haschisch und litt an Syphilis. Gestorben ist er an einem Schlaganfall.

Guy de Maupassant (1850–1893) wurde von seinen Schriftstellerkollegen wenig schmeichelhaft charakterisiert: »Sein

Gesicht ist das eines Preisboxers, seine Sexualität die eines Stieres.« Ein Selbstmordversuch missglückte, er starb in völliger geistiger Umnachtung an Paralyse.

Musiker

Niccolò Paganini (1782–1840), der »Teufelsgeiger«, konnte die Frauen »bis zur Raserei bezaubern«, denn auch damals gab es schon »Groupies«. Dabei war er von »dämonischer Hässlichkeit« – spindeldürr, ein Gesicht wie ein Raubvogel, lange, dünne Arme, schwächlicher Körper, vorzeitig gealtert. Aber schließlich ist beispielsweise Mick Jagger auch keine klassische Schönheit. Zuerst holte sich Paganini eine Syphilis-Infektion, später erkrankte er an Tuberkulose.

Franz Schubert (1797–1828) führte ein recht bohémienhaftes Leben und war Frauen gegenüber keineswegs gehemmt, nur stellte er von seinem Aussehen her wahrlich keinen Verführertyp dar: 157 cm klein, »das Gesicht etwas mohrenartig«, »roch stark nach Tabak«, »vernachlässigte seinen Anzug, besonders die Zähne«, »nicht salonfähig«. Stubenmädchen, Kellnerinnen und jene Damen, die während des Wiener Kongresses so fantastische Honorare erzielt hatten, es jetzt aber, schon etwas verblüht, billiger gaben – das war Schuberts weibliche Welt. Anfang 1823 erkrankten Schubert und sein Freund Franz von Schober zur selben Zeit an Syphilis. Zwei Jahre später war Schober wieder gesund, Schubert litt fünf Jahre bis zu seinem Tod an den verschiedenen Symptomen der Geschlechtskrankheit.

Bedrich (Friedrich) Smetana (1824–1884) infizierte sich Anfang 1874 und wurde durch eine syphilitische Entzündung der Gehörnerven Ende 1874 taub. Während dieser Zeit komponierte er *Die Moldau*. Acht Jahre später erfolgte der plötzliche Zusammenbruch, er verbrachte dann noch zwei Jahre in einer Anstalt für Geisteskranke in Prag.

Hugo Wolf (1860–1903) steckte sich als Jugendlicher in einem Wiener Vorstadtbordell an, aber erst 20 Jahre später wurde die Krankheit manifest. Nach einem Streit mit Gustav Mahler erklärte Wolf: »Ich bin Direktor der Hofoper geworden.« Das war der Ausbruch des Wahnsinns. Unter dem Vorwand, den Vertrag als Operndirektor unterschreiben zu müssen, lockten ihn seine Bekannten in eine private Nervenheilanstalt. Später kam er in die Landesirrenanstalt in Wien-Alsergrund, wo er nach vier Jahren starb.

Als Hugo Wolf dort Patient war, experimentierte in derselben Anstalt Professor Dr. Julius Wagner von Jauregg mit der Fiebertherapie der Progressiven Paralyse. Natürlich hat Wagner-Jauregg Menschenversuche gemacht, die heute nicht mehr gestattet würden, aber er erzielte den Durchbruch zu einer erfolgreichen Behandlung der Gehirnschäden bei Syphilis. 1927 erhielt er dafür den Nobelpreis für Medizin. Als 1947 das Penicillin in die Syphilis-Therapie eingeführt wurde, verlor die Krankheit dort, wo es Penicillin gab, ihren Schrecken.

Man kann eine Aufzählung berühmter Syphilitiker nicht beenden, ohne besonders darauf hinzuweisen, welche historischen Personen fälschlich einer Syphilis-Erkrankung beschuldigt wurden. So steht eindeutig fest, dass Napoleon, Beethoven, Kronprinz Rudolf von Österreich, Lenin sowie Hitler keine Syphilis-Patienten waren.

Begleiterscheinungen der Syphilis

Die Syphilis führte aber auch zu ganz anderen Reaktionen. Katharina II. die Große war wohl die berühmteste »Syphilis-Phobikerin« der Weltgeschichte. Die panische Angst vor der Krankheit trieb sie zu einem kuriosen Schritt: Katharina ließ die von ihr auserwählten Liebhaber zuerst von einem »Komitee« von sechs Hofdamen, genannt die Prüferinnen, ein halbes Jahr lang ausprobieren, um sicher zu sein, dass keiner der Herren die Lues hatte. Damit jedoch noch nicht genug, mussten sich die »Kandidaten« noch einer Untersuchung durch den Hofarzt unterziehen. Wer dann noch wollte – und es waren zahlreiche –, der wurde in Katharinas Schlafzimmer eingelassen.

Die Syphilis hat aber nicht nur den Lauf der Geschichte mitbestimmt, sie beeinflusste auch viele Lebensgewohnheiten im zwischenmenschlichen Bereich. Manches hat sich sogar bis heute erhalten. Die Sitte des »Bruderkusses«, später ausgeweitet zur rituellen Begrüßung innerhalb bestimmter Cliquen, war ursprünglich eine Demonstration, dass man nicht ansteckend war. Da gegenseitig ausgetauscht, trugen beide Akteure ein Risiko, wollten jedoch zeigen, dass sie gesund waren. Manchmal wussten sie es aber selbst nicht und dann wurde es spannend. Die Bedeutung des Parfums lag einerseits in den äußerst mangelhaften Waschgewohnheiten, andererseits diente der Duft zur Überdeckung des charakteristischen Geruches der Quecksilbersalben. Ein männlicher Vollbart sollte Zeichen für ungeschädigten Haarwuchs sein. Die Syphilis führt nämlich, allerdings erst in späteren Krankheitsstadien, zu Haarausfall. Puder und Schmuck wurden zum Kaschieren von Hautausschlägen verwendet, die typischerweise am Hals auftraten und daher auch »collier de Venus« genannt wurden. Schließlich gab es noch den »Schwiegervatergriff«. Wurde der zukünftige Bräutigam der Haustochter erstmals bei den Eltern vorstellig, begrüßte ihn der Vater folgendermaßen: Die rechte Hand schüttelt die Hand des jungen Mannes, mit der linken Hand fasste der Brautvater den Unterarm und tastete dort nach vergrößerten, harten Lymphknoten, ein Zeichen der Syphilis. Dieses charakteristische Händeschütteln mit zwei Händen hat sich bis in die Gegenwart erhalten. Für Mediziner stellt sich nur die Frage: Wonach tasten die Leute heute?

- Welche Seuche erlebt heute eine ähnlich weite Verbreitung wie einst die Syphilis?

Die Seuche der Gegenwart – AIDS

Die Syphilis ist eine Krankheit, die vor 500 Jahren plötzlich in Europa ausbrach. Mit Sicherheit wurde diese Geschlechtskrankheit eingeschleppt, sie war zuvor hier unbekannt. Die rasche Ausbreitung wurde durch Handel, Entdeckungsfahrten und Kriegszüge begünstigt. Es kam zu einer regelrechten Epidemie. Wenn wir den Namen »Lues« weglassen, kommt uns dieses Krankheitsphänomen plötzlich bekannt vor, nur wurde der Krieg als Hauptursache für die Verbreitung durch den Aufbruch einer mobilen Gesellschaft und den Tourismus abgelöst. Der Name dieser neuen Krankheit ist AIDS.

Es war äußerst schwierig, den Ausbreitungsweg der Immunschwächekrankheit AIDS zu rekonstruieren. Nach dem derzeitigen Stand unseres Wissens hat alles in Zentralafrika begonnen. In den Affenpopulationen vor allem der Schimpansen existiert schon seit Jahrtausenden ein »simian-immundeficiency-virus«, SIV genannt. Dieses Immunschwäche-Virus gelangte, möglicherweise über Zwischenstufen, auf den Menschen und hat sich dabei zum menschlichen Immunschwäche-Virus gewandelt. Wie konnte das geschehen?

In den dünn besiedelten Gebieten westlich der großen Seen in Zentralafrika, also im heutigen Zaire, gelangte infektiöses Affenblut in den Menschen. Die Affen wurden gejagt und verzehrt, beim Zerteilen der Beute war ein Blutkontakt fast unvermeidlich. Dazu kam in den 40er- und 50er-Jahren des 20. Jahrhunderts noch ein weiterer Infektionsweg. Die dortigen Bewohner hatten die Angewohnheit, sich Affenblut als Aphrodisiakum zu injizieren. Das ging deshalb ziemlich einfach, da gerade um diese Zeit große Mengen an Spritzen und Kanülen aus britischen Militärbeständen auf den Schwarzmarkt gelangten. Die Immunschwächekrankheit brach in Zentralafrika aus, wurde jedoch zunächst von niemandem bemerkt. Die Lebenserwartung der dortigen Menschen war an sich zu kurz, ihre geringe Mobilität verhinderte eine Ausbreitung. Niemand von der einheimischen Bevölkerung oder den spärlich vorüberkommenden Weißen fiel auf, dass junge Schwarzafrikaner mehr als andernorts an infektionsartigen Symptomen starben. Der Tod kam in Zentralafrika immer schon sehr früh und sehr häufig. Wenn aber ein zentralafrikanischer Jäger, der sich am blutigen Fleisch eines erlegten Affen infiziert hatte, wenig später in die Stadt auswanderte oder zur Armee eingezogen wurde und das Virus durch Promiskuität auf mehrere Frauen übertrug, so haben wir den (zwar anonymen) Patienten Nr. 1. Die Analogie zu Martin Alonso Pinzón und der Verbreitung der Syphilis ist verblüffend.

Rückblickend wissen wir heute, dass zwischen 1959 und 1970 bereits sporadische Fälle von AIDS bei Europäern und Amerikanern auftraten; sie alle hatten Kontakte zu Zentralafrika. Aber damals war das Virus noch nicht in großem Umfang über die ländliche Dorfbevölkerung hinausgelangt.

Das älteste eingefrorene und jetzt nachuntersuchte HIV-positive Serum stammt aus 1959 und kommt aus Kinshasa/Zaire. Damit ist bewiesen, dass das Virus schon Mitte des 20. Jahrhunderts seinen Weg in den Menschen fand. Eine zunehmende Mobilisierung der Bevölkerung in Zentralafrika brachte in den 60er- und 70er-Jahren Bewegung in die Seuchenausbreitung. Als nach dem Ende der Kolonialherrschaft überall Bürgerkriege ausbrachen, zog das Virus mit den marodierenden Truppen und der flüchtenden Bevölkerung in den Ländern umher. Soldaten, Flüchtlinge, Wanderarbeiter und Prostituierte verschleppten die Krankheit zunächst in die westafrikanischen Küstenstädte und von dort, vor allem mit einer Rückwanderungswelle haitianischer Gastarbeiter, auf die Inseln der Karibik, speziell nach Haiti.

Hier muss angemerkt werden, dass die Seuche AIDS genau dort angekommen war, wo sich 500 Jahre zuvor die Mannschaft des Kolumbus mit der Seuche Syphilis infiziert hatte. Nicht nur heimkehrende Gastarbeiter holten die Immunschwächekrankheit aus Afrika heraus, auch Entwicklungshelfer haben ziemlich viel dazu beigetragen. Und echt katastrophal wirkten sich Blutpräparate aus, die von infizierten afrikanischen Spendern gewonnen wurden. Blut ist eine teure Handelsware, je billiger man einkaufen kann, desto profitabler – und afrikanisches Blut war billig.

In der Karibik traf das Immunschwäche-Virus nun auf eine höchst empfängliche Menschengruppe. In den späten 70er-Jahren bildeten die Sonnenstrände und Nachtlokale Haitis und der anderen Inseln einen Treffpunkt amerikanischer Sextouristen, vorwiegend Homosexueller. Es war dies ein Personenkreis mit hoher sexueller Aktivität und häufigem Partnerwechsel, also ideale Voraussetzungen für die Ausbreitung einer Geschlechtskrankheit. Es war nicht ungewöhnlich, dass Mitglieder dieser Szene über 200 Sex-Partner pro Jahr hatten, diese ebenfalls und so weiter. Die Anzahl der Infizierten explodierte. Die Seuche wurde an die amerikanische Ost- und auch Westküste verschleppt und dort wurde man 1980/81 zuerst medizinisch auf sie aufmerksam.

Chronologie der Ereignisse

- Dr. Michael Gottlieb von der Universitätsklinik Los Angeles in Kalifornien stellte am 6. Oktober 1980 bei dem 31-jährigen Dressman Ted Peters eine äußerst ungewöhnliche Pilzinfektion der Speiseröhre sowie eine seltene Variante einer Lungenentzündung fest. Dies war der erste Patient mit einer erworbenen Immunschwäche und dadurch begünstigten Infektionen. Bald kamen vier weitere Fälle hinzu, alle Patienten waren Homosexuelle. Am 5. Juni 1981

wurden diese Beobachtungen publiziert. Jetzt kam man dahinter, dass bereits im Mai 1980 ein junger Mann mit gleichen Symptomen im Mount-Sinai-Center in New York behandelt worden und nach wenigen Monaten gestorben war. Dies war der Anfang, aber niemand ahnte im Entferntesten, was daraus noch werden sollte.
- Dr. Alvin Friedman-Kien beobachtete im Frühjahr 1981 in New York 26 Fälle von Kaposi-Sarkom, einer extrem raren Hautkrankheit. Alle Patienten waren homosexuell.
- Dr. Willy Rozenbaum in Paris diagnostizierte im Sommer 1981 bei einem homosexuellen Steward der Air France analoge Symptome. Damit war klar: Eine weltweite Seuche begann sich abzuzeichnen.

Als man sich über den so genannten »ersten Patienten« nicht einigen konnte und die ganze Sache noch fälschlicherweise nur auf Homosexuelle beschränkte, bezeichnete man, um Ordnung zu schaffen, den homosexuellen franko-kanadischen Steward einer Luftliniengesellschaft aus Quebec, Gaetano Dugas, den König der »Sex-Sauna-Clubs«, als Patienten Nr. 0. Dugas hatte bereitwillig über sein Sexleben berichtet: Seine Flüge brachten ihn häufig nach New York, Los Angeles, San Francisco und Miami. Zwischen 1972 und 1980 hatte er über 2.500 Sexpartner! Ende 1981 starb Dugas.

Die Krankheit wurde zunächst GRID (Gay Related Immuno Deficiency) genannt – heftige Proteste der Homosexuellenvereinigungen waren die Folge. Auch als man später erkannte, dass die Krankheit eigentlich aus Afrika stammte, gab es wieder Proteste und den Medizinern wurde »blanker Rassismus« vorgeworfen.

Bei AIDS handelte es sich von Anfang an um eine heterosexuelle Epidemie, die durch eine Reihe von Zufällen in eine hoch mobile, promiskuöse, wohlhabende Gruppe von Homosexuellen und Drogensüchtigen gelangt war. Dadurch wurde die Erkrankung anfangs völlig falsch eingeschätzt. Heute wissen wir, wie alles gelaufen ist, und wir kennen sogar die Betroffenen.

- Felix Pereira, ein portugiesischer Lastwagenfahrer, erkrankte im Sommer 1977 in Paris; er war früher Taxifahrer in Zaire gewesen.
- Claude Chardon, ein französischer Geologe und Entwicklungshelfer, starb 1979 in Haiti, 13 Monate, nachdem er nach einem Verkehrsunfall acht Bluttransfusionen erhalten hatte.
- 1997 wurden die Organe eines 30-jährigen Norwegers untersucht, der schon 1976 mit den jetzt bekannten Symptomen an AIDS verstorben war. Auch seine Frau und die zweijährige Tochter waren tot. Aus den bei der Obduktion entnommenen Gewebsproben konnte man eindeutig eine HIV-Infektion nachweisen. Der junge Norweger war zwischen 1961 und 1965 als Seemann mehrfach in afrikanischen Küstenstädten gewesen.
- Je intensiver man sich mit zurückliegenden ungewöhnlichen Todesfällen beschäftigte, desto mehr Patienten aus den Jahren vor 1980 wurden sowohl in Amerika als auch in Afrika »wieder entdeckt«.

1983 hatte die Seuche in erkennbarem Ausmaß in Europa Einzug gehalten, 1984 wurden die ersten Testverfahren eingeführt und damit begann sich abzuzeichnen, vor welcher Lawine die Menschheit stand. Alle fünf Sekunden infiziert sich irgendwo auf der Welt jemand mit AIDS, täglich also 16.000 Menschen. Im Jahre 2002 gibt es geschätzte 40 Millionen Infizierte, 20 Millionen starben bisher an AIDS.

Alles, was sich an AIDS-Erkrankungen derzeit darstellt, hat sich bereits vor Jahren anlässlich der Infektion abgespielt und ist daher nicht mehr zu beeinflussen. Die Patienten der nächsten fünf Jahre sind schon infiziert. Die Ausbreitung ist nicht kalkulierbar und schon gar nicht zu steuern. Die offiziellen Angaben der WHO sind alles andere als vollständig, denn wer kennt Zahlen aus China, der ehemaligen Sowjetunion und schon gar aus Zentralafrika! Ein Impfstoff ist Illusion.

Es ist, so wie häufig in der Geschichte: Ernsten Warnungen und Voraussagen wurde schon immer ein kühler Empfang zuteil. Die Folge ist, dass AIDS in Afrika und Asien völlig außer Kontrolle geraten ist. Was mit Europa geschehen wird, wissen wir nicht, Asien geht unter, Afrika ebenfalls.

Das Zeitalter der Syphilis ist noch nicht zu Ende, die Krankheit ist aber im Einzelfall zu behandeln und zu heilen. Das AIDS-Zeitalter hat erst begonnen und ist nicht zu bremsen, die Krankheit verläuft tödlich, der Ausgang kann durch Medikamente nur verzögert werden.

Eine letzte Parallele: Vor 400 Jahren wurden Holzschnitte mit schaurig-schönen Bildern von Syphilis-Kranken verteilt und verkauft – damit wurde Reklame gemacht für eine religiöse Bekehrung und eine Besinnung auf die Bekämpfung der Krankheit. Heute werden Plakate aufgeklebt, die einen sterbenden AIDS-Kranken zeigen – damit wird Reklame gemacht für einen Modekonzern. Nicht nur das Fleisch ist schwach, der Geist ist nicht viel stärker!

Die einzig wirkungsvollen Schutzmaßnahmen sind Aufklärungen zum Kondomgebrauch. Das ist in Afrika aber gar nicht so einfach, obwohl sich die Gesundheitsbehörden gute Sprüche einfallen ließen, wie etwa »If it's not on, it's not in« was bedeutet »Ohne einen drauf, kommt keiner rein!« Für die in der Anwendung von Präservativen völlig ungeübten AfrikanerInnen gibt es Kurse mit praktischen Übungen an Coca-Cola-Flaschen. Die gelieferten Kondome sind jedoch meistens europäische Ausschussware.

Jede Infektionskrankheit hat eine Ursache, bei AIDS ist es das Humane Immundefizienz Virus (HIV). Der Nachweis von

HIV geriet zu einer medizinischen Groteske der übelsten Art. Zwei Forschergruppen unter der Leitung von Robert Gallo in Bethesda bei Washington und Luc Montagnier am Pasteur-Institut in Paris lieferten sich ein Wettrennen. Es wurde mit allen Tricks gearbeitet, um den Konkurrenten zuvorzukommen; am 3. Februar 1983 hatten die Franzosen gewonnen. Gallo versuchte eine Anerkennung dieser Leistung zu verhindern, denn schließlich ging es auch um sehr viel Geld. Der Streit dauerte bis 1987. Damals wurde ein Abkommen geschlossen, dass sowohl die Patente der Franzosen als auch jene der Amerikaner gültig seien und eine Aufteilung der aus dem Verkauf zu erwartenden beträchtlichen Gewinne erfolgen sollte.

Ein Unterschied blieb dennoch: In den USA heißt der Erreger »Human Immundeficiency Virus = HIV«, in Frankreich dagegen »Virus de l'immundéficience humaine« = VIH.

Ein zahnloser Politiker

Für einen Staatsmann und Politiker ist es sehr unangenehm, wenn er Schwierigkeiten beim Reden hat. Manche werden dann als »große Schweiger« tituliert. So auch jener General und Präsident, den wir suchen. Bereits mit 30 Jahren verlor er die ersten Zähne, obwohl er sehr auf Mundpflege bedacht war: Er besaß dutzende von Zahnbürsten, nicht mit Borsten, sondern mit kleinen Schwämmchen versehen; dazu Tinkturen aus Myrrhe sowie diverse Zahnpasten und -pulver. Immer wieder tauchen in seinen Tagebüchern Bemerkungen auf wie: »Unpässlich aufgrund von Zahnschmerzen und entzündetem Zahnfleisch.« Die übliche Behandlung bestand damals – wir befinden uns in der zweiten Hälfte des 18. Jahrhunderts – in der Extraktion der schmerzenden Zähne, sodass unser Staatsmann innerhalb kurzer Zeit fast alle Zähne verlor. Er war, so bescheinigen Zeitgenossen, nie ein großer Redner, sein Schweigen in den politischen Versammlungen wurde als Taktieren angesehen. Was er an Wichtigem mitzuteilen hatte, verfasste er in Briefform.

Der Sitte der Zeit entsprechend wurde von ihm eine Reihe Porträts angefertigt. Als er mit 47 Jahren Modell saß, wies sein Gesicht eine Narbe an der Wange auf. Diese war das Ergebnis einer Fistel, die sich aus einem Zahnwurzelabszess entwickelt hatte. Für ein anderes Bild mussten Wangen und Lippen mit Verbandszeug ausgepolstert werden, da das Gesicht infolge der fehlenden Zähne völlig eingefallen war. Das Resultat war ein seltsam maskenhaftes Antlitz, wie wir es gegenwärtig öfter als das Werk von so genannten »Schönheitschirurgen«

sehen. Selbstverständlich bemühten sich die geschicktesten Zahnärzte um ihn und wurden Prothesen angefertigt, aber man war technisch noch nicht so weit. Eine bekannte Legende erzählt, sein erster Zahnersatz sei aus Holz geschnitzt gewesen – das stimmt jedoch nicht. Allerdings gab es immer wieder Reklamationen, etwa dass das Gebiss sich verfärbte. Der Zahnarzt antwortete darauf: »Die Flecken wurden entweder durch das Tauchen in Portwein oder dessen Genuss verursacht. Da Portwein sauer ist, entfernt er jegliche Politur. Ich rate Euch, sie nach dem Trinken herauszunehmen und in klares Wasser zu legen. Dann setzt Ihr entweder ein anderes Gebiss ein oder reinigt das alte mit einer Bürste und fein geschabtem Kalk.«

Trotz dieser Behinderung durch sein defektes Gebiss hatte unser Mann ein ruhmreiches Leben, er brachte es vom Landvermesser und Waldläufer zum Großgrundbesitzer und »Vater der Nation«. Die prägnanteste Charakterisierung dieses großen Mannes findet sich in jedem Schulbuch des von ihm geschaffenen Staates:

»Erster im Krieg,
Erster im Frieden,
Erster im Herzen seiner Landsleute.«

- Wer war dieser Staatsmann, der zeitlebens Zahnschmerzen hatte?

George Washington (1732–1799) hat dadurch die Welt verändert, dass er eine neue Nation schuf. Warum er frühzeitig seine Zähne verlor, ist nicht geklärt, man spricht von einem Skorbut-ähnlichen Leiden infolge einseitiger Fleischernährung während seiner Zeit als Landvermesser am Ohio. Bei seiner Amtseinführung als Präsident war ihm jedenfalls nur noch ein Backenzahn unten links verblieben. Immer wieder mussten neue Gebissprothesen für ihn angefertigt werden. Sie bestanden aus Gold, Flusspferdzähnen, Elfenbein und menschlichen Zähnen. Im National Museum of American History, Washington D.C., ist seine letzte Prothese ausgestellt: Die Gaumenplatte ist aus Gold, darin verdübelt sind Elfenbeinzähne. Die untere Gebisshälfte besteht aus einem einzigen bearbeiteten Elfenbeinblock. Die zwei Stücke werden von Stahlfedern zusammengehalten. Dass ein derartiger Apparat sich nicht für Volksreden eignet, ist verständlich.

George Washington wurde am 4. November 1752 in Fredericksburg (Virginia) in eine Freimaurerloge aufgenommen. Er war überzeugt davon, dass die hohen moralischen Ansprüche, welche die Freimaurerei an ihre Mitglieder stellte, nur die besten Männer in die Logen führte. Die Bibel, auf welche er am 30. April 1789 den Amtseid als erster Präsident der Vereinigten Staaten ablegte, ist erhalten und wird bei jeder neuen Präsidenteneinführung bis in die Gegenwart benützt: Es ist die Bibel der St. John's Lodge Nr. 1, New York. Obwohl viele amerikanische Präsidenten Freimaurer waren und diese Bibel gerne benutzten, war das nicht immer der Fall. Dann wurde in die aufgeschlagene große, alte Bibel einfach die meist etwas kleinere Familienbibel hineingelegt und so die alte Tradition ausgetrickst.

Nach dem Ende des Bürgerkrieges 1865 gewann die Washington-Verehrung in den USA eine überraschende neue Dimension. Schwarze Sklaven wurden üblicherweise nur beim Vornamen genannt und nach ihrer Befreiung entschieden sich viele für den Nachnamen des ersten Präsidenten. Washington ist auch heute noch der häufigste Familienname unter der schwarzen Bevölkerung Amerikas.

Wer kennt Reimerich Kinderlieb?

Der junge Arzt war ein Philanthrop in des Wortes bester und doppelter Bedeutung: Er liebte die Menschen und war selbst ein liebenswerter Mensch. Mit fünf Kollegen gründete er 1834 in Frankfurt am Main eine »Armenklinik«, wo Kranke ohne Unterschied von Geschlecht, Religion, Alter oder Stand behandelt wurden, bei Bedürftigkeit selbstverständlich unentgeltlich. Diese Initiative einer allgemeinen, schrankenlosen Menschenliebe stand im krassen Gegensatz zu dem gleichzeitig im selben Ort errichteten Rothschild-Spital, wo statutengemäß nur wohlhabende Leute aufgenommen wurden.

Das Jahr 1851 brachte die entscheidende Wendung im Leben des von uns gesuchten Mannes. Er wurde Leiter der Irrenanstalt von Frankfurt und sollte 37 Jahre in dieser Funktion bleiben. Gewiss gehörte er nie zu den wissenschaftlichen Koryphäen der Psychiatrie, aber er war ein Arzt, der seinen Auftrag der Menschlichkeit am wohl schwierigsten Subjekt ausführte. Die Ursachen der Geisteskrankheiten und Seelenstörungen sah er in organischen Veränderungen und begründete seine Ansicht nicht unoriginell: »In einem sterblichen Leib lebt und wirkt eine unsterbliche Seele. Wenn diese unsterblich ist, so schließt sich für sie die Möglichkeit einer Erkrankung aus, denn was erkranken kann, wird auch sterben müssen; Krankheit und Tod sind nur graduelle Unterschiede organischer Veränderungen.«

Neben vielen anderen literarischen Veröffentlichungen, die heute kein Mensch mehr kennt, schrieb und zeichnete er für seinen Sohn Carl ein Bilderbuch. Der 4-jährige Junge bekam das Originalexemplar zum Weihnachtsfest 1844, ein Jahr darauf erschien das Büchlein in Druck: *Lustige Geschichten und drollige Bilder mit 15 schön kolorierten Tafeln für Kinder von 3 – 6 Jahren*. Der Autor verbarg sich hinter dem Pseudonym Reimerich Kinderlieb. Niemand konnte ahnen, dass dieses Buch wenig später unter dem Titel einer Verlegenheitsfigur, die nur gezeichnet wurde, weil die letzte Seite sonst frei geblieben wäre, ein unvorstellbarer Welterfolg werden sollte.

- Wer war dieser Arzt und Menschenfreund?

Der Arzt Dr. Heinrich Hoffmann, 1809 in Frankfurt am Main als Sohn eines Geometers und Architekten geboren, richtete seinen Lebensweg nach humanitären Gesichtspunkten aus und war immer bereit, Verantwortung in der Gesellschaft und für das Gemeinwohl zu übernehmen. All das lebte er aber nicht in selbstgefälliger Würde, sondern mit Humor und Lebensfreude. Als er sich um die Hand der Tochter des angesehenen Frankfurter Kaufmanns Christoph Friedrich Donner bewarb, stellte ihm sein zukünftiger Schwiegervater die Frage: »Und was haben Sie für Aussichten für die Zukunft?« – »Je nun«, antwortete Hoffmann unverfroren, »ich spiele ein Achtellos in der Lotterie.«

Er behandelte auch den großen Maler Moritz von Schwind, als dieser in Frankfurt lebte. Da Hoffmann keine Rechnung schickte, urgierte Schwind, worauf Hoffmann meinte, er solle ihm lieber eine kleine Zeichnung geben, damit wäre die Sache dann erledigt. Schwind gab ihm nun eine Farbskizze zu dem Bild *Der Sängerkrieg auf der Wartburg*. Hoffmann wollte sie nicht annehmen, weil sie ihm zu kostbar schien, doch Schwind bestand darauf. Hoffmann gab schließlich nach und sagte: »Dann, lieber Schwind, haben Sie bei mir noch eine kleine Lungenentzündung gut.«

Im hohen Alter, nach vielen Jahren im Dienste der Sozialpsychiatrie, pflegte er auf die einschlägige Frage »Wie geht's?« mit einem freundlichen »Bergab, aber bequem!« zu antworten. Er starb 1894 im 85. Lebensjahr.

• Welches Kinderbuch ist gemeint?

Unter dem Pseudonym Reimerich Kinderlieb erschienen 1845 seine *Lustigen Geschichten*. Nach kurzer Zeit wurde von den Kindern die Figur der hinteren Seite als Titel gefordert, der *Struwwelpeter*. Hoffmanns Grundidee war: »Mit moralischen Vorschriften weiß ein Kind gar nichts anzufangen. Die Mahnung: Sei reinlich! Sei vorsichtig mit dem Feuerzeug! Sei folgsam! – das alles sind leere Worte. Aber das Abbild des Schmutzfinken, des brennenden Kleides, des verunglückten Unvorsichtigen, das Anschauen allein erklärt und belehrt.«

Der *Struwwelpeter* wurde ein Weltbestseller, 1876 erschien die 100. Auflage, heute hält der Originalverlag bei der 541. Auflage. Die Zahl der verkauften Exemplare lässt sich nicht einmal mehr annähernd abschätzen, dürfte sich weltweit jedoch in dreistelliger Millionenhöhe bewegen.

Es war einmal ein Stein in der Wüste...

Wir befinden uns auf der größten Halbinsel der Welt, es ist heiß, trocken und sandig. Flüsse gibt es nicht und Schnee fällt dort nur einmal in vierzig Jahren. Diese Halbinsel besteht zum größten Teil aus einem plateauartigen Hochland mit einem steilen Küstenabbruch im Westen und flacht sich nach Osten hin allmählich ab. Gehen wir etwa eineinhalb Jahrtausende in der Geschichte zurück, so sah es insgesamt in jener Gegend eigentlich genauso aus wie heute. Nur an einzelnen wenigen Orten ist es in der Gegenwart ganz anders geworden. 80 % der Bevölkerung waren nomadisierende Hirten, der Rest lebte in Dörfern und Kleinstädten vorwiegend an der Westküste, denn dort lief ein Nord-Süd-Handelsweg der für die Ansässigen wirtschaftliche Vorteile brachte. Eine eigentliche politische Gliederung und Ordnung existierte nicht, es gab nur Sippschaften und Stämme, die sich jeweils auf gemeinsame Vorfahren beriefen. Ein Großteil des Lebens verging mit Kämpfen der Stämme gegeneinander oder mit Raubüberfällen auf die vorbeiziehenden Händler.

Diese exotischen Völker besaßen nur eine primitive und einfache Religion. Sie verehrten und fürchteten Gottheiten der Natur, die sie in den Sternen, im Mond und in den Tiefen der Erde sahen, sie beteten um die Gnade des manchmal durch Unwetter strafenden Himmels. Stets beunruhigten sie unzählige Geister, sodass man meist die Hoffnung aufgab, diese besänftigen zu können, und eine schicksalsergebene Resignation sich breit machte. Es herrschte also ein reger Polytheismus. Dann und wann wurden Menschenopfer dargebracht, hie und da verehrte man heilige Steine. Die heiligste Stätte war seit urdenklichen Zeiten ein rechteckiger schmuckloser Bau aus Ziegeln und Holz, an dessen Südostecke, anderthalb Meter über dem Boden, ein etwa 20 cm großer Stein eingemauert war. Er hieß der »Schwarze Stein«, war aber eigentlich von dunkelroter Farbe und soll vom Himmel gefallen sein. Dieser Stein war lange Zeit das Symbol der Quraisch, jenes Stammes, der die heilige Stätte beherrschte und beschützte. Innerhalb und außerhalb des quaderförmigen Baues standen zahlreiche verschiedene Götterbilder, männliche und weibliche Idole.

Zu Beginn des 6. Jahrhunderts waren die Quraisch in zwei Parteien gespalten. Die einen standen unter der Führung des reichen Händlers Haschim, die anderen hatten sich dessen eifersüchtigem Neffen Umayya angeschlossen. Haschims Enkel Abdallah heiratete 568 Amina, blieb drei Tage bei seiner Frau und brach dann zu einer Handelsexpedition auf. Er starb auf dem Rückweg. 569 brachte Amina einen Sohn zur Welt. Als dieser sechs Jahre alt war, starb die Mutter, das Kind wurde zum Vollwaisen. Niemand ahnte, dass jener Knabe die wichtigste Gestalt des Mittelalters werden sollte und einen geistigen Umbruch inszenierte, der bis heute die Welt erschüttert.

- Von welchem Heiligtum ist die Rede?
  Wer war das Waisenkind aus der Wüste?

Der »Schwarze Stein« als Heiligtum

Im Mittelpunkt der Steinverehrung auf der arabischen Halbinsel steht die Kaaba in Mekka. Wortsynonyme sind Qa'ba und Ka'ba, was soviel wie Quader bzw. Würfel bedeutet; auch das Wort Kubus gehört in diesen Formenkreis. Die Kaaba ist ein quaderförmiges, 12 m langes, 10 m breites und 15 m hohes Gebäude im Innenhof der großen Moschee von Mekka, wurde seit ältester, weit vorislamischer Zeit verehrt und soll der Legende nach zehnmal auf- oder umgebaut worden sein.

Die erste Kaaba wurde am Anfang der Welt von Engeln errichtet,
die zweite von Adam,
die dritte von seinem Sohn Seth,
die vierte von Abraham (Ibrahim) und seinem Sohn Ismael... usw.

Zur Zeit Mohammeds (arab. Muhammad) war sie bereits ein Zentrum festlicher religiöser Pilgerfahrten geworden. Verschiedene Gruppen, Familien und Stämme kamen, um hier jeweils die eine oder andere Gottheit zu verehren und durch Opfer zu besänftigen. Dieser religiöse Fremdenverkehr war ein bedeutender Wirtschaftsfaktor für die Region. Der Prophet entfernte später alle Götterbilder und Götzenidole, von denen etwa 300 aufgestellt waren. Die Kaaba ist heute nur mehr das Haus Gottes, »Beit Allah«. Außen ist das Gebäude mit einem prächtig bestickten schwarzen Stoff verkleidet, der jedes Jahr zur Zeit der Pilgerfahrten gewechselt wird. Nur zur Zeit der Haddsch (arab. Hagg), der Wallfahrtszeremonien, wird die Kaaba betreten. Es heißt, sie sei direkt unter ihrem Gegenstück erbaut worden, der Kaaba im Himmel, und sie ist genau jener Punkt, zu dem sich Muslime in ihrem Gebiet richten.

An einer Ecke ist ein Stein eingemauert und in Silber gefasst, von dem gesagt wird, er stamme von einem Meteoriten. Dies ist der heiligste Gegenstand des Islam und die Pilger versuchen ihn zu berühren oder zu küssen, wenn sie ritusgemäß siebenmal die Kaaba umschreiten. Dieser eigentliche Verehrungsgegenstand des Baues wurde Abraham der mohammedanischen Mythologie zufolge vom Erzengel Gabriel als Geschenk überbracht. Umgeben wird die Kaaba von einem großen Hof mit granitsteinerner Pflasterung, dem spiralförmigen

Pilgerweg. Der Platz ist durch hohe Säulenhallen nach außen abgeschirmt und beherbergt noch andere Bauwerke wie etwa den wundertätigen Zemzem-Brunnen und den »Standort Abrahams«, einen Stein mit dem Fußabdruck Abrahams.

Mohammed

Der Waisenknabe, nach dem gefragt wird, war Muhammad ibn'Abd Allah (569–632), was soviel bedeutet wie »Gepriesener Diener Gottes«. Er gehörte einer hochgestellten Familie aus dem Stamme der Quraisch an, die damals Mekka dominierten. Dieses Mekka war ein kleiner, oligarchisch geführter Stadtstaat, der von den eingehobenen Schutzzöllen für die Handelsstraße und außerdem von zahlreichen Wallfahrten sowie religiösen Festen bei der Kaaba lebte. Den Quraisch in Mekka ging es nicht schlecht, denn sowohl ein Handelszentrum als auch ein Wallfahrtsort bringen immer einträgliche Geschäfte.

In dieser Tradition wuchs der junge Mohammed auf. Niemand kümmerte sich darum, ihn Lesen und Schreiben zu lehren, denn diese schwächlichen Fähigkeiten standen bei den Arabern der damaligen Zeit in geringem Ansehen; dazu hatte man angestellte Sekretäre und Schreiber. Mit 25 heiratete Mohammed die reiche vierzigjährige Kaufmannswitwe Chadidscha. Sie schenkte ihrem Mann mehrere Töchter und Söhne, die bis auf das Mädchen Fatima aber alle im Kindesalter starben. Daraufhin adoptierte Mohammed den jungen Ali, einen Sohn seines Onkels.

Der Wendepunkt in Mohammeds Leben kam, als er 40 Jahre alt war. Auf Handelsreisen entlang der stark frequentierten Küstenroute am Roten Meer lernte er den Monotheismus der Juden und die Ethik der Christen kennen, wobei er vor allem die Heiligen Schriften beider Religionen bewunderte, die als göttliche Offenbarung angesehen wurden. Im Vergleich zu diesen in sich geschlossenen religiösen Systemen dürfte ihm der polytheistische Götzendienst der arabischen Stämme sowie deren politische Zerrissenheit und Streitsucht als primitiv erschienen sein, außerdem stieß ihn die materielle Gier der mekkanischen Gesellschaft ab. So reifte in ihm die Idee einer neuen Religion, die einerseits die miteinander in ständigem Streit liegenden Kleingruppen zusammenschließen würde und andererseits dem ganzen Volk verpflichtende ethische Grundsätze bringen sollte. Es war dies der Gedanke einer religiös verbundenen Nation. Niemand konnte ahnen, welche gewaltige Dimensionen dies annehmen würde. Der religiös sehr interessierte, begabte und charismatische Mohammed pflegte sich häufig zur Meditation in eine Höhle wenige Kilometer außerhalb Mekkas zurückzuziehen. Was dann geschah ist, wie bei allen Religionsgründungen, dunkel und legendenhaft. Eines Nachts, wahrscheinlich im Jahre 610, überkam Mohammed das entscheidende Erlebnis: Im Schlaf erschien ihm der Erzengel Gabriel (Dschibril), teilte ihm einen Text mit und befahl ihm, diesen zu rezitieren. Es war die spätere Sure 96 des Koran.

Von da an hatte Mohammed viele ähnliche Visionen und Offenbarungen. Dabei stürzte er oft in Zuckungen zu Boden, wurde manchmal bewusstlos und sagte auch, dass er einen Klang ähnlich dem Läuten von Glocken hörte (im Islam gibt es allerdings keine Glocken). Das alles ist typisch für epileptische Anfälle.

Mohammed fühlte sich als Prophet Allahs, denn er hatte einen göttlichen Auftrag erhalten. Er begann öffentlich zu predigen, stieß jedoch auf große Feindseligkeit. Seine Lehre war, dass es – wenn Gott tatsächlich das Höchste war – nicht einen Gott der Christen neben einem Gott der Juden und noch weniger die vielen Gottheiten von Mekka geben konnte. Diese Einigung im Monotheismus beendete schließlich die gewalttätigen Stammesfehden in der damaligen arabischen Welt. Seine Gruppe nannte sich »al-muslimun«, die »sich Gott Hingebenden«. Da er gegen die Vielgötterei in der Kaaba auftrat, sahen die Quraisch eine Quelle ihrer Einkünfte in Gefahr und nach einigem Hin und Her zog Mohammed mit seinen Anhängern 622 nach Medina. Dies war die »Hidschra«, die Auswanderung, mit deren erstem Tag, dem 16. Juli 622, später die arabische Zeitrechnung begann. Die Jahre 622 bis 630 in Medina waren eine Periode der Festigung und Abgrenzung der neuen Religion. Islam bedeutet »sich (Gott) ergeben«, »Frieden schließen« und die Gläubigen nannten sich Muslime, »die mit Gott Frieden geschlossen haben«.

Eine der folgenschwersten Visionen des Mohammed war jene, als er sich im Schlaf nach Jerusalem versetzt fühlte. Dort erwartete ihn am Tempelberg ein geflügeltes Pferd, flog mit ihm in den Himmel und wieder zurück. Die Legende von diesem Flug machte Jerusalem neben Mekka und Medina zur dritten heiligen Stadt des Islam.

In dem kleinen Dorf Medina erwuchs, durch den Zustrom der Anhänger der neuen Religion ein Lebensmittelproblem. Dieses wurde nach Art der Beduinen durch Überfall und Plünderung der vorbeiziehenden Karawanen gelöst. Kam einer der Plünderer dabei zu Tode, so erklärte Mohammed, dieser gehe direkt ins Paradies ein, das er als sinnesfrohes Schlaraffenland zeichnete, wo Wein (!) und Mädchen für Vergnügungen sorgten. Diese Aussicht auf paradiesische Herrlichkeit für den Fall des Todes im Zuge einer »Heldentat« hat bis heute schreckliche Auswirkungen, denn ein Selbstmordkommando führt nach dieser Ansicht unmittelbar in die Seligkeit.

Zwischen den »Mekkanern« und den »Mohammedanern« kam es zu mehreren scharmützelartigen, kriegerischen Auseinandersetzungen, die aber letztlich keinen eindeutigen Sieger brachten. Mohammed wurde immer mehr vom Prediger zum Politiker und vereinbarte einen Waffenstillstand. Gleichzeitig hatte er einen Frieden zwischen den anderen benachbarten Stämmen organisiert. 630 kehrte Mohammed kampflos nach Mekka zurück, zerstörte die Götzenbilder in und um die Kaaba, bestätigte aber die Kulthandlung rund um den Schwarzen Stein, den er auf Abraham zurückführte. In den zwei Jahren, die ihm noch verblieben und die er größtenteils in Medina zubrachte, unterwarf sich ganz Arabien seiner Befehlsgewalt und seiner Religion. Es gab jedoch keine Gesetzessammlung, kein System. Im Bedarfsfall wurden neue Offenbarungen zu weltlichen Angelegenheiten erlassen, was den Vorteil hatte, dass die Gesetzgebung immer den Stempel des Göttlichen trug.

Mohammed hatte elf Ehefrauen und zwei Konkubinen. Die Vielweiberei gründete auf der hohen Sterblichkeitsquote junger Männer bei den kriegerischen Völkern der arabischen Gegend. Nach Chadidscha blieben alle anderen Frauen kinderlos, das Erwachsenenalter erreichte nur Fatima, eine Tochter der Chadidscha. Sie sollte die Familie weiterführen. Nach längerer fieberhafter Krankheit starb Mohammed am 7. Juni 632 in Medina; er wurde 63 Jahre alt.

Mohammed hatte weder leibliche Söhne hinterlassen noch einen Nachfolger bestimmt. Und so kam es zum Konflikt, da arabische Gemeinschaften gewohnt waren, entweder die erbliche Führerschaft anzuerkennen oder den jeweils Bestgeeigneten zu wählen. Die Mehrheit der Muslime bestimmte als Nachfolger Abu Bakr, einen Weggefährten Mohammeds der ersten Stunde. Eine Minderheit hingegen sprach sich für Ali aus, den Neffen und Adoptivsohn, der inzwischen Fatima geheiratet hatte. Daraus entstanden bürgerkriegsähnliche Wirren und schließlich die Spaltung in Sunniten und Schiiten. Die Nachfolger des Propheten Mohammed wurden Kalifen genannt, der erste Kalif Abu Bakr war ein Schiit, der vierte Kalif Ali ein Sunnit. Diese Spaltung dauert bis in die Gegenwart.

Die Schiiten stellen heute mit etwa 10 % die Minderheit,

sie anerkennen nur die leiblichen Nachfahren Alis als legitime Erben Mohammeds und nennen diese Imam. Der 12. Imam befindet sich in Verborgenheit, man erwartet seine Wiederkehr am Ende der Zeit. Bis dahin sind Mudjtahids (arabisch) oder Ajatollahs (persisch) zur Entscheidung in religiös-politischen Zweifelsfragen berechtigt. Der Iran etwa ist praktisch zur Gänze schiitisch.

Die Sunniten betrachten sich mit 90 % als die orthodoxe Mehrheit. Grundlagen ihrer Entscheidungen sind der Koran und die glaubwürdige mündliche Überlieferung über Taten und Ansichten von Mohammed.

Trotz der Zwistigkeiten nach Mohammeds Tod erlebte der Islam in nur wenigen Jahrzehnten eine unglaubliche Expansion. Es waren einige Schlachten nötig, aber dann erstreckte sich der Lebensraum der muslimischen Völker vom Kaukasus bis zum Jemen und von Marokko über Ägypten und den Iran hinaus bis Afghanistan. Nur das Byzantinische Reich blieb, allerdings deutlich verkleinert, bestehen. Die aus dem Koran übernommene Sprache der Muslime begann die alten Dialekte des Orients zu verdrängen. Gegenüber Juden und Christen übten die Muslime lange Zeit Toleranz. Der rein religiöse Aspekt des Islam wurde bald zu einer universalistischen Kultur ausgebaut, welche die griechische Philosophie und Wissenschaft in das islamische Weltbild integrierte. Während in Mitteleuropa das »finstere Mittelalter« anbrach, blühte der islamische Geist auf.

- Wie heißt das heilige Buch des Islam?

Was ist der Koran?

Die Dogmen des Islam sind im Wesentlichen durch den Koran festgelegt. Aber nicht alles konnte im Koran gesagt und vorhergesehen werden. So gelten auch Leben und Wirken des

Propheten als Richtschnur, wenn im Koran Direktiven fehlen. Diese mündliche Überlieferung wurde gesammelt und im Buch der Traditionen »hadith« niedergelegt.

Der Koran ist nicht nur religiöse und ethische Vorschrift, die direkt von Allah kommt, sondern gleichzeitig Zivil-, Straf- und Handelsrecht. Daher mussten die Verse auch juristisch interpretiert werden, als Grundlage für die Entscheidungen der Richter. Doch im Koran sind manche Verse dunkel und mehrdeutig, weshalb die Rechtsgelehrten, die mit der Auslegung und Festlegung der Meinung betraut waren, zu wichtigen und oft gefürchteten Instanzen der muslimischen Gesellschaft wurden. Es ist klar, dass hier verschiedene Schulen entstanden, die von der rationalen Vernunft auf der einen Seite bis zum dumpfen Fundamentalismus auf der anderen Seite reichten. Neben diesem offiziellen Islam gab es, wie in jeder Religion, eine Anzahl bedeutender Mystiker, die Sufis. Sie führten eine esoterische Interpretation des Korans ein und ihnen sind die schönsten Dichtungen über Liebe, Wahrheit und spirituelle Schönheit gelungen.

Wie all das entstanden ist, wird in der moslemischen Tradition so erzählt: Koran (arab. al-Qur'an) bedeutet Lektüre, Rezitation und begonnen hat dies im Jahre 610, als sich Mohammed wieder einmal in die Einsamkeit zurückzog. Da hörte er, wie der Erzengel Gabriel zu ihm sprach: »Rezitiere, lies, verkündige!« Als er antwortete: »Aber ich kann doch nicht lesen!«, forderte ihn Gabriel weiter auf:

»1 Trag vor im Namen deines Herrn, der erschaffen hat,

2 den Menschen aus einem Embryo erschaffen hat!

3 Trag vor! Dein Herr ist edelmütig wie niemand auf der Welt,

4 er, der den Gebrauch des Schreibrohrs gelehrt hat,

5 den Menschen gelehrt hat, was er zuvor nicht wusste.«

Das sind die ersten Worte der Offenbarung, in der endgültigen Zusammenstellung Sure 95, 1–5.

Der Koran wurde nach und nach von 610 bis 632 zuerst in Mekka und danach in Medina offenbart. Er umfasst 114 Kapitel, die Suren heißen und insgesamt 6.219 Verse beinhalten. Anders als die Bibel ist der Koran ein Werk, das von einem einzigen Mann stammt und daher das einflussreichste Buch ist, das je von einem Einzelnen verfasst wurde. Es ist in arabischer Sprache abgefasst, Mohammed hat diktiert, andere haben es aufgeschrieben. Später wurden die Suren nicht nach der Reihenfolge ihrer Entstehung (die nicht bekannt ist), sondern nach der abnehmenden Länge geordnet. Der Koran ist ein Buch, über das kein Zweifel zulässig ist, da Zweifel am Wort Allahs Unglauben bedeutet. Er ist oberste Richtschnur für alles Handeln in der Welt und enthält detaillierte Vorschriften für das tägliche Leben: beten, waschen, essen, trinken, fasten, Familie, Sex, Kinder, wirtschaftliche Angelegenheiten, Politik und so fort. Es herrscht eine beträchtliche Abneigung, den Koran in andere Sprachen übersetzen zu lassen. Solche Übersetzungen werden bestenfalls als Interpretationen bewertet, denn Gottes Wort ist nicht übersetzbar. Die blumig-vergleichende, weitschweifige Ausdrucksweise mit ihren zahllosen Wiederholungen kommt dem europäischen Empfinden überdies nicht immer entgegen.

Die Entstehung des Islam

Das arabische Wort Islam bedeutet »Ergebenheit gegenüber Gott«, die semitische Wortwurzel ist »s-l-m«, da ja keine Vokale geschrieben werden. Dieser Wortstamm steckt auch in »muslim«, »dem sich Gott Hingebenden« sowie in »salam« und »shalom« – »Frieden«. Der Islam ist eine monotheistische Gesetzesreligion: Was im Koran offenbart wurde, ist Gottes Wort und daher Dogma, dazu kommen die mündliche Überlieferung des Propheten und die Entscheidungen der Rechtsschulen und Religionsgelehrten. Das alles ist endgültig und vollkommen.

Der Islam beruht auf fünf Grundpflichten der Gläubigen, den »fünf Säulen«:

1. Das *Glaubensbekenntnis*, dass »es keinen Gott gibt außer Allah«. Die vollständige Bekenntnisformel wird den Neugeborenen ins Ohr geflüstert und der Sterbende sollte sie noch aufsagen können. Ein Mensch, der dreimal diese gesamte »schahada« freiwillig und vor Zeugen spricht, erklärt damit seinen Übertritt zum Islam. Das wirkt lebenslänglich, austreten kann man nicht.

2. Das *tägliche rituelle Gebet* ist zu genau festgelegten Tageszeiten verpflichtend: in der Morgendämmerung, mittags, nachmittags, in der Abenddämmerung und bei Einbruch der Nacht. Wichtig ist die Sauberkeit des Ortes, daher wird der Boden mit einem Teppich oder Tuch bedeckt. Die Sauberkeit des Körpers erreicht man durch die Waschung von Händen, Gesicht, Unterarmen und Füßen. Zum Gebet rief früher der Muezzin, heute kommen die Gebetsaufforderungen über Lautsprecher oder Radio. Als der Muezzin noch vom hohen Minarett aus rief, war es Brauch, dieses Amt einem Blinden zu übertragen, damit er nicht in die Höfe der Häuser sehen konnte, wo sich Frauen aufhielten. Die Gläubigen wenden sich während des Gebetes in Richtung Mekka, genauer gesagt in Richtung der Kaaba. So entsteht weltweit ein großer Kreis um dieses religiöse Zentrum. Realgeografisch ist es aber gar nicht so einfach, die korrekte Richtung zu finden, denn einmal ist es Osten, dann Südosten, dann aber natürlich auch Westen und so fort. Da die Erde eine Kugel ist, muss die Krümmung berücksichtigt werden. Deshalb werden spezielle Landkarten gezeichnet, wo man für jeden Standort die richtige Gebetsrichtung ablesen kann.

3. Die *Almosensteuer* ist eine gesetzlich festgelegte Abgabe zu einem bestimmten Prozentsatz, die in etwa mit der Vermögenssteuer vergleichbar ist.
4. Das *rituelle Fasten* erfolgt während des neunten Monats im islamischen Mondkalender, dem Ramadan. Beginnend vor Sonnenaufgang und bis nach Sonnenuntergang dürfen weder Nahrung noch Getränke und auch kein Tabak genossen werden.
5. Die *Wallfahrt nach Mekka (Haddsch)* ist einmal im Leben für jeden Muslim verpflichtend. Die Pilger tragen ein weißes Gewand und keine Kopfbedeckung – so sind alle gleich. Bei dieser Pilgerfahrt sind Handlungen von hohem Symbolwert zu vollziehen: siebenmal die Kaaba (Platz von - Abraham) umkreisen, siebenmal im Laufschritt den Weg zwischen zwei Hügeln zurücklegen (Herumirren von Abrahams Frau Hagar auf der Suche nach Wasser für den Sohn Ismael), trinken aus dem heiligen Brunnen Zemzem (den Gott zur Rettung der beiden aus dem Wüstensand sprudeln ließ), sieben Steine auf Steinhaufen werfen (Steinigung des Teufels) und schließlich die rituelle Schlachtung eines Tieres.

So weit, so schön. Aber wie in jeder Religion gibt es Abspaltungen, andere Auslegungen, sektenartige Kleingruppen – und vor allem Fanatiker. Wie bei jeder religiösen Diskussion kommt es darauf an, wer mit wem redet, der tolerante Gemäßigte oder der fundamentalistische Radikale. Einen Dialog zwischen den Religionen an sich gibt es nicht.

- Wie kam es zur Ausbreitung des Islam?

Die Ausbreitung der islamischen Religion

Von Natur aus kriegerische, aber in der Kriegskunst geordneter Schlachten unerfahrene Beduinenstämme Arabiens hatten sich unter einer neuen Religion vereinigt und bemerkten bald, dass in ihrer geografischen Umgebung viel zu holen war, um dem Elend des Wüstenlebens zu entkommen. Wirtschaftliche Gründe, also Steigerung des Lebensstandards, sowie religiöse Gründe, d.h. Ausbreitung des wahren Glaubens und Todesverachtung (denn die im gerechten Krieg Gefallenen sind Helden und ziehen direkt ins Paradies), waren die Hauptantriebsmomente für die Expansion des Islam. Dazu kam, dass die Gegner schwach waren. In Europa herrschte überhaupt noch das Chaos der Völkerwanderung, das Christentum war in Ostrom (Byzanz) und das bedeutungslose Westrom gespalten. Die Ethik des Christentums und der Einfluss des Mönchtums lieferten keine Aufmunterung zu blutigen Schlachten. Außerdem hatten sich Byzanz und Persien in einem gegenseitigen Zermürbungskrieg erschöpft, die Steuern wurden immer höher, die Zentralgewalten immer machtloser. Und da kamen die leidenschaftlichen, an Entbehrungen gewohnten Wüstensöhne, die mit Beutegut entlohnt wurden. Und ihre Anführer waren schlau: »Zerstört keine Getreidefelder, keine Obstbäume, kein Vieh!« Die Infrastruktur blieb erhalten. Und mit den Menschen ging man besonders raffiniert um: »Zwingt die Menschen, entweder Muslim zu werden oder uns Tribut zu zahlen. Wer sich weigert, soll den Tod finden!« Die Wahl lautete also nicht entweder den Islam oder das Schwert, sondern: den Islam oder Tributzahlungen oder Hinrichtungen. Die Mehrheit trat zum Islam über, die Minderheit entrichtete die Kopfsteuer. Die konvertierten jungen Männer wurden natürlich sofort zum Militär eingezogen, das Heer wuchs an, aber das bedeutete, man brauchte neue Länder zum Erobern. Hungrige und ehrgeizige Soldaten brauchen Beschäftigung und so entwickelten die arabischen Eroberungen eine Eigendynamik – jeder Sieg forderte einen neuen Sieg. Auf diese Weise entstand das Großreich des Islam, von »al Andalus« in Spanien bis zur chinesischen Grenze in Zentralasien.

Weiteres Wissenswertes über den Islam

Abraham (Ibrahim)

Er ist aus Ur in Mesopotamien gebürtig und sowohl der Stammvater der Araber – durch Ismael, seinen Erstgeborenen mit der Sklavin Hagar – als auch der Hebräer – durch seinen Sohn Isaak mit seiner Frau Sara. Die Legenden um Abraham, seine Berufung durch Gott, die geforderte Opferung seines Sohnes, die Suche nach Wasser und der wundertätige Brunnen sowie die Beschneidung sind im Islam und im Judentum sehr ähnlich überliefert. Der Ursprung der Beschneidung ist ungewiss; bei Juden und Moslems geht diese auf Abraham zurück: für die Juden religiöse Pflicht, für die Moslems lediglich Brauch. Zentrum der Beschneidung von Frauen sind die Länder, wo die sunnitische Glaubensrichtung Verbreitung fand (Ägypten, Sudan, Saudi-Arabien, Jemen, Irak, Schwarzafrika). Es handelt sich dabei um eine verstümmelnde, schwere Körperverletzung.

Die Zeit Abrahams wird in die ersten Jahrhunderte des zweiten Jahrtausends v. Chr. gelegt. Im Islam gilt er als Prophet, der die ursprünglich monotheistische Kaaba errichtete. Er wird als einer der »Gerechten« angesehen und »Abrahams Schoß« ist Wohnstätte der gerechten Seelen – dies allerdings wiederum im Judentum.

Die Religionswissenschaft steht der Person eines Abraham sehr offen gegenüber: Abraham ist historisch nicht zu beweisen, aber auch nicht zu widerlegen. Seine Bedeutung hat er als Begründer des Monotheismus. Er ist der Vater des Glaubens von 2 Millarden Christen, 1,2 Millarden Muslimen und 15 Millionen Juden.

Alkoholgenuss

Berauschende Getränke sind in einigen Religionen verboten, so im Buddhismus und Islam, bei den Hindus und teilweise bei den Sikhs. Im Judentum und von den Christen wird der Wein als eine Gabe Gottes gepriesen. Zur Zeit Mohammeds gab es Palm- und Traubenwein sowie Bier aus Gerste und Honig. Das muss ganz heftig gewirkt haben, denn im Koran (4,43) wird betont: »Ihr Gläubigen! Kommt nicht betrunken zum Gebet, ohne vorher wieder zu euch gekommen zu sein, zu wissen, was ihr sagt!« An anderer Stelle heißt es, dass der Wein sowohl nutzen wie schaden könne (2,219): »Man fragt dich nach dem Wein und dem Glücksspiel. Sag: In ihnen liegt eine schwere Sünde. Und dabei sind sie für die Menschen auch manchmal von Nutzen. Die Sünde, die in ihnen liegt, ist aber größer als ihr Nutzen.« Schließlich wird der Wein verdammt (5,90): »Wein, das Losspiel, Opfersteine und Lospfeile sind wahre Gräuel und des Satans Werk.« Das Los hat hier nichts mit Lotterie zu tun, sondern nach einer Kamelschlachtung wurde die Verteilung der Fleischstücke durch das Los entschieden. Ein Beispiel für die mancherorts zu findenden Widersprüchlichkeiten im Koran (16,67): »Und wir geben euch von den Früchten der Palmen- und Weinstöcke zu trinken, woraus ihr euch einen Rauschtrank macht, und außerdem schönen Unterhalt. Darin liegt ein Zeichen für Leute, die Verstand haben.« Also was?!

Dschihad

Das Wort bedeutet ursprünglich »Anstrengung auf dem Weg Gottes«. Damit ist das Bemühen um die Erfüllung des göttlichen Gesetzes gemeint. Freilich kann das Wort auch »bewaffneter Kampf zur Verteidigung oder Verbreitung des Islam« bedeuten. Ein solcher Kampf darf nur von einem berechtigen Nachfolger des Propheten Mohammed geführt werden. Da ein solcher zur Zeit nicht existiert, ist ein Angriffskrieg nicht zulässig. Dennoch erklären weltliche Machthaber und geistliche Führer einen »dschihad«, indem sie die Gegner zu Ungläubigen und Feinden des Islam erklären. Damit wird es ein Kampf zur Verteidigung des Islam, zur Wiederherstellung streng islamischer Staats- und Sozialordnungen sowie zur Rückkehr zum mittelalterlichen Rechtssystem. Fundamentalistische Bewegungen nützen dies zur Verfolgung politischer Ziele rücksichtslos aus, denn so können vielerlei Untaten religiös legitimiert werden.

Fatwa

Es handelt sich dabei um ein Rechtsgutachten über ein Problem, für das keine eindeutige Regelung besteht. Sie wird von einem Mufti (Rechtsgelehrter) oder einem Ayatollah (höchster Würdenträger der Schiiten im Iran) erlassen. Die Fatwa kann ein Todesurteil enthalten (z.B. gegen Salman Rushdie), muss aber dann von einem Gericht bestätigt werden. Das sollte in einem islamischen Gottesstaat aber kein Problem sein.

Frauen und Ehe

Ein Vers aus dem Koran (2,228) sagt eigentlich schon alles über die Frauen: »Und die Männer stehen bei alledem eine Stufe über ihnen.« Trotz gegenteiliger Beteuerungen ist dies in der islamischen Praxis immer noch so. Frauen sind zwar nicht die Quelle der Sünde wie im Christentum, denn Eva wird im Koran nicht genannt, aber die Befehlsgewalt von Männern gegenüber Frauen bleibt auf alle Fälle erhalten. Der

Prophet selbst hatte elf Ehefrauen, größtenteils Witwen von Gefährten, denen er den Lebensunterhalt sicherte. Rechtlich erlaubt sind vier Ehefrauen. Die Ehe ist kein religiöses Sakrament, sondern ein ziviler Vertrag zwischen den Eheleuten, mehr noch zwischen den Familien. Der Mann kann eine Scheidung in Eigenregie vollziehen, muss aber drei Menstruationsperioden abwarten. Eine Scheidung auf Initiative der Frau ist ein schwieriger Rechtsprozess und kann nur erfolgen, wenn der Ehevertrag eine entsprechende Klausel enthält.

Ein Schleier oder sogar die totale Verhüllung des weiblichen Körpers werden vom Koran nicht verlangt, es ist lediglich Dezenz in der Kleidung geboten. Daher ist der Umfang der Bedeckung umstritten und von Land zu Land verschieden. Extreme Formen sind der »burqu'«, eine Kopfstulpe mit angehefteter bodenlanger Glocke, die nur einen schmalen Augenschlitz oder ein Gitter frei lässt, sowie der »tschador«, ein schwarzer Umhang, der Kopf, Haare und Körper, nicht jedoch das Gesicht bedeckt. Der Gesichtsschleier war mit Sicherheit schon im vor-islamischen Arabien in Gebrauch, zur Zeit des Propheten jedoch nicht allgemein üblich. Die Forderung heutiger Islamisten nach Wiedereinführung ist daher zumindest historisch etwas merkwürdig. Erst im 8. Jahrhundert wieder eingeführt, diente der Gesichtsschleier der Unterscheidung der freien Musliminnen von den Sklavinnen. Die Trägerin bewies damit, dass sie es nicht nötig hatte, außer Haus zu arbeiten – der Schleier und Ähnliches waren also Prestigeobjekte. Außerdem schafften diese Kleidungsstücke – je nach Größe – Anonymität, schützten vor Sonne, Sand und Staub, wirkten gegen den bösen Blick und halfen eine Schwangerschaft zu verbergen.

Der persönliche und gesellschaftliche Druck der Männer ist aber so groß, dass Frauen sich Kleidervorschriften unterwerfen (müssen), die im ursprünglichen Islam nicht gefordert werden. Doch lässt es sich nicht aufhalten, dass der Schleier abgelegt wird. Mustafa Kemal (1881–1938), von seinen Landsleuten »Atatürk«, d.h. Vater der Türken, genannt und erster Präsident der Türkischen Republik, verbot den Frauen 1930 das Tragen eines Schleiers und gab ihnen dafür das Wahlrecht.

Moschee

Als architektonisches Vorbild der Moschee diente das Privathaus des Propheten in Medina mit seinem von Räumen umsäumten, überdachten Innenhof. Moschee bedeutet »Ort, an dem man sich niederwirft«. In den Anfangszeiten des Islam war die Moschee sowohl Gebetsstätte als auch Hauptquartier, Gefängnis, Zufluchtsort und Krankenstation. Auch heute noch ist sie keine Kirche, kein Gotteshaus, sondern ein Gebetshaus; es gibt keinen Altar, nur eine Kanzel für Ansprachen. Wichtige architektonische Elemente sind ein Minarett, von dem der Ruf zum Gebet erfolgen kann, eine große Halle für die Versammlung, eine Nische an einer Wand, welche die Richtung nach Mekka anzeigt, und ein Waschraum mit Regalen für die Schuhe vor dem eigentlichen Eingang. Die Innenausstattung ist kunstvoll, dekorativ-ornamental, mit Texten aus dem Koran, keine Bilder, keine Skulpturen.

Die berühmtesten Moscheen befinden sich in Mekka rund um die Kaaba, in Medina mit dem Grab des Propheten sowie in Jerusalem (die al-Aksa Moschee, die »in der Ferne«). Der Felsendom in Jerusalem ist keine Moschee, sondern ein Rundbau in byzantinischem Stil über jenem Felsen auf dem Berg Morija, wo Abraham seinen Sohn opfern sollte und Mohammed seine Himmelsreise begann.

- Welche Würdenträger gibt es im Islam?

Die Würdenträger des Islam

Der Islam kennt keine dem Christentum ähnlichen Sakramente, daher bedarf es auch keiner Priester, um diese zu spenden. Es existiert jedoch eine wohl organisierte, hierarchisch strukturierte Geistlichkeit, die das religiöse Lehramt versieht. Man muss jedoch die historische Entwicklung bedenken: Das Oberhaupt der muslimischen Gemeinschaft übte alle politischen Gewalten – Gesetzgebung, Vollzug und Rechtsprechung – aus und war gleichzeitig religiöser Führer. Diese enge Verschränkung von Staat und Religion ist dem abendländisch-europäischen Denken fremd, daher erscheint auch der Begriff des »Gottesstaates« weitgehend unverständlich. Es geht dabei um die »Regentschaft der Religionsgelehrten«, ein System, das 1978/79 nach dem Sturz der Pahlevi-Dynastie im Iran durch Ajatollah Khomeini (1900–1989) durchgesetzt wurde. Wir sprechen häufig vom Regime der Mullahs, aber welche Instanzen von Religionsgelehrten und weltliche Würdenträger gibt es wirklich?

Ajatollah

Titel der höchsten religiösen Würdenträger im Iran. Sie gehören der schiitischen Glaubensrichtung an, die seit 500 Jahren Staatsreligion in Persien/Iran ist. Die Ajatollahs sind Interpreten und Entscheidungsträger in Glaubens- sowie Rechtsfragen, können aber durchaus unterschiedlicher Ansicht sein. Die derzeitige Verfassung des Iran bestimmt, dass die höchsten religiösen Würdenträger auch an der Spitze des Staates stehen.

Derwisch

Das ist ein islamischer Mystiker, ein Sufi. Letztere Bezeichnung leitet sich vom arabischen Wort für Wolle ab und bezieht sich auf die kuttenartige Bekleidung. Für diese Mystiker steht nicht die äußerliche Erfüllung der Gesetze im Vordergrund, sondern die Esoterik, die vermeintliche Schau und persönliche Nähe zu Gott. Der Weg dorthin soll durch trancehafte Zustände, ekstatische Rituale, rhythmische Rezitationen und Meditation erreicht werden. Derwische, d.h. »Bettler«, haben großen Einfluss auf die Volksfrömmigkeit.

Emir und Scheich

Der *Emir* war ursprünglich ein militärischer Befehlshaber, später Lehensmann und schließlich Herrscher eines Fürstentums (Emirat) oder Mitglied einer herrschenden Familie. *Scheich* ist ein Ehrentitel für einen »Ältesten« (das ist man bereits als über 50-Jähriger) oder das Oberhaupt eines Stammes bzw. einer Familie.

Imam

Urspünglich Vorbeter und Leiter des Freitaggebetes. Bei den Sunniten kann jeder ehrenhafte Mann, der den Koran gut kennt, unabhängig von seiner gesellschaftlichen Stellung als Vorbeter fungieren. Für die Schiiten gibt es zu jeder Zeit nur einen Imam, der von Ali, dem Schwiegersohn Mohammeds, abstammen muss. Nach Meinung der »Zwölferschiiten« gab es bisher elf Imame, der zwölfte entschwand in seiner Kindheit und lebt im Übernatürlichen weiter. Am Ende der Zeiten wird er als der erwartete Mahdi erscheinen, sich an den Feinden Gottes rächen und ein Reich des Friedens und der Gerechtigkeit errichten. Dieser »verborgene Imam« ist Vermittler zwischen Gott und den Menschen, man kann ihm auch Briefe schreiben. In seinem Namen wird eine Steuer eingehoben, die den Mullahs und Ajatollahs ein mitunter beträchliches Einkommen und damit deren Unabhängigkeit gegenüber weltlichen Instanzen sichert.

Kalif und Sultan

Nachfolger und Stellvertreter des Propheten auf Erden. Die ersten Kalifen wurden gewählt, im Laufe der Geschichte aber beanspruchten mehrere Dynastien das Kalifat; »Kalif« wurde zu einem erblichen Würdentitel. Der populärste Kalif wurde Harun ar-Raschid (766–809), der wiederholt in den Erzählungen aus Tausenundeiner Nacht auftaucht. In der späteren Entwicklung verblieb den Kalifen die geistliche Macht, während für die weltliche, politisch-militärische Macht der Titel Sultan geschaffen wurde. Die Minister der Sultane trugen den Titel Wesir, der Premierminister war der Großwesir. Kalifat und Sultanat wurden durch Mustafa Kemal Atatürk 1924 abgeschafft.

Mufti

Autorität auf rechtlich-religiösem Gebiet. In umstrittenen Streitfragen erlässt er Rechtsgutachten, die »fatwas«.

Mullah

Persisch-iranischer Titel für die niederen geistlichen Würdenträger der Schiiten. Sie sind Lehrer im Sinne einer religiösen Erziehung und haben rituelle Funktionen bei Gebet, Eheschließung und Begräbnis. Die Mullahs sind mit dem christlich-europäischen Klerus vergleichbar.

Der islamische Fundamentalismus

Einer der wichtigsten Begriffe des Islam ist die »Scharia«, was soviel wie »der vorgeschriebene Weg« bedeutet. Damit ist die Gesamtheit der islamisch-orthodoxen Vorschriften gemeint: was verpflichtend ist, was empfohlen, erlaubt, geduldet oder überhaupt verboten ist. Alle Bereiche des Lebens werden, wenn man es streng auslegt, durch den Koran, die Überlieferung (»hadith«) und religiöse Autoritäten (»ulema«) geregelt. Wie aber soll man unter solch strengen Voraussetzungen kulturelle Identität bewahren, wenn sich die Welt durch Wissenschaft, Technik und Wirtschaft so rasant ändert – und das ohne wesentliche Beteiligung des Islam. Damit kommen die Muslime in der modernen, ökonomisch und global organisierten Welt nicht zurecht. Kaum waren die Kolonialmächte mit ihrer Unterdrückung abgezogen, wurde das soziale Elend weiter Bevölkerungsschichten noch ärger. Der Islamismus, die Rückkehr zu den eigenen Wurzeln, wurde vehement gefordert, denn der Islam ist die Wahrheit. Pluralismus, Rationalität, westliche Lebensart, Trennung von Religion und Staat werden abgelehnt. Um die Vormacht europäischer Staaten über die Araber zu beenden, wurden bereits nach 1920 Muslim-Bruderschaften gegründet. Gegen Ende des 20. Jahrhunderts wurden die USA immer stärker als Feindbild konkretisiert. Die arabischen Staaten hatten die Gründung Israels nicht aufhalten können, sämtliche Kriege gingen verloren. Doch dann kam ein Sieg: die islamische Revolution im Iran 1979. Von einer vereinheitlichenden Ausbreitung war jedoch keine Rede, denn es folgte der »Bruderkrieg« zwischen dem Irak und dem Iran.

Der islamische Fundamentalismus ist gekennzeichnet von Intoleranz und Schwarzweißmalerei – »Der Westen ist der Satan« –, von todbringender Feindschaft, aber auch von einer durchorganisierten inneren Struktur unter Verwendung von technischem Fortschritt sowie Kapitalismus. Dadurch ist es möglich, einer Gesellschaft mit wirtschaftlichen, politischen und sozialen Misserfolgen einfache Antworten zu geben. Wer ist schuld am Elend? Die »Ungläubigen« mit ihren Methoden in der westlichen Welt und jene Herrscherschichten in den eigenen Ländern, die mit solchen Regimen kooperieren. Daher wendet sich der Fundamentalismus nicht nur gegen das Ausland, sondern auch gegen die höheren sozialen Schichten und die autokratischen Führungscliquen in den eigenen Ländern. Fundamentalismus ist nicht nur eine religiöse, sondern vor allem eine politische Bewegung. Beispielhaft genannt seien die Wahabiten, die im 18. Jahrhundert in Arabien auftraten, politisch-religiöse Hardliner waren und nach wechselhaft erfolgreichen Kämpfen einen mächtigen Staat schufen. 1932 erklärte sich der Eroberer Abd al-Aziz Ibn Saud (1880–1953) zum König des Königreiches Saudi-Arabien, das durch den Ölreichtum eine internationale Größe wurde.

Die Wahabiten spielen in der derzeitigen Erneuerung des islamischen Fundamentalismus eine Hauptrolle und es ist keineswegs verwunderlich, dass viele Terrorkämpfer und nicht zuletzt Osama bin Laden aus Saudi-Arabien kommen. Eines allerdings ist sicher: Der islamische Fundamentalismus ist ebenso vielfältig wie der Islam selbst. Dazu ein Beispiel aus der Realität des Jahres 2002 im Norden von Nigeria: Eine geschiedene Frau wurde zwei Jahre nach ihrer Scheidung durch eine Vergewaltigung schwanger, aber außereheliche Schwangerschaften sind für die Frauen Kapitalverbrechen. Bei einer Verurteilung würde ihr Körper in den Boden eingegraben und der Kopf so lange mit Steinen beworfen, bis er zertrümmert ist. Der einzige Ausweg für die Verteidigung besteht darin, auf »ruhende Schwangerschaft« zu plädieren. Demnach wäre das Kind vor drei Jahren vom damaligen Ehemann gezeugt, aber erst jetzt geboren worden. Diesen Begriff kennt das islamische Recht. Glücklicherweise sind in Nigeria DNA-Tests nicht zugelassen, daher wird niemand die Vaterschaft beweisen oder ausschließen können.

• Gibt es deutsche Wörter, die auf das Arabische zurückgehen?

Wieviel Arabisch sprechen wir eigentlich?

Eine Vielzahl von Wörtern der deutschen Umgangssprache wie auch der wissenschaftlichen Fachterminologie haben arabischen Ursprung. Die Berührung der Kulturen hat ja seit der Expansion des Islam nach Spanien nicht mehr aufgehört. Einige Beispiele für deutsche Wörter arabischer Herkunft sollen Erstaunen hervorrufen und Neugier wecken.

Admiral, arabisch »*amir ar-rahl*«: Befehlshaber der Flotte bzw. Marinegeneral. Das »d« im deutschen Wort geht auf das Lateinische zurück und ist eine für den Mitteleuropäer geläufige Einfügung.

Bohnenkaffee, arabisch »*bunn*«, türkisch »*kahwe*«. Die »Bohnen« sind die Samen der kirschenähnlichen Früchte. »Kahwe« leitet sich vom arabischen »*qahwa*« her, was ursprünglich Wein bedeutet. Der Kaffee trat jedoch im Islam an dessen Stelle.

Chemie, arabisch »*al-kimiya*«.

Diwan, arabisch »*diwan*«: Amtszimmer. Wir kennen die Bedeutungen »Sofa«, »Staatsrat« und »Sammlung von Gedichten«. Nach diesem orientalischen Vorbild nannte Goethe seinen Gedichtzyklus *West-östlicher Divan*.

Elixier, arabisch »*al-iksir*«: Mittel zur Weisheit. Elixiere waren zusammengesetzte Tinkturen mit verschiedenen prophezeiten Wirkungen.

Fanfare, arabisch »*farfar*«: geschwätzig. Wir bezeichnen damit ein lautes musikalisches Signal.

Gamasche, arabisch »*gild gadamasiy*«: Leder aus der libyschen Stadt Gadames.

Haschisch, arabisch »*hasis*«: Gras.

Intarsie, arabisch »*tarsi*«: Einlegearbeit.

Joppe, arabisch »*gubba*« (ausgesprochen »dschubba«): baumwollenes Unterkleid, an Stelle eines Mantels zu tragen.

Koffer, arabisch »*quffa*«: Flechtkorb.

Limone, arabisch »*laimun*«: Zitrone.

Magazin, arabisch »*mahzan*«: Speicher, Lagerraum.

Natron, arabisch »*natrun*«: kristallines Natriumkarbonat. Wegen seiner Gas erzeugenden Wirkung in Back- und Brausepulver enthalten.

Ottomane, arabisch »*utmani*«: Sofa ohne Füße.

Papagei, arabisch »*babbaga*«.

Risiko, arabisch »*rizq*«: der von Gottes Gnade abhängige Lebensunterhalt.

Schach, persisch-arabisch »*Schah*«: König. Arabisch »*mat*«: er starb. Schachmatt bedeutet daher: »Der König ist gestorben.«

Tasse, arabisch »*tasa*«, persisch »*tast*«: Becken, Napf, Untertasse.

Watte, arabisch »*bitana*«: Unterfutter.

x-beliebig, arabisch »*sai*« (ausgesprochen »schai«): irgendeine Sache. Die Spanier schrieben und sprachen »x« für »?«, daraus entstand x-mal, x-beliebig und in der Mathematik x für unbekannt.

Zucker, arabisch »*sukkar*«.

• Welche Errungenschaften u.a. verdanken wir den Arabern?

Wir verdanken den Arabern aber auch die Einführung von Papier sowie die arabischen Zahlen. Das Papier war seit Beginn des 2. Jahrhunderts n. Chr. den Chinesen bekannt. Das Herstellungsverfahren wurde streng gehütet. Als die Araber 750

Samarkand eroberten, fanden sie dort ein Papierfabrikationszentrum. Um 800 wurde die erste Papierfabrik in Bagdad eingerichtet, das Herstellungsverfahren gelangte später einerseits nach Sizilien, andererseits nach Spanien. Im 11. Jahrhundert löste das Papier endgültig das Pergament (abgeschabte Tierhaut) ab. Die arabischen Zahlen 0 bis 9 haben moslemische Mathematiker aus Indien übernommen. Von dort stammt auch die Einführung der Null. Erst die lateinische Übersetzung arabischer Schriften führte ab dem 10. Jahrhundert zum Fortschritt der Mathematik.

Kurzer geschichtlicher Überblick

632 n. Chr.	Mohammed stirbt in Medina
bis 661	Vier »rechtgeleitete« Kalifen als Nachfolger
661–750	Kalifat der Omaijaden in Damaskus
771	Beginn der Eroberung Spaniens
750–1031	Kalifat, ab 756 Emirat der Omaijaden in Córdoba
750–1258	Kalifat der Abbasiden in Bagdad, dann bis 1517 in Kairo
bis 1299	Mamelucken, Mongolen, Turkmenen und Seldschuken kämpfen mit wechselnden Erfolgen in Vorderasien.
1299–1922	Osmanen-Sultane beherrschen das nach dieser Dynastie benannte Osmanische Reich
ab 1918	Unter Völkerbundmandaten von Frankreich und Großbritannien entwickeln sich arabische Nationalstaaten. Die britische Regierung unterstützt »die Schaffung einer nationalen Heimstätte in Palästina für das jüdische Volk«,

wobei allerdings die Rechte bestehender nicht-jüdischer Gemeinschaften nicht beeinträchtigt werden sollen. An dieser doppelten Verpflichtung musste der Vorschlag Großbritanniens scheitern.

Die Juden machen zu dieser Zeit acht Prozent der Bevölkerung aus und verfügen über zwei Prozent des Bodens.

1921	Großbritannien setzt Feisal I. aus der Dynasie der Haschimiten als König des Irak ein
1922	Großbritannien erkennt Fuad I. als König von Ägypten an
1925	Resa Pahlewi besteigt nach einem Putsch als Schah den persischen Thron
1926	Aman Ullah wird König von Afghanistan
1932	Entstehung des Königreiches Saudi-Arabien
1941	Unabhängigkeitserklärungen der Republiken Syrien und Libanon
1947	Die Vereinten Nationen empfehlen gegen die Stimmen aller islamischen Staaten die Teilung Palästinas in einen arabischen und einen jüdischen Staat
1948	Proklamation des Staates Israel. Massenflucht der arabischen Bevölkerung, erster Krieg zwischen Israel und den Nachbarstaaten
seit 1948	Arabisch-israelischer Konflikt infolge des Aufeinandertreffens zweier Nationalismen. Die Palästina-Araber berufen sich auf das Recht der im Lande seit Generationen Lebenden. Die Zionisten stellen dagegen das niemals aufgegebene Recht der von den Römern vertriebenen und im Exil auf die Rückkehr in die historische Heimat wartenden Juden auf das ihnen nach der Bibel von Gott zugewiesene Land.

Was die Leber nicht umbringt, macht sie härter

Die Leberzirrhose ist eine unaufhaltsam fortschreitende Erkrankung, bei der abgestorbenes Lebergewebe durch hartes Bindegewebe und Narbengewebe ersetzt wird. Gleichzeitig kommt es zu einem knotigen Umbau der Struktur. Die Leber wird also hart und besteht schließlich nur mehr aus dicht nebeneinander liegenden, etwa 1 cm großen Knoten. Die lebenswichtige Funktion der Leber als zentrales Stoffwechselorgan ist dadurch stark beeinträchtigt.

Weltweit nimmt die Leberzirrhose an Häufigkeit zu, derzeit kommen in Europa etwa 100 Fälle auf 100.000 Einwohner. Die Zunahme entspricht dem steigenden Alkoholkonsum, wobei zwei Drittel der Leberzirrhosen direkt auf Alkohol zurückzuführen sind, das restliche Drittel ist die Folge von Viruserkrankungen (etwa Hepatitis), Stoffwechselstörungen, Medikamenten und Nahrungsmittelgiften sowie weiteren seltenen Ursachen. Selbstverständlich können diese Faktoren auch kombiniert einwirken. Patienten mit einer Leberzirrhose haben eine mittlere Lebenserwartung von etwa fünf Jahren ab Diagnosestellung. Die Krankheit ist unheilbar, manchmal wird eine Lebertransplantation versucht.

Sie alle litten an Leberzirrhose

Eine Reihe von bekannten Persönlichkeiten litt an einer Leberzirrhose, einigen von ihnen wollen wir jetzt auf die Spur kommen.

Der Komponist

Er war Musiker und wurde 56 Jahre alt. 30 Jahre davon war er wegen verschiedenster Leiden und Beschwerden in ärztlicher Betreuung. Alle Behandlungsversuche brachten jedoch bestenfalls eine jeweils vorübergehende Besserung, denn er war ein schwieriger Patient. Zu seinen schlimmsten Gewohnheiten gehörte die völlige Achtlosigkeit gegenüber medizinischen Vorschriften. Medikamente wurden wahllos genommen oder auch nicht, Diätvorschriften so gut wie niemals befolgt. Zehn Jahre vor seinem Tod untersagten ihm seine Ärzte den Genuss alkoholischer Getränke – er hielt sich nicht daran. Er trank gerne Wein und Bier, war aber kein Alkoholiker im Sinne von Abhängigkeit. Den Tischsitten der damaligen Zeit entsprechend trank er pro Mahlzeit eine Flasche Wein, in seinen letzten Lebensjahren zunehmend mehr.

Als es mit ihm zu Ende ging, erlaubte einer der vielen herumstehenden Ärzte ihm noch etwas Punsch, er wollte dem Leidenden die letzte Zeit nach Möglichkeit erleichtern – und er hat richtig gehandelt. Die Stimmung des Patienten wurde schlagartig besser. Solche Ärzte sind leider selten geworden, denn heutzutage könnte man dies auch als »Sterbehilfe« interpretieren. Aber die Kunst eines guten Arztes besteht schließlich darin, das Leben angenehm und das Sterben erträglich zu machen. Zwei Tage vor seinem Tod quittierte der Patient eine Weinsendung mit den Worten: »Schade, schade – zu spät!« Dies waren seine letzten Worte, dann fiel er ins Koma.

Die Obduktion am 27. März 1827 ergab als Todesursache eindeutig eine Leberzirrhose.

- Wer war dieser Komponist und wer der mildtätige Arzt?

Ludwig van Beethoven (1770–1827) litt neben seiner zunehmenden Ertaubung auch an Verdauungsproblemen und letztlich an einer Leberzirrhose. Der Originalobduktionsbefund liegt ebenso vor wie die Krankengeschichte.

Der freundliche Arzt war Dr. Johann Malfatti (1775 bis 1859), ein Prominentenarzt seiner Zeit. Während des Wiener Kongresses behandelte er eine Reihe von Diplomaten, später auch Napoleons Sohn, den Herzog von Reichstadt. Dem österreichischen Erzherzogspaar Franz Karl und Sophie, das sich wegen seiner Kinderlosigkeit an ihn wandte, empfahl er eine Kur in Bad Ischl. Erfolg stellte sich ein, der erste Sohn hieß Franz Joseph und sollte später 68 Jahre lang Kaiser von Österreich sein. Malfatti wurde in den Freiherrnstand erhoben, sein Adelsprädikat lautete: »Edler von Montereggio.« Das passte gut, denn Montereggio kann als »Königberg« übersetzt werden und Malfatti wohnte tatsächlich am Abhang des Küniglberges in Wien, sodass zumindest eine Wortähnlichkeit bestand.

Der Dichter

Hauptberuflich war er Schulinspektor und wurde sogar Hofrat. Schon zu Lebzeiten berühmt machte ihn seine Schriftstellerei, er war aber auch ein begabter Maler, ein typisches Doppeltalent. Dieser große Künstler deutscher Prosa war jedoch durch depressive Verstimmungen gehemmt, er besaß kein sonniges Gemüt und lebte nicht als heiterer biedermeierlicher Käfer- und Blumenpoet. Belastet durch unausgelebte pädophile Wünsche, führte er ein unglückliches Leben. Zu Kindfrauen hingezogen, hatte er diese als Lehrer einerseits dauernd vor Augen, andererseits waren sie für ihn unerreichbar. Er wurde 62 Jahre alt, von denen er zehn an einer schweren Lebererkrankung litt. Damals sprach man von einer »chronischen Leberatrophie«, heute nennen wir dies Zirrhose.

Unser Dichter trank von Jugend an viel Alkohol, aus der Korrespondenz wissen wir, dass »sein jährlicher Bedarf 8 bis 10 Eimer Tischwein und etwa 40 bis 60 Flaschen feineren Weines« betragen hat. Das entspricht etwa 620 Litern!

In der Nacht vom 25. zum 26. Januar 1868 fügte er sich im Zustand geistiger Verwirrung mit einem Rasiermesser eine stark blutende Wunde am Hals zu. Es war kein Selbstmordversuch, sondern auf die Orientierungslosigkeit eines Patienten mit Leberversagen zurückzuführen. Zwei Tage später starb er.

- Wer war dieser Dichter?

Adalbert Stifter (1805–1868), dem Körperbau nach ein Pykniker, war starken Stimmungsschwankungen unterworfen, wobei sich die depressiven Perioden häuften. In seiner Korrespondenz geht es sehr häufig um Essen und Trinken. Für den Nachschub an Wein war sein Budapester Verleger Gustav Heckenast zuständig, den Stifter immer wieder antrieb: »Lassen Sie mir noch 2 Eimer Szadai senden, aber sogleich« ... »Ich bitte aber die Sendung zu beschleunigen« ... »Ich komme mit meinem Vorrathe über den Winter nicht aus« und so ging es dahin. Er war sich übrigens völlig darüber im Klaren, dass sein Alkoholbedarf eine Sucht geworden war. 1890 lag der durchschnittliche Weinverbrauch in Österreich-Ungarn bei 21 Liter pro Kopf und Jahr (1998 in Österreich: 33 Liter), Stifter hingegen kam auf über 600 Liter!

Um gutes Essen geht es in einem anderen Brief, den Stifter an einen Freund in Wien sandte. Er selbst lebte zu dieser Zeit in Linz, und das war auch kulinarische Provinz: »Kaufe mir für das Geld, welches in diesem Briefe liegt, so viele so genannte Frankfurter=Wienerwürstel, als du bekömmst. Aber höre und überlege wohl: du darfst die Würstel nur bei kaltem Wetter senden. Die edlen Würstel aber soll, so ist nehmlich die herzliche Bitte meiner Frau, nicht der alte Matrose, sondern dessen liebe Gattin Wallburga kaufen, aus Ursache, da sie besser über bessere wird urtheilen können, und man ihr nicht so leicht etwas anhängt.« Dieser Brief ist eines von zahlreichen Beispielen für Stifters großes Talent, Freunde, Verwandte und Bekannte für alle nur erdenklichen Dienstleistungen einzuspannen. Der Würsteltransport zwischen Wien und Linz hat anstandslos funktioniert, denn es gab noch zahlreiche weitere Bestellungen.

Seine Vorliebe für »Frankfurter« teilte Stifter übrigens mit vielen Künstlern des 19. Jahrhunderts: Franz Grillparzer und Johann Nestroy gehörten ebenso zu deren Liebhabern wie Franz Schubert, Josef Lanner und Johann Strauß. Während es in Mailand bereits seit 1842 und in Amsterdam seit 1861 die »Wiener« gab, dauerte es in Linz bis 1865, ehe diese berühmten Würste auch in der oberösterreichischen Landeshauptstadt angeboten wurden. Bis dahin war Stifter auf die Belieferung mit »Frankfurtern« aus Wien angewiesen.

Erfunden wurden die »Frankfurter« im Mai 1805 von Johann Georg Lahner, einem fränkischen Fleischergesellen, der während seiner Walz auch nach Wien kam und zum ersten Mal diese neuartige Wurstmischung erzeugte. In Erinnerung an seine Lehrzeit in Frankfurt am Main nannte Lahner die Würstel zunächst einmal »Frankfurter«, später wurden sie »Wiener Frankfurter Würstel« bzw. »Frankfurter Wiener Würstel« genannt. Heute heißen sie nur in Wien »Frankfurter«, sonst überall »Wiener«.

Der Komödiant

Als er mit dem Medizinstudium begann, sollte er eigentlich Arzt werden. Aber daraus wurde nichts. 1946 gründete er mit Freunden das »Studio der Hochschulen«, spielte sehr erfolgreich Kabarett und schrieb auch die Texte dazu. Das war der

Anfang eines genialen Schauspielers und satirischen Schriftstellers. Er war ein typischer Österreicher, feinfühlig und boshaft, ein Provokateur und Selbstzerstörer. Ohne ihn wäre das legendäre Wiener Nachkriegskabarett nicht entstanden. Er schuf Figuren, die noch Jahrzehnte später im Gedächtnis blieben, wie den »Travnicek« oder den »Herrn Karl«. Nicht nur von der Bühne herab hielt er den Menschen einen Spiegel vor, gefürchtet waren auch seine Streiche, die er Freunden und Gegnern spielte. Und das ging dann beispielsweise so: Vom Österreichischen PEN-Club wurde Briefpapier »besorgt« und der Presse die Ankunft des berühmten Eskimo-Dichters Kobuk in Wien angekündigt. Er werde hier seinen Roman *Brennende Arktis* vorstellen und über den gerade entstehenden Hollywood-Film *Song of an Iceman* referieren. Die Zeitungen mel- deten das Ereignis, Journalisten waren am Bahnhof versammelt und – den Zug entstieg unser Komödiant mit Bärenfellmantel und Pelzmütze, mitten im Juli in Wien.

Jahrzehnte hindurch trank er gut und reichlich, in den letzten Lebensjahren war er allerdings nur mehr ein Bild des Jammers. Mit 58 Jahren starb er an Leberzirrhose.

- Wer war dieser Eulenspiegel aus Wien?

Helmut Qualtinger (1928–1986) wurde zur Leitfigur des Wiener Kabaretts zwischen 1950 und 1960. Danach wandte er sich der Schriftstellerei zu, wurde ein hochkarätiger Charakterdarsteller im Film und ein genialer Leser eigener und fremder Texte. Wie er *Die letzten Tage der Menschheit* von Karl Kraus interpretierte oder Hitlers *Mein Kampf* demaskierte, bleibt unvergessen. All das trug ihm aber auch Empörung seitens des Publikums ein, mit köstlichen, entlarvenden Reaktionen. So etwa der Brief einer Dame, die ihn ermahnte: »Nehmen Sie sich ein Beispiel an O. W. Fischer und Grace Kelly!« Das tat er nicht, sondern wurde zum virtuosen Zeitkritiker, zum schlechten Gewissen Österreichs. Seine Aussprüche wurden zu geflügelten Worten wie etwa: »Manchmal weiß ich nicht mehr, ob ich ein Mensch bin oder ein Wiener.« Seine letzte Filmrolle spielte er wenige Monate vor seinem Tod neben Sean Connery in *Der Name der Rose*.

Der Unschuldige

Wenn ein Alkoholiker eine Leberzirrhose bekommt, kann man getrost sagen, er ist selbst schuld. Das ist genauso wie mit dem Zigarettenrauchen und dem Lungenkarzinom. Aber was dann, wenn jemand nicht trinkt?

Unser Mann war groß, breitschultrig und hatte eine sehr kräftige Muskulatur. Es war ihm ein Leichtes, sein schweres Segelboot zu manövrieren, wenn er in der Freizeit seiner Lieblingsbeschäftigung nachging. Er rauchte Pfeife und trank fast nie Alkohol. Der Tagesablauf in seinen späteren Jahren war einfach: Zwischen 9 und 10 Uhr frühstückte er und las Zeitung, bis etwa 13 Uhr war er in seinem wissenschaftlichen Institut und kam dann wieder nach Hause. Nach dem Mittagessen ruhte er bis zum späten Nachmittag und arbeitete dann nach einer Tasse Tee weiter, empfing Besucher oder kümmerte sich um die Korrespondenz. Die Abendmahlzeit nahm er um 18 Uhr 30 ein, danach arbeitete er wieder oder hörte Radio, einen Fernseher gab es in seinem Haus nicht. Zwischen 23 und 24 Uhr legte er sich gewöhnlich zur Ruhe. Im letzten Jahrzehnt seines Lebens ging es ihm gesundheitlich nicht gut, er hatte Schmerzen im Oberbauch und musste häufig erbrechen. Da keiner so recht wusste, was los war, entschloss man sich zu einer Bauchoperation. Der ehemalige erste Oberarzt des berühmten Chirurgen Ferdinand Sauerbruch führte die Operation am 31. Dezember 1948 durch, mit dem Ziel nachzusehen, ob vielleicht eine versteckte Krankheit vorlag. Was der Operateur fand, war verheerend: Er entdeckte einerseits eine

Leberzirrhose sowie andererseits eine sackartige Ausbuchtung der Bauchschlagader, ein Aortenaneurysma infolge fortgeschrittener Arteriosklerose. Beides konnte operativ nicht behandelt werden, aber man wusste jetzt – auch der Patient selbst –, woran man war.

- Wer war dieser Nichttrinker mit einer Leberzirrhose?

Die Ursache der Leberzirrhose von Albert Einstein (1879 bis 1955) blieb ungeklärt. Es steht nur fest, dass es nicht Alkohol gewesen sein kann. Im Jahre 1917 hatte Einstein allerdings eine Lebererkrankung mit Gelbsucht durchgemacht. Dabei handelte es sich höchstwahrscheinlich um eine infektiöse Leberentzündung, eine Hepatitis, die Wegbereiter für eine Leberzirrhose sein kann.

Am 13. April 1955 riss das Aortenaneurysma ein, es setzte eine langsame, aber unstillbare innere Blutung ein. Einstein lehnte Morphium ab, wurde in das Krankenhaus gebracht und verfiel zusehends. Am 18. April, kurz nach Mitternacht, begann er im Halbschlaf zu sprechen. Er redete in seiner deutschen Muttersprache, die amerikanische Krankenschwester verstand ihn nicht. Um 1 Uhr 15 war Albert Einstein tot, er starb einen Monat vor seinem 76. Geburtstag.

Das Lied einer Nation

Viele Monate hatte man darauf gewartet, endlich war es soweit. Am 20. April wurde offiziell der Krieg erklärt. Und wie leider sehr häufig bei Revolutionen und Nationalitätenkämpfen war die Jugend begeistert und konnte es kaum erwarten, ins Feld zu ziehen. Man las und hörte überall dieselben Worte: »Auf zu den Waffen, Bürger! Marschieren wir! Retten wir das Vaterland! Bald werden sie zittern, die Despoten!« Am 25. April erreichte die Nachricht der erfolgten Kriegserklärung die große Stadt im äußersten Norden des Landes. Vor allem der dortige Bürgermeister Friedrich Baron Dietrich fachte die Begeisterung mit einem großen Abschiedsfest für die Offiziere an, auch die abmarschierenden Soldaten bekamen gratis Wein und Extraverpflegung.

Bei dieser feuchtfröhlichen Feier sprach der Bürgermeister einen jungen Pionierhauptmann und Gelegenheitsdichter und -musiker an, ob er nicht schnell für die ausmarschierenden Truppen etwas dichten könnte, am besten ein Kriegslied. Noch in derselben Nacht, noch in der Laune von Wein und Patriotismus entstand das Lied. Der Text stammt sicher von jenem Hauptmann, wieweit zeitgenössische Melodien für die Vertonung verwendet wurden, ist umstritten. Am 26. April wurde das Lied bei einer Abendgesellschaft im Salon des Bürgermeisters vorgetragen. Die Frau des Stadtoberhauptes berichtete in einem Brief an ihren Bruder über dieses Ereignis: »Du weißt, dass wir viele Leute im Haus empfangen und man immer etwas erfinden muss, um Abwechslung in die Unterhaltung zu bringen. Und so hat mein Mann die Idee gehabt, irgendein Gelegenheitslied komponieren zu lassen. Der Kapitän vom Ingenieurkorps, ein liebenswerter Dichter und Kompositeur, hat sehr schnell diese Musik eines Kriegsliedes gemacht. Mein Mann, der eine gute Tenorstimme hat, hat das Stück gleich gesungen, das sehr anziehend ist und eine gewisse Eigenart zeigt. Das Stück ist bei uns gespielt worden, zur großen Zufriedenheit der ganzen Gesellschaft.«

Dass die Resonanz auf dieses Lied lediglich »große Zufriedenheit der ganzen Gesellschaft« erbrachte, darf uns nicht wundern. Denn es ist nicht geeignet, im Salon vorgetragen zu werden, sondern es bedarf der mitsingenden Masse. Daher hat dieses Lied bei seiner Uraufführung nicht gezündet. Es wurde zwar gedruckt und an die Truppen verteilt, aber sonst geschah zunächst nichts. Erst zwei Monate später, am 22. Juni, explodiert die Begeisterung um dieses Lied in der größten Stadt im äußersten Süden, also geografisch gesehen genau am anderen Ende des Landes. Die von hier abmarschierenden Soldaten trugen das patriotische Lied mit seinem Aufruf zum Kampf für die Freiheit durch das ganze Land. Nicht nur eine Revolution hat ihr Lied gefunden, sondern eine ganze Nation. Eilig wurden hunderttausend Exemplare gedruckt und nach wenigen Tagen war das Lied eines Unbekannten weiter verbreitet als alle sonstigen literarischen Werke dieses Volkes. Nur einer blieb unbeachtet: der Schöpfer dieser Nationalhymne, denn sein Name wurde auf den Texten nicht einmal mitgedruckt.

- Wer hat die wahrscheinlich bekannteste Nationalhymne Europas geschaffen?
- Von welcher Nationalhymne ist die Rede?

Es war die Sternstunde des Claude Joseph Rouget (1760 bis 1836), der sich völlig unberechtigterweise selbst geadelt und »de Lisle« genannt hatte. Als Hauptmann des Festungswesens war er zuständig für Wälle und Verschanzungen. In der Nacht zum 26. April 1792 schuf er auf Anregung des Bürgermeisters von Strassburg ein Kriegslied für die Rheinarmee, dessen erste Zeilen lauteten:

»*Allons, enfants de la patrie,
le jour de gloire est arrivé!*«

Damit traf er genau den Zeitgeist der Stunde, denn das revolutionäre Frankreich hatte soeben den Monarchien Europas den Krieg erklärt. Der Siegeszug der »Marseillaise« begann allerdings erst, als der Medizinstudent Mireur aus Montpellier bei einem Fest für die aus Marseille abmarschierenden Soldaten das Lied anstimmte. Die Verbreitung erfolgte lawinenhaft, auf vielen Banketts wurde die Hymne gesungen, in den Theatern und Klubs, dann sogar in den Kirchen nach dem Tedeum und bald anstatt des Tedeums. In kurzer Zeit wurde die Marseillaise zum Lied des Volkes und der ganzen Armee. Niemand in ganz Frankreich kümmerte sich um den Hauptmann Rouget, der Ruhm blieb allein dem Lied, nichts fiel dem Schöpfer zu.

Dessen weiterer Lebensweg verlief tragisch: Der Schöpfer der Revolutionshymne war kein Revolutionär, im Gegenteil, er weigerte sich sogar, den Eid auf die Republik zu leisten, und quittierte den Militärdienst. Vergrämt und verbittert fristete er sein Leben am Rande der Legalität, einmal musste er sogar ins Schuldgefängnis.

Auch sein Lied hatte ein wechselvolles Schicksal: Zunächst stürmte die Marseillaise mit den siegreichen Armeen durch ganz Europa, dann, nachdem Napoleon Kaiser geworden war, ließ er sie aus allen Programmen streichen und später wurde sie von den Bourbonen gänzlich verboten. Erst die Julirevolution 1830 und der Bürgerkönig Louis Philippe erlaubten Text und Melodie wieder, 1879 wurde sie endgültig französische Nationalhymne. Rouget starb 1836 in der französischen Provinz, während des Ersten Weltkrieges wurde er in den Invalidendom zu Paris umgebettet.

Ein Gerücht allerdings hält sich hartnäckig: Im selben Haus in Strassburg, in dem Rouget wohnte, lebte auch der Musiker Ignace Pleyel. Dieser soll bei der Melodie tatkräftig mitgeholfen haben. Pleyel (1757–1831) war ein gebürtiger Österreicher und Schüler Joseph Haydns. Aber dass ausgerechnet ein Landsmann der Marie Antoinette das Revolutionslied vertont haben soll – nein, sei dem wie auch immer, dies ist keinem Franzosen zumutbar!

Mohrenköpfe

Als das Dach brannte

1848 gab es in Europa das Jahr der Revolutionen, die Zeit war reif dafür. In Wien, der Haupt-und Residenzstadt des Habsburgerreiches, zündeten Studenten, Akademiker und Bürger den Funken der Revolution. Der Aufstand dauerte von März bis Oktober, zweimal floh Kaiser Ferdinand. Wogegen revoltierten die Österreicher eigentlich? Es war das starre »Metternich'sche System« des übertriebenen Konservatismus und der Unterdrückung. Zur sozial und wirtschaftlich immer trostloser gewordenen Situation der Bauern und Arbeiter war die Unzufriedenheit der städtischen Intelligenz mit der geistigen Einengung und Bevormundung gekommen. Daher wollte die österreichische Revolution nicht den Sturz der Monarchie, sondern die Beseitigung des Absolutismus. Ein Erfolg war die Bauernbefreiung: Die Bauern wurden zu Grundeigentümern. Der andere angestrebte Erfolg, eine Verfassungsänderung, wurde allerdings erst 19 Jahre später erreicht, als 1867 die konstitutionelle Verfassung in Kraft trat.

Höhepunkt und gleichzeitig das Ende der Revolutionen des Jahres 1848 in Wien war die Oktoberrevolution. Feldmarschall Alfred Fürst zu Windischgrätz, der Oberbefehlshaber der kaiserlichen Truppen, und Joseph Graf Jelasic, Banus von Kroatien, schlossen am 23. Oktober mit insgesamt 70.000 Mann und 200 Geschützen das aufständische Wien ein. In der Stadt herrscht revolutionäres Chaos, von organisiertem Widerstand ist keine Rede, aber die Aufforderung zur

Kapitulation wird abgelehnt. Am 28. und 31. Oktober lässt Windischgrätz die Stadt Wien über die noch bestehenden Stadtmauern hinweg beschießen. Es wird berichtet, das Bombardement sei heftiger gewesen als jenes 1809 unter Napoleon. Zahlreiche Brände entstehen, es gibt über 2.000 Tote.

Am 31. Oktober um etwa 3 Uhr nachmittags wird das Dach der Hofbibliothek und des kaiserlichen Museums der Naturgeschichte in Brand geschossen. Die Wohnung des Direktors, sein gesamter Besitz und die wissenschaftlichen Manuskripte sowie die Museumsbibliothek gehen in Flammen auf. Alle aus Raummangel am Dachboden untergebrachten Museumsobjekte verbrennen: eine Geweihsammlung, zahlreiche Skelette, Unmengen von Säugetier- und Vogeldoubletten, eine Schmetterlingssammlung und schließlich vier farbige Menschen. Ausgestopfte Menschen, die im kaiserlich-königlichen Naturalien-Cabinett aufbewahrt wurden. Darunter eine ehemals stadtbekannte Persönlichkeit, wobei Kaiser Franz II. schon zu Lebzeiten dieses Mannes den Auftrag erteilt hatte, dessen Körper nach seinem Tod zur musealen Aufstellung zu präparieren.

- Wer waren diese ausgestopften Menschen, die etwa ein halbes Jahrhundert in einem Wiener Museum standen?

Was man in einem Museum so alles findet

Das Wiener Naturhistorische Museum zählt zu den größten und ältesten Sammlungen dieser Art. Im Jahre 1748 gründete Kaiser Franz I. Stephan, der Gemahl Maria Theresias, nach Ankäufen aus Florenz die Hofnaturaliensammlung. Etwa 30.000 Exponate, vor allem Mineralien, Korallen, Muschel- und Schneckenschalen, Edelsteine sowie völkerkundliche Objekte, wurden in der Hofbibliothek, der heutigen Nationalbibliothek, aufgestellt. Alles war Privateigentum des Kaisers. Nach dessen Tod 1765 wurde die Ausgestaltung des Museums weitergeführt, dazu berief man unter anderen auch den Mineralogen Ignaz von Born von Prag nach Wien. Born wird in unserer Geschichte noch eine besondere Rolle spielen.

Der dritte Nachfolger von Franz I. Stephan als Kaiser war sein Enkel Franz II. (I.), der II. war er als römisch-deutscher Kaiser (diese Würde legte er 1806 nieder), der I. war er als erblicher Kaiser von Österreich seit 1804. Wie jeder Habsburger so lernte auch dieser Franz ein Handwerk, er wurde ein leidenschaftlicher Gärtner. Aus seiner Vorliebe für die belebte Natur schloss er der Naturaliensammlung ein Tier- und ein Pflanzenkabinett an. So zogen die ersten ausgestopften Tiere in das Museum ein, wo schließlich kunstvolle Landschaften gestaltet wurden, in die man mehr oder weniger dazu passende Tiere hineinstellte. Da gab es eine europäische Waldlandschaft mit Wildschweinen, Hirschen und einem von Hunden gehetzten Reh, im nächsten Zimmer eine afrikanische Wüste mit Zebras, Antilopen und Geiern sowie einem Kamel. Auf diesem Kamel saß der Mulatte Pietro Michele Angiola, zu Lebzeiten Tierwärter in der Menagerie von Schönbrunn. Er war von einem Tierpräparator ausgestopft worden, mit rotem Wollschurz und weißem Turban, in der Hand eine Lanze. Es berührt sonderbar, dass der Tiergarten Schönbrunn, ein geschätzter Lieferant verendeter Tiere, damals sogar einen verstorbenen Wärter an das Museum mitlieferte. Ebenfalls ausgestellt war der Schwarze Josef Hammer, ein Gärtner, der im Krankenhaus der Barmherzigen Brüder in der Leopoldstadt verstorben war und von den dortigen Fratres der Sammlung geschenkt wurde. Weiters gab es ein ausgestopftes sechsjähriges schwarzes Mädchen, ein Geschenk der Königin von Neapel.

Glanzstück der Sammlung, genannt »Repräsentanten des Menschengeschlechtes« war aber zweifellos Angelo Soliman, ein Schwarzafrikaner und Bediensteter der Fürsten Lobkowitz sowie Liechtenstein, eine stadtbekannte Persönlichkeit von Wien. In der tropischen Waldgegend bildeten ein Wasserschwein, ein Tapir, einige Bisamschweine und viele exotische Vögel die Gesellschaft für den ausgestopften Soliman. Er stand mit zurückgesetztem rechten Fuß und vorgestreckter linker Hand, um die Lenden einen Straußenfederngürtel und auf dem Haupt eine Federkrone. Arme und Beine waren mit Schnüren von weißen Glasperlen geschmückt, um den Hals trug er eine Muschelkette. 1798 kamen Soliman und das namenlose schwarze Mädchen in einen Glasschrank, dessen Tür grün verhangen war. Der Schrank stand unmittelbar beim Ausgang und wurde den Museumsbesuchern jeweils beim Verlassen des Raumes geöffnet. Die ausgestopften Farbigen galten als Rarität und Besonderheit und waren Prunkstücke des Tierkabinetts.

1806 trat ein neuer Direktor sein Amt im Museum an und eine seiner ersten Handlungen war es, die vier ausgestopften Menschen in ein Depot auf dem Dachboden zu verlegen. Dort verbrannten am 31. Oktober 1848 die vier menschlichen Stopfpräparate. Im Wiener Volksmund hielt sich noch lange die vage Erinnerung daran, wenn man einen widerspenstigen Gesprächspartner aufforderte: »Lass Dich ausstopfen und ins Museum stellen!«

Österreich und die Freimaurerei im 18. Jahrhundert

Die Freimaurerei hat ihre wichtigste Wurzel in den Gebräuchen der mitteleuropäischen und englischen Steinmetzbauhütten. Ritual und Symbolik stammen von dort. Eine zweite Quelle freimaurerischen Brauchtums geht auf Frankreich zurück, auf die in der Provence entstandenen Gesellenbruderschaften. Mit dem Bau der gotischen Kathedralen waren ganze Partien von Kirchenbauleuten, Maurern und Steinmetzen beschäftigt. Diese Spezialisten waren aber nur für die Zeit des Kirchenbaues selbst an einem Ort sesshaft, nach Vollendung des Baues zogen sie weiter: als zusammengeschweißte Truppe, als Bruderschaften mit Berufsgeheimnissen, die zwar untereinander Kontakt hatten und Leute austauschten, aber auch immer vor Werkspionage Angst hatten – daher die Geheimnistuerei und die Einführung von legitimierenden Erkennungsworte. Diese Bruderschaften waren frei vom Zunftzwang der jeweiligen Städte und hießen daher Freimaurer. Im 17. Jahrhundert setzte aus bislang ungeklärten Gründen ein Zustrom von Nichthandwerkern in die Bauhütten ein. Bald waren die operativen Werksmaurer in der Minderzahl und es entwickelte sich die moderne Freimaurerei als Gesinnungsgemeinschaft. 1717 entstand durch Gründung der englischen Muttergroßloge die noch heute gültige Organisationsform.

Für Österreich außerordentlich wichtig war das Jahr 1731, als Herzog Franz Stephan von Lothringen, der Gemahl Maria Theresias und spätere Kaiser, in den Freimaurerbund aufgenommen wurde. Er war der erste Angehörige eines regierenden Hauses, der – noch vor dem englischen Königshaus – zur Freimaurerei fand. 1737 erfolgte die erste Logengründung in Hamburg, also im späteren Deutschland. Ein Jahr später wurde der preußische Kronprinz aufgenommen, der als Friedrich der Große König werden sollte. Maria Theresia wollte sich den Bestrebungen ihres Mannes widersetzen, was ihr allerdings nicht gelang. Sie konnte auch nicht verhindern, dass mit ihrem Schwiegersohn Albert Kasimir von Sachsen-Teschen ein weiterer Freimaurer in die kaiserliche Familie gelangte. Mit dem Beginn der Alleinregierung Kaiser Josefs II. fand die Freimaurerei schlagartig Verbreitung im Raum der gesamten Monarchie. Zahlreiche Logen entstanden; die wichtigsten waren die »Gekrönte Hoffnung« mit den meisten Vertretern des Hochadels und die »Wahre Eintracht«, der bedeutende Gelehrte, Schriftsteller und Künstler angehörten.

Für die Aufnahme in eine Freimaurerloge benötigt man einen Bürgen. Am Schluss des Verfahrens erfolgt eine Abstimmung, traditionsgemäß eine Ballotage mit weißen (für »Ja«) und schwarzen Kugeln (für »Nein«). Die Freimaurer nennen ihre Zusammenkünfte »Arbeiten«. Einmal kam es bei einer solchen Aufnahme zu einem außergewöhnlichen Zusammentreffen.

Wer bürgte für wen?

Wie die beiden zusammenkamen, ist völlig unklar, die Gegensätze der Persönlichkeiten waren sehr groß. Der Ältere, mittelgroß, schlank, aber kräftig, von dunklem Teint, war Kammerdiener in fürstlichem Hause, der Jüngere, grazil, gebrechlich, von blasser Hautfarbe, war Hofrat und Mitglied vieler wissenschaftlicher Akademien. Der Ältere legte am 19. November 1781 das Ansuchen des Jüngeren um Aufnahme in die Loge vor. Im Protokoll steht: »Es wurde auf das ... eingebrachte Gesuch ... zur statutenmäßigen Ballotierung geschritten, welche mit 15 hell leuchtenden Kugeln ausfiel...« Im März 1782 wurde der Jüngere zum MvSt (Meister vom Stuhl), d.h. zum Vorsitzenden, gewählt und damit begann die große Zeit dieser Loge. Er führte eine neue Form der »Arbeiten« ein, die sich bis in die Gegenwart erhalten hat.

Interne Streitigkeiten, unterschiedliche Interessen allzu starker Persönlichkeiten und schließlich Eingriffe von Seiten der Regierung führten jedoch nach wenigen Jahren zum Niedergang und Zerfall der Loge. Im Herbst 1786 suchte der berühmte Gelehrte um Austritt an, 1791 starb er, entweder an einer chronischen Bleivergiftung oder an multipler Sklerose, das lässt sich heute nicht mehr entscheiden. Sein Bürge lebte bis 1796, scheint aber 1785 in keinem Logenverzeichnis mehr auf.

- **Wer waren die beiden ungleichen Männer?**

Der Ältere war Angelo Soliman, der Schwarzafrikaner, der in Wien zum »hochfürstlichen Mohren« avancierte. Der Jüngere war Ignaz von Born (1742–1791), hochrangiger Wissenschafter und Staatsbeamter, kaiserlicher Hofrat und Berbauspezialist.

- **Wie hieß die Loge?**

Es war die Loge »Zur wahren Eintracht« in Wien. Diese bekannteste österreichische Freimaurerloge des 18. Jahrhunderts bestand nur knapp fünf Jahre, vom März 1781 bis zum Dezember 1785. Dennoch wurde sie durch ihre im Druck erschienenen Veröffentlichungen, durch die große Zahl hoch begabter Mitglieder und durch ihre Verdienste um die Ausbreitung des Bundes zur klassischen Eliteloge Österreichs.

Zu den heute noch bekannten Mitgliedern der »Wahren Eintracht« zählten u.a.:

Leopold Mozart (1719–1787), Komponist und Salzburgischer Hofkapellmeister. Sein Sohn Wolfgang Amadé war Mitglied einer anderen Loge.

Wenzel Fürst Paar (1719–1792), General-Erblandpostmeister.

Leopold Graf Kolowrat-Krakowsky (1727–1809), Oberstkanzler der böhmisch-österreichischen Hofkanzlei.

Joseph Haydn (1732–1809), Komponist und Kapellmeister des Fürsten Esterházy. Zahlreiche Mitglieder der Familie Esterházy waren ebenfalls Freimaurer.

Joseph von Sonnenfels (1732–1817), Schriftsteller, Jurist und Universitätsprofessor. Dieser berühmteste österreichische Aufklärer war wesentlich an der Abschaffung der Folter beteiligt.

Johann Georg Schlosser (1739–1799), der Schwager Goethes. Er war mit Cornelia Goethe verheiratet und selbst als Verwaltungsjurist tätig.

Johann Peter Frank (1745–1821), dritter Direktor des Wiener Allgemeinen Krankenhauses. Begründer der »Medizinischen Polizey« und der »Staatsarzneykunde«.

Johann Georg Forster (1754–1794), Forschungsreisender, Politiker und Schriftsteller. Er begleitete James Cook bei dessen zweiter Weltumsegelung.

Aloys Blumauer (1755–1798), Schriftsteller. Durch seine Travestie der *Aeneis* wurde er in ganz Europa bekannt. Herausgeber des *Journals für Freymaurer*, worin die meisten wissenschaftlichen Vorträge der Logenbrüder abgedruckt waren.

Georg Graf Festetics (1756–1819), ungarischer Magnat und großzügiger Förderer des wissenschaftlichen Nachwuchses.

- Welche neue Form der »Arbeiten« wurde von wem eingeführt?

Nach Befragung und Zustimmung der Mitglieder führte Ignaz von Born im November 1782 die so genannten »Übungslogen« ein, d.h. bei den Zusammenkünften wurden »Baustücke« vorgetragen. Dies geschah auf höchstem wissenschaftlichem Niveau und die Vorträge wurden im *Journal für Freymaurer* publiziert. Den ersten Vortrag hielt Born selbst, er trug den Titel *Über die Mysterien der Ägypter*. Man sagt, er wurde dadurch zum Urbild des Sarastro in der *Zauberflöte*. Bemerkenswert am Vortrag von Born war, dass die Entzifferung der Hieroglyphen durch den Freimaurer Jean-François Champollion erst 40 Jahre später gelang.

Angelo Soliman, der hochfürstliche Mohr

Um das Jahr 1755, zur Zeit Maria Theresias, kam es im kaiserlichen Wien zu einer gesellschaftlichen Sensation. Im Dienste des Fürsten Joseph Wenzel Liechtenstein tauchte ein

Schwarzer auf, der zunächst im neugierigen und tratschbegeisterten Wien Aufsehen erregte, bald aber aufgrund seiner Bildung und seines Betragens allgemein geschätzt wurde und in hohe Adelskreise Zutritt fand. Über Angelo Soliman sind wir durch Quellen aus dem Anfang des 19. Jahrhunderts unterrichtet, die größtenteils auf persönliche Erzählungen von ihm selbst zurückgehen. Es ist wahrscheinlich, dass er seine Abstammung bewusst verschleierte und mit geheimnisvollen Andeutungen interessant machte. Über seine Herkunft und sein abenteuerliches Schicksal wurde viel spekuliert, oft mangelhaft recherchiert, sodass hier nur die halbwegs gesicherten Stationen seines Lebens dargestellt werden sollen.

Angelo wurde etwa 1721 im Osten Afrikas, vermutlich auf der Somali-Halbinsel, geboren und hieß ursprünglich Mmadi-Make. In seinem siebenten Lebensjahr wurde sein Stamm infolge kriegerischer Ereignisse aufgerieben, er selbst kam in Sklaverei. Nach mehrmaligem Besitzerwechsel gelangte er schließlich nach Messina zu einer wohlhabenden Dame. Einen schwarzen Jungen zu besitzen, galt als modisch und prestigeträchtig, überdies war ein solches Spielzeug teuer und wurde wohl behütet. Die Sorgfalt seiner Herrin war für Angelo ein Glücksfall: Er erhielt Unterricht in der italienischen Sprache und den Elementargegenständen. So wurde der Grundstein zu seiner weiteren Bildung gelegt. In seinem zehnten Lebensjahr wurde Angelo getauft, als Familienname fügte man Soliman hinzu. Er feierte den 11. September, den Tag seiner Taufe im Jahre 1731, alljährlich als seinen Geburtstag.

In Messina kam Soliman in den Besitz des Fürsten Johann Georg von Lobkowitz, der zu dieser Zeit Gouverneur von Sizilien war. Soliman begleitete den Fürsten auf zahlreichen kriegerischen Unternehmungen, der Haushofmeister erteilte dem Knaben weiter Unterricht und Angelo lernte rasch Deutsch. Sicher ist, dass Soliman nach seiner Zeit bei Lobkowitz in die Dienste des Fürsten Joseph Wenzel von und zu Liechtenstein kam. Er hatte nun seinen ständigen Wohnsitz in Wien. Als Fürst Liechtenstein 1760 die Braut des späteren Kaisers Josef II., Isabella von Parma, nach Wien holte, heißt es in der Beschreibung des Festzuges: »Es folgte die prächtige Equipage des Fürsten von Liechtenstein, umgeben von seinen ‚Livrées', Pagen, Hausoffizieren, Lakaien und dem Mohren Angelo Soliman...« Damals war Angelo 39 Jahre alt. Welche Stellung er im fürstlichen Haushalt innehatte, ist unklar, er wird in verschiedenen Dokumenten als Kammerdiener, Hofmeister und auch Hausoffizier genannt; am reizvollsten ist aber die in Rechnungsakten vorkommende Bezeichnung »hochfürstlicher Mohr«.

Karoline Pichler, die Chronistin ihrer Zeit, schrieb: »Angelo war von mittlerer Größe, schlank und schön gebaut. Seine Züge waren bei weitem nicht sosehr von unseren Begriffen über Schönheit entfernt als die Züge der Neger sonst zu sein pflegen. Eine außerordentliche Gewandtheit in allen körperlichen Übungen gab seiner Haltung, seinen Bewegungen Anmuth und Leichtigkeit. Sein Gedächtnis war vortrefflich. Nebst vielen anderen gründlichen Kenntnissen sprach er drey Sprachen, Italienisch, Französisch und Deutsch, vollkommen geläufig und las und sprach zur Noth auch Latein, Böhmisch und Englisch... Seine Tracht war immer die vaterländische, eine Art von türkisch weiter Kleidung, meist blendend weiß, wodurch das glänzende Schwarz seiner Haut noch vorteilhafter erschien.«

Angelo war im Gefolge des Fürsten Liechtenstein auch bei der Kaiserkrönung Josefs II. in Frankfurt dabei. Dort hat sich Bemerkenswertes zugetragen. Angelo wurde veranlasst, sein Glück beim damals beliebten Kartenspiel »Pharao« zu versuchen. Er gewann auf Anhieb 20.000 Gulden, bot seinem Partner Revanche, der daraufhin weitere 24.000 Gulden verlor. Als Angelo ihm neuerlich Revanche anbot, »wusste er das Spiel so fein einzurichten, dass sein Partner die letzten 24.000 Gulden zurückgewann. Dieser Akt von Delikatesse trug Angelo Bewunderung und zahllose Glückwünsche ein!«

Dazu sollte man bedenken, dass Angelo als Besoldung 600 Gulden jährlich erhielt. Mozart bekam 14 Jahre später als kaiserlicher Kammermusikus 800 Gulden.

Das nächste dokumentarisch erfasste Datum ist Angelos Vermählung 1768 mit der verwitweten Magdalena Christiani, geborene Kellermann. Seine Gattin soll die Schwester des bonapartistischen Generals Kellermann, des Duc de Valmy, gewesen sein. Sie war bei der Heirat 34 Jahre alt. 1772 wurde eine Tochter geboren und Josephine getauft. Sie sollte später Trägerin eines berühmten Namens werden. Im Jahre 1781 wurde Angelo Freimaurer. Er trat in die eben damals gegründete Loge »Zur Wahren Eintracht« ein. Die Freimaurer scheuten sich in Erfüllung ihrer Menschenpflichten nicht, diesen schwarzen Mitbruder in ihre Kette aufzunehmen, was gleichzeitig ein Beweis dafür ist, wie hoch Angelos geistiges Niveau gewesen sein muss. In den erhaltenen Verzeichnissen der Loge ist jeweils die Rubrik »profaner Stand« freigelassen, denn Angelos Stellung war eben undefinierbar. Wenn er auch durch seine hervorragenden Eigenschaften ein beliebter und geachteter Mann war, ein »Mann von gutem Ruf«, so war er doch, streng genommen, kein eigentlich »freier Mann«. Dies ist jedoch Voraussetzung für eine Aufnahme in den Freimaurerbund. Er lebte zu seinem jeweiligen Gebieter in einem absolut abhängigen Verhältnis, nicht als Sklave zwar, eher als eine höhere Gattung von Leibeigener. In diesem Sinne haben die österreichischen Freimaurer, als sie seine Aufnahme geschehen ließen, in reinem Humanitätsgedanken eine bedeutende Konzession gemacht. Höchst bemerkenswert ist, dass Angelo es war, der Ignaz von Born der Loge zuführte und die »Wahre Eintracht« zur Eliteloge der Zeit machte. Angemerkt sei, dass es sogar im 21. Jahrhundert in manchen Bundesstaaten der USA schwierig bis unmöglich ist, als Schwarzer in eine Freimaurerloge aufgenommen zu werden.

1783 wurde Angelo mit 62 Jahren pensioniert; er behielt dabei seine vollen Bezüge, 600 Gulden jährlich, eine bedeutende Summe. Als 1786 seine Gattin starb, zog sich Angelo von der Gesellschaft zurück und widmete sich ganz der Erziehung seiner Tochter. Über Angelos Tod wird berichtet: »In seinem fünfundsiebzigsten Lebensjahr machte endlich ein Schlagfluss seinem Leben auf der Straße ein Ende. Er wurde nach Hause gebracht, aber es war keine Möglichkeit mehr, ihn zu erwecken. Er starb den 21. November 1796, betrauert von allen seinen Freunden.«

Der Mohr wird ausgestopft

Die Biografie des Angelo Soliman ist damit zu Ende, sein Erdendasein aber wurde durch seinen Tod nicht beendet. Das Absonderlichste beginnt erst dann: Auf direkte Anordnung von Kaiser Franz II. wurde der Leichnam in einer Wagenremise des k.k. Hofbibliotheksgebäudes vom Bildhauer Franz Thaller präpariert. Gustav Brabbée schreibt in seinem Buch *Sub Rosa*, dass Angelo nach seinem Tod:

»1. auf Befehl Kaiser Franz' II. im Jahre 1796 die Haut über die Ohren gezogen,
2. dass diese Haut auf Holz gespannt und so die frühere plastische Gestalt Angelo Solimans täuschend ähnlich darstellend zehn Jahre lang zur öffentlichen Besichtigung ausgestellt,
3. dass diese auf Holz gespannte Haut 52 Jahre später unter großem Getöse durch Feuer und Flammen vertilgt wurde.«

Bereits wenige Stunden nach Angelos Tod erschien der Bildhauer Franz Thaller in dessen Wohnung und verfertigte dort einen »Gypsabguss«. Das beweist ganz klar, dass »der schöne Neger« schon längst, als er noch vergnügt durch die Straßen Wiens ging, zum Museumsstück bestimmt war. Thaller arbeitete auch zügig weiter, denn Angelo starb am 21. November und wurde schon am 23. November begraben – natürlich nur jene Teile seines Körpers, die der kaiserliche Sammeleifer übrig gelassen hatte. Angelos Tochter Josepha wurde überhaupt nicht gefragt, sie durfte lediglich später bitten. Protokoll der Polizeihofstelle 1796, Seite 666:

»Soliman Josephine bittet, dass ihr das Skelett und die Haut ihres Vaters zur Beerdigung ausgefolgt werde. Bittstellerin wird mit ihrer Vorstellung an Regierung gewiesen. Am 14. Dezember 1796«.

Wahrhaft ein österreichisches Schicksal eines schwarzafrikanischen Leichnams, wie es auch heute noch passieren kann!

Obwohl kein genauer Bericht vorliegt, ist anzunehmen, dass Thaller mittels des »Gypsabgusses« ein Holzmodell anfertigte. In der Zwischenzeit musste die abgezogene Haut von der Innenseite her mechanisch und chemisch entfettet werden, mit anschließender insektizider Behandlung. Es durfte ja keine einzige Fliegenmade überleben, sonst wäre das Werk zerstört worden. Ob die Haut später auch noch von außen behandelt wurde, ist nicht überliefert, aber sehr wahrscheinlich.

So entstand eines der seltenen menschlichen Stopfpräparate, das im k.k. Naturalienkabinett aufgestellt wurde. Proteste der Tochter und des fürsterzbischöflichen Konsistoriums wurden abgewiesen. Soliman blieb als »Repräsentant des Menschengeschlechtes« weiter zur Schau gestellt.

Trotz des Brandes im Museum scheint jedoch nicht alles von Angelo Soliman verschwunden zu sein. Im Rollett-Museum in Baden bei Wien befindet sich eine Totenmaske aus Gips, die das Gesicht eines Schwarzafrikaners darstellt. Auf der Innenseite steht schlicht »Angelo«. Ob wir tatsächlich die Maske des Angelo Soliman vor uns haben, ist noch nicht endgültig geklärt. Mit Sicherheit original ist ein Scherenschnitt aus dem Jahre 1784, der Angelo Soliman gemeinsam mit 63 anderen Wiener Persönlichkeiten in Profilansicht zeigt. Den Schattenriss eines Mohrengesichtes finden wir heute noch als Firmenlogo der Firma Meinl und ein kleiner Mohr trat auch als Werbefigur der Schokoladenfirma Sarotti auf.

Berühmte Verwandtschaft

Während Angelo im Museum von den Besuchern bestaunt wurde, war seine Tochter Trägerin eines berühmten Namens geworden: Josephine hatte 1798 Ernst Freiherrn von Feuchtersleben, Kreisingenieur in Galizien, geheiratet. Baronin Josephine war eine ausgesprochene Schönheit, deren Ähnlichkeit mit dem Vater nicht zu leugnen war. Sie starb sehr jung, im Jahre 1801, vermutlich in Krakau, nachdem sie 1798 einen Sohn Eduard geboren hatte. Aus der zweiten Ehe des Freiherrn stammte der Dichter und Philosoph Ernst von Feuchtersleben (1806–1849). Ein boshaftes Wiener Gerücht verwechselte die beiden Ehen und die beiden Kinder und behauptete, des Dichters Großvater »sei ein Aff gewesen und ausgestopft zu sehen«. Angelos direkter Enkel, Eduard von Feuchtersleben, starb 1857 kinderlos. Wenn Solimans Herkunft – so wie er sie erzählte – wahr ist, erlosch damit die Linie der Häuptlinge seines Stammes in Afrika, jedenfalls aber ging ein wahrhaft exotisches Kapitel aus dem kaiserlichen Österreich zu Ende.

Das Schicksal Angelo Solimans wurde von Fritz von Herzmanovsky-Orlando dichterisch bearbeitet: *Apoll von Nichts oder Exzellenzen ausstopfen – Ein Unfug. Eine Gangsterkomödie aus dem Biedermeier*. In diesem Stück wird lediglich von Angelo erzählt, in einem weiteren Theaterstück jedoch spielt Angelo die Hauptrolle: *Soliman* von Ludwig Fels, uraufgeführt 1991.

- Existieren gegenwärtig noch menschliche Stopfpräparate?

Noch heute kann man sie bewundern...

Das Pathologisch-Anatomische Bundesmuseum in Wien befindet sich am Gelände des alten Allgemeinen Krankenhauses und ist im »Narrenturm« untergebracht. Das runde, turmartige Gebäude wurde 1784 auf Initiative von Kaiser Josef II., dem Sohn und Nachfolger Maria Theresias, als Irrenanstalt errichtet. Seit 1971 befindet sich dort die weltweit umfangreichste Sammlung pathologisch-anatomischer Präparate und medizinhistorischer Realien, insgesamt über 40.000 Stück. Die meisten Exponate sind Körperteile von verstorbenen Menschen. Diese haben damit einen hervorragenden Beitrag zur Forschung und medizinischen Lehre geleistet. Daran soll bei Betreten des Museums stets mit Dankbarkeit und Ehrfurcht gedacht werden und dieses Gedenken mahnt die über der Eingangstür angebrachte Tafel ein: »Hic locus est, ubi mors gaudet sucurrere vitae.« Kein gewöhnlicher Spruch, sondern ein klassischer Hexameter, der auch so auszusprechen wäre. Wer wird in Zukunft noch soweit der lateinischen Sprache mächtig sein, um zu übersetzen: »Dies ist der Ort, wo der Tod sich freut, dem Leben zu helfen.«

In diesem Museum befindet sich auch ein menschliches Stopfpräparat. Die Bezeichnung »Stopfpräparat« ist allerdings etwas irreführend, da nur in den allerersten Zeiten der Aufstopfungskunst der Balg von kleinen Säugetieren, Vögeln, manchmal auch Reptilien und Fischen, tatsächlich mit Sägespänen, Rosshaar usw. ausgestopft wurde. Wegen der Plumpheit dieser Präparate wandte man bald andere Methoden an. Grundsätzlich musste zunächst einmal die Haut unversehrt und im Ganzen entfernt, d.h. »abgezogen« werden – ein technisch ungemein schwieriges Unterfangen. Und dann kam es darauf an, womit und in welcher Weise der herausgeschälte Körper ersetzt wurde. Hierzu wurde Gips oder Papiermaché, teils massiv, teils als Hohlformen verwendet. Man spannte die Haut auch ganz oder teilweise über rahmenartige Gestänge, bisweilen wurde der enthäutete Körper auch in Holz oder Torf nachgeschnitzt und über diese Form die Haut gespannt.

Das in Rede stehende Stopfpräparat ist ein zwei bis drei Jahre altes Mädchen. Da es sich um ein echtes Stopfpräparat handelt, sind das Skelett und damit auch das Gebiss als sicheres Mittel zur Altersbestimmung nicht mehr vorhanden. Es handelt sich um ein Kind weißer Rasse, das Haupthaar ist etwa 1 cm lang und blond, in der Scheitelgegend verfilzt. Die Gesichtshaut ist gelblich verfärbt, und zwar durch aufgetragene Farbe. Die Bemalung der Lippen und der geöffneten Augen ist ebenfalls typische Präparatorenarbeit. Der Rumpf und die Extremitäten sind bräunlich verfärbt und es finden sich darauf zahlreiche eng stehende, bis linsengroße, rundliche, bis 2 mm hohe dunkelbraune Erhabenheiten, die auf eine angeborene Verhornungsanomalie der Haut hinweisen. An der Rückseite des Körpers befindet sich, von der Präparierung stammend, eine genähte Schnittführung in Kreuzform, die vom Kopf der Wirbelsäule entlang über den After bis zum hinteren Umfang der Scheide reicht. Diese Schnittführung setzt sich beidseits an der Innenseite der Oberschenkel über die Unterschenkel bis knapp hinter den jeweiligen Innenknöchel fort. Der Querschnitt zieht symmetrisch über die Schulterblätter zur Außenfläche beider Oberarme und endet jeweils am Handgelenk. Hände und Füße sind mumifiziert, die Nägel bräunlich verfärbt. Die Schädelhaut ist mit Wachs ausgegossen und die Extremitäten ebenfalls mit Hartmasse ausgefüllt. Der Bauch dürfte über Holz gespannt, der Thorax über Rahmen gearbeitet worden sein. Eine Eisenstütze ist vom Holzsockel des schwebend montierten Präparates aufwärts zwischen den Beinen eingeführt.

Dieses Präparat von bizarrer Schönheit und Einmaligkeit stammt aus der Zeit um 1780, ist also weit mehr als 200 Jahre alt. Das Pathologisch-Anatomische Bundesmuseum in Wien ist öffentlich zugänglich, sachkundige Führer stehen bereit.

Wo ist »El Negro« wirklich?

Im Museum von Banyoles, einer spanischen Kleinstadt nordwestlich von Barcelona, stand seit 1888 das Stopfpräparat eines Schwarzafrikaners. Es war ein junger Buschmann, etwa 130 cm groß, mit einem Lendenschurz und einem Speer, am Kopf eine Federkrone. Teile des Körpers schienen ausgetrocknet und mumifiziert, andere Abschnitte ausgestopft. Die Haut war schwarz lackiert. Im Museum wurde das Präparat »El Negro«, früher auch »El Betchuanas« genannt. Nachforschungen über die Herkunft waren mühsam und blieben unvollständig. Sehr wahrscheinlich hatten französische Naturforscher den Leichnam um 1830 in Südafrika gestohlen, präpariert und nach Europa geschafft. Dort wurde er in Paris in einem Museum aufbewahrt. 1880 kaufte der katalanische Biologe Francesco Darder das Präparat und zeigte es bei der Weltausstellung 1888 in Barcelona. Von dort kam es in das Museum von Banyoles und war eigentlich nur lokal bekannt.

Öffentliche Erregung machte sich erst 1991 breit, als ein Arzt aus Haiti, Dr. Alphonse Arcelin, eher zufällig das Museum besuchte und den präparierten Schwarzafrikaner entdeckte. Er war entsetzt und alarmierte die Medien. Spanien konnte zu dieser Zeit keinen Skandal brauchen, standen doch die Olympischen Spiele 1992 in Barcelona bevor. Daher wurde das Museum vorübergehend geschlossen. Nach längeren Disputen wurde das Stopfpräparat 1997 aus der öffentlichen Sammlung genommen und in einem Depot gelagert. Damit war aber das Prunkstück der Ausstellung abhanden gekommen, das Museum stand infolge Besucherschwundes vor dem finanziellen Ruin.

Schließlich stellte Botswana einen offiziellen Rückstellungsantrag. Es entbrannte ein bürokratischer Kleinkrieg um Fragen wie etwa: Sollte »El Negro« als Museumspräparat in einer Kiste oder als menschliche Leiche in einem Sarg transportiert werden? In Banyoles wurden in der Zwischenzeit »El Negro«-T-Shirts verkauft. Am Dienstag, dem 4. Oktober 2000, traf der ausgestopfte Buschmann am Flugplatz von Gaborone, der Hauptstadt Botswanas, ein. Es gab Salutschüsse, eine Ehrenkompanie der Armee, Politikeransprachen und Gebete. Dann wollte man »El Negro« im Stadtzentrum noch einmal öffentlich ausstellen und am nächsten Tag begraben. Es war wie die Rückkehr eines Nationalhelden. Dann aber kam es zu einem Skandal: In dem Sarg befand sich lediglich der Schädel, wobei die Spanier argumentierten, alles andere sei künstliches Material gewesen. Auf Röntgenbildern aus früherer Zeit in Banyoles hatte der Schädel des Buschmannes keine Zähne mehr gehabt, zurückgestellt aber wurde ein Schädel mit fast vollständigem Gebiss. Was da wirklich passiert ist, konnte noch nicht geklärt werden.

Die Hottentottenfrau

1810 brachte ein englischer Geschäftsmann eine junge Frau namens Saartjie Baartman aus Südafrika nach London mit, was einiges Aufsehen erregte: Nicht nur ihre schwarze Haut, sondern vor allem die starke Fettablagerung in der Steißregion verliehen ihr ein ungewöhnliches Aussehen. Es handelte sich um eine Hottentottenfrau mit dem für dieses Volk charakteristischen Fettsteiß, einem Schönheitsmerkmal. Die Frau wurde auf Jahrmärkten in England und Frankreich vorgeführt und starb 1816 im Alter von 28 Jahren. Georges Cuvier, Anatom und Zoologe, sezierte ihren Körper, machte einen Gipsabguss und stellte diesen neben dem Skelett im Musée de l'Homme in Paris aus. Diese »Hottentotten-Venus« wurde erst 1974 als Ausstellungsobjekt zurückgezogen, seither laufen Rückstellungsforderungen aus ihrer Heimat.

Hottentotten und Buschmänner gehören zur ethnischen Gruppe der Khoisan in Südafrika und zeigen körperliche Charakteristika (Kleinwuchs, starke Hautrunzelung, spiraliges Kraushaar und bei Frauen Fettsteiß sowie übergroße Schamlippen), sodass sie früher als eigene Rasse angesehen wurden.

Ob sich noch weitere menschliche Stopfpräparate in irgendwelchen Sammlungen befinden, ist nicht bekannt.

Die richtige Reihenfolge: Zuerst Christ, dann Komponist, schließlich Direktor

Eine schwere und ziemlich freudlose Kindheit stand dem 1860 in Böhmen geborenen Sohn eines gewöhnlichen Handelsjuden bevor. Außerdem hatte dieses Kind praktisch keine Chance, dem elenden Leben zu entkommen. Aber es gelang ihm: Der Weg wurde erstaunlich leicht, geradlinig, war in seiner Direktheit aber nur von einem Genie zu bewältigen.

Dabei nahm alles beinahe mit einer Katastrophe seinen Anfang. Das hoch begabte Kind begann als Sechsjähriger mit dem Klavierspiel und erklärte seinem Klavierlehrer auf die Frage, was er denn einmal werden wolle, lapidar: »Märtyrer«. Der Musiker bezeichnete seinen Schüler daraufhin als »extrem hirnweich« und meldete den Vorfall mit dem Bemerken, der Junge verletze und beleidige die katholische Glaubenslehre. Wenn ein Knabe aus christlichem Haus solch einen Wunsch äußere, so sei das gewiss ein Zeichen göttlicher Gnade und Berufung, bei einem kleinen Juden aber sei ein solcher Ausspruch lästerlich und verwerflich, er gehöre bestraft. Dazu kam es allerdings nicht, aber der Knabe wurde von seinen Schulkollegen verspottet, eingeschüchtert und isoliert.

Der Kleine hasste seinen Vater und scheute sich nicht, ihn »Wollüstling«, »Schänder«, »Sadist« oder »Verbrecher« zu nennen. Der Alte hat sich der Familie gegenüber auch ziemlich arg aufgeführt. Nur ein Mensch konnte den cholerisch-triebhaften Mann zur Räson bringen: seine Mutter. Diese resolute, lebenstüchtige Hausiererin war ein Phänomen. Als typische jüdische Mammeh zog sie noch mit achtzig Jahren durch die Lande, den Buckelkorb auf dem Rücken, und verkaufte ihre Waren – Messer, Bleistifte, Zwirn, Nadeln, Papier, Tinte und so fort. Da sie keinen Gewerbeschein besaß, wurde sie einmal zu einer empfindlichen Geldstrafe verurteilt. Daraufhin legte sie ihr Festtagskleid an und erschien bei einer »allgemeinen Audienz« vor Kaiser Franz Joseph, der sie »allergnädigst« anhörte und die Bestrafung aussetzte.

Und bei dieser Großmutter stand ein Pianino in einer Abstellkammer. Niemand wusste mehr genau, wie es dorthin gekommen war. Als aber das Kind dieses Klavier entdeckte, ging für ihn das Tor in eine andere Welt auf: »Von nun an war ich in der neuen Welt gefangen. Sie hat mich nie mehr entlassen und es gab wohl kaum Stunden in meinem weiteren Leben, da mich die Musik nicht begleitet hat: Stunden der Trauer und der Freude. Die Musik war mir alles. Ich war die Musik selber.«

Der Vater zeigte sich erstaunlich verständig – er ahnte wohl, was in seinem Sohn schlummerte – und begriff die Notwendigkeit einer soliden Bildung. Der Besuch des Gymnasiums wurde ermöglicht und mit großen finanziellen Opfern der Klavierunterricht bezahlt. Jener Klavierlehrer, von dem schon die Rede war, scheint es gewesen zu sein, der dem Jungen zuredete, sich vom Judentum abzukehren, um als »ehrbarer Christ« Karriere zu machen. Der ehrgeizige junge Mann begriff bald: Jude zu sein war ein Hindernis – Mendelssohn hatte sich taufen lassen, desgleichen Heinrich Heine und Anton Rubinstein. Bei dem jungen Mann dauerte es noch etwas. Was das Klavierspiel betraf, war der Gesuchte ein Wunderkind. Mit zehn Jahren spielte er öffentlich Beethoven, die Kritiker schrieben von »einem großen und ehrenvollen Erfolg für den Sohn eines hiesigen israelitischen Geschäftsmannes« und nannten ihn »einen künftigen Klaviervirtuosen, von dem die Welt sprechen wird.« Diese Kritiken schickte man an das Wiener Konservatorium und bekam eine sehr vernünftige Antwort: »Im Alter von 10 Jahren ist ein Unterricht am Konservatorium so gut wie ausgeschlossen, die Konstitution des

Knaben wird nicht ausreichen, um das geforderte Pensum zu erledigen. Außerdem wird die Spannweite der Hände nicht ausreichen. Kommen Sie später gerne zurück, wenn sich zeigen sollte, dass die Entwicklung weitergeht.«

Als der Junge 15 Jahre alt war, reiste er zum Vorspielen ans Konservatorium, es dauerte drei Stunden und dann kam die Beurteilung: »Er ist der geborene Musiker.«

- Wer war dieses musikalische Wunderkind und wie verlief sein weiteres Schicksal?

Der Weg zum Ruhm

1860 wurde Gustav Mahler (1860–1911) im Dorfe Kalischt in Böhmen als zweites von zwölf Kindern geboren. Der Vater stammte aus einer Familie von Hausierern und betrieb eine kleine Schnapsbrennerei, die Mutter war die Tochter eines Seifensieders. 1875 wurde Gustav Schüler des Wiener Konservatoriums. Seine Ausbildung durchlief er in kürzest möglicher Zeit. Er wurde sogar von einzelnen, sonst obligaten Kursen befreit. Am 11. Juli 1878 bescheinigte man dem Absolventen Gustav Mahler, dass er alle Fächer »mit sehr gutem Erfolg« abgeschlossen habe. Er erhielt ein Diplom und konnte nun seine freie Tätigkeit als Musiker entfalten.

Sehr kompliziert entwickelte sich Gustav Mahlers Verhältnis zu den Frauen. Obwohl frühreif, war er jedoch übertrieben schamhaft und hatte sicher eine gestörte Beziehungsfähigkeit zum anderen Geschlecht. Sein Studienkollege Hugo Wolf sagte einmal: »Ich kenne nur zwei Menschen, die so keusch wie der liebe Gott sind: Anton Bruckner und Gustav Mahler!« Er selbst gestand seiner Frau Alma später, als Siebzehnjähriger durch die um zwei Jahre ältere Fabrikantentochter Amélie Goldschmidt seine Unschuld verloren zu haben. Das Mädchen habe die Führung, besser Verführung, in dieser kurz dauernden Liebschaft übernommen. Später als Kapellmeister hatte er in den verschiedenen Städten seines Wirkens immer Liebschaften; er wurde angehimmelt, aber alles blieb flüchtig, er selbst eher gehemmt. Und gerade dieser Mann sollte später eine »Jahrhundertfrau« heiraten: Alma Schindler.

Wesentlich gradliniger verliefen Mahlers künstlerischer Werdegang und seine berufliche Karriere. Denn dabei war er selbst die treibende Kraft und seine musikalische Genialität war mit einem brennenden Ehrgeiz gekoppelt. Natürlich hatte er erkannt, dass die Hofoperndirektion in der k.k. Haupt- und Residenzstadt Wien noch immer das höchste Amt darstellte, welches das europäische Musikleben zu vergeben hatte. Seine Geschichte, wie man Direktor wird, hat in wesentlichen Punkten zeitlose Gültigkeit und wiederholt sich immer wieder, sodass einige typische Streiflichter in Erinnerung gerufen werden sollen. Da gab es die seltsamsten Querverbindungen.

Gustav Mahler begann als Kapellmeister des Sommertheaters in Bad Hall (Oberösterreich), danach kamen Laibach, Olmütz und Kassel, Prag, Leipzig und Budapest. 1891 bis 1897 war er erster Kapellmeister am Stadttheater in Hamburg, der damals nach Berlin zweitgrößten Stadt Deutschlands. Noch in Kassel hatte der 25-jährige Mahler die berühmte Altistin der Wiener Hofoper Rosa Papier kennengelernt. Bald darauf wurde sie Gesangslehrerin und ihre begabteste Schülerin war Anna von Mildenburg, die später ihr erstes Engagement bei Kapellmeister Mahler am Hamburger Stadttheater antrat und auch seine Geliebte wurde.

Rosa Papier heiratete später den einflussreichen Musikkritiker Dr. Hans Paumgartner – sie war die Mutter des späteren Salzburger Festspiel-Präsidenten Bernhard Paumgartner – und ließ ihre Beziehungen spielen, um den am Hamburger Opernhimmel kometenhaft aufsteigenden Gustav Mahler gemeinsam mit ihrer Paradeschülerin nach Wien zu holen. Hier heiratete die Mildenburg dann den Schriftsteller und Kritiker Hermann Bahr.

Johannes Brahms protegierte den leidenschaftlichen Wagnerianer Mahler, während Cosima, die große Witwe von Bayreuth, ihren ganzen Einfluss geltend machte, damit »der Jude« die Stellung nicht bekäme. Mahler beseitigte den Hinderungsgrund und ließ sich am 23. Februar 1897 taufen. Nun stand den Verhandlungen, die von der Generalintendanz der Hoftheater – wie üblich hinter dem Rücken der bestehenden Direktion – geführt wurden, nichts mehr im Wege. Am 11. Mai 1897 dirigierte Gustav Mahler, engagiert als Kapellmeister, als Antrittsvorstellung in Wien den *Lohengrin*. Karl Kraus äußerste dazu folgende Prophezeiung: »Mit Siegfriedsallüren ist in das Opernhaus dieser Tage ein neuer Dirigent eingezogen, dem man es vom Gesicht ablesen kann, dass er mit der alten Misswirtschaft energisch aufräumen wird... Der neue Dirigent soll bereits so effektive Proben seiner Thatkraft abgelegt haben, dass schon fleißig gegen ihn intrigiert wird.«

Im Juli 1897 übernahm Mahler provisorisch die Geschäfte des alten Direktor Jahn und im Oktober ernannte ihn Kaiser Franz Joseph zum »artistischen Direktor« der Wiener Hofoper. Die Ära Gustav Mahler hatte begonnen und sollte vom 15. Oktober 1897 bis 31. Dezember 1907 dauern. Diese zehn Jahre wurden zu einer Zeit künstlerischer Höchstleistung, wie sie die Geschichte der Oper nie mehr erlebte.

• Warum »Angst vor der 10. Symphonie?«

Das *Lied von der Erde* wäre eigentlich Mahlers 9. gewesen, aber er hatte Angst vor dieser Zählweise, da weder Beethoven, Schubert noch Bruckner und auch nicht Dvo?ak die Zehnte erreicht hatten. So schrieb er 1908 »*Das Lied von der Erde* zuerst als Neunte, strich dann die Zahl durch und sagte bei der später (1909) folgenden Neunten Symphonie: »Eigentlich ist es ja die Zehnte, weil das Lied von der Erde ja meine Neunte gewesen ist.« Als er dann 1910 an der Zehnten arbeitete, meinte er: »Jetzt ist für mich die Gefahr vorbei.« Er erlebte jedoch weder die Uraufführung des *Liedes von der Erde* noch der Neunten Symphonie; die Zehnte blieb unvollendet. So hat sich sein fixer Aberglaube erfüllt, dass kein großer Symphoniker über die Neunte hinauskomme.

Eine amerikanische Karriere

Er schaffte den Weg vom kleinen Hausierer zum Chef eines weltweit tätigen Industrie–Imperiums. 1891, mit siebzehn Jahren, begann er seine berufliche Tätigkeit als Verkaufsvertreter für Haushaltsartikel. Selbstständig machte er sich, als er einen Fleischhauerladen eröffnete. Dazu kaufte er auf Ratenzahlung eine Registrierkasse. Die Fleischhauerei ging pleite, aber anlässlich der Erledigung des Ratengeschäftes trat er – wieder als Vertreter – 1896 in jene Firma ein, welche diese Registrierkassen erzeugte: die National Cash Register Company.

Nach kurzer Zeit war er Spitzenverkäufer und sechzehn Jahre später der Stellvertreter des Firmeninhabers. Im Jahre 1914 wurde er jedoch vom Aufsichtsratsvorsitzenden aus Berufsneid in der Firma kaltgestellt. Es kam zu einer freiwilligen Kündigung und das war das größte Glück seines Lebens, denn er erhielt einen Posten bei CTR, der Computing-Tabulating-Recording-Company. Dieser Betrieb erzeugte und verkaufte Waagen, Stechuhren, Kaffeemühlen und Lochkartenmaschinen nach dem Hollerith-System. Innerhalb von zehn Jahren organisierte er die Firma neu, übersiedelte nach New York, verdiente durch Gewinnbeteiligung riesige Summen und erwarb die Aktienmehrheit. Dann gab er der Firma einen neuen Namen, der bis heute Weltgeltung hat.

Den geschäftlichen Durchbruch erreichte er 1933, als seine Firma durch ein Technologiemonopol praktisch alle Staatsaufträge erhielt. Überdies hatte er, wie in USA üblich, den Präsidentschaftswahlkampf – in seinem Falle von Franklin D. Roosevelt – finanziell großzügig unterstützt. Als Belohnung dafür sollte er Botschafter in England werden. Er lehnte ab und blieb 42 Jahre in seiner Firma; Botschafter in London wurde Joseph P. Kennedy, der Patriarch des Clans und Vater des späteren Präsidenten.

- Wer war dieser Selfmademan und welches Firmenimperium hat er geschaffen?

Thomas J. Watson (1874–1956) wurde als Sohn schottischer Einwanderer in einem Vorort von New York geboren. Nach Lehrjahren als Vertreter und Verkäufer wurde er 1914 Manager bei CTR, entwickelte neue Verkaufsstrategien und war fasziniert, dass Maschinen die Arbeit von Büroangestellten erledigen konnten. Ausgehend vom Lochkartensystem wurde dieser Produktionszweig ausgedehnt und die Firma International Business Machines, also IBM, genannt. Als Präsident Roosevelt 1933 das Gesetz zur wirtschaftlichen Wiederbelebung initiierte, war damit verbunden, dass sämtliche Firmen dem Staat ihre Geschäftsdaten offen legen mussten. Die Verarbeitung dieser Informationen war nur maschinell zu bewältigen und die Behörden brauchten die IBM-Geräte, um die Preisüberwachungs-, Wohlfahrts- und Arbeitsprogramme zu steuern. Nachdem 1935 die Sozialversicherung eingeführt worden war, hatte IBM den Staat als größten Kunden. Die Firma expandierte ständig, der Übertritt in die Computertechnologie erfolgte aber erst nach dem Tode Watsons, der solchen Geräten immer misstrauisch gegenüberstand.

Historisches und Aktuelles zu einer Krankheit der »guten Zeiten«

Die Krankheit ist häufig, hat jedoch viel von ihrem Schrecken eingebüßt, denn sie kann ganz gut behandelt werden. Es handelt sich in erster Linie um eine Gelenkserkrankung, die aufgrund der charakteristischen Symptome leicht von anderen Leiden abgrenzbar ist.

Die frühesten medizinischen Schriften darüber sind einige Lehrsätze des Hippokrates (460–377 v. Chr.), geschrieben also vor etwa zweieinhalb Jahrtausenden, wo zu lesen steht: »Es ist die heftigste von allen diesen die Gelenke heimsuchenden Krankheiten, von längster Dauer und am schwersten zu vertreiben, aber nicht tödlich. Diese Krankheit rührt daher, dass das Blut in den kleinen Adern verdorben worden ist.«

Der berühmteste Arzt im antiken Rom war Claudius Galenus aus Pergamon (130–201 n. Chr.), kurz Galen genannt. In seinen Kommentaren zu den Schriften des Hippokrates steht: »Zu des Hippokrates Zeit litten bei mäßiger Lebensweise überhaupt nur wenige daran, zu unserer Zeit jetzt aber, in welcher die Schwelgerei die denkbar höchste Höhe erreicht hat, ist die Zahl der Erkrankten zu einem nicht mehr messbaren Umfange angewachsen.«

- Von welcher Krankheit ist die Rede?

Natürlich handelt es sich um die Gicht. Uralt ist die ärztliche Erfahrung, dass die Gicht in kargen Zeiten eine Rarität darstellt und in Zeiten der Not beinahe ausgestorben ist. Noch etwas fiel den alten Ärzten auf: Bei den vegetarisch lebenden

Ägyptern und Hindus war die Gicht selten, bei den Persern und wohlhabenden Griechen und Römern hingegen häufig. Die Gicht war und ist die Krankheit der üppig essenden, Alkohol trinkenden, wohlhabenden Leute. Der Humanist Petrarca griff diese Erkenntnis später wieder auf und fand tröstende Worte für Gichtkranke: »Hast du viel Geld und Gut so mache dir damit wenigstens die Schmerzen süß! Bist du aber arm, so wird die Krankheit dich wahrscheinlich ohnehin nicht heimsuchen.«

Was ist Gicht?

Gicht ist eine Stoffwechselstörung. Gestört sind der Abbau und die Ausscheidung von Bestandteilen der Nukleinsäuren DNA und RNA. Diese wurden durch die Debatte um Genetik und Gentechnik populär; darüber hinaus lesen wir fast täglich in der Zeitung von DNA-Analysen bei Krankheiten und DNA-Vergleichen bei Gewaltverbrechen sowie Vaterschaftsunklarheiten. Um diese Substanzen geht es also. Beim Abbau der Nukleinsäuren werden Purine frei, die in Harnsäure umgewandelt und dann ausgeschieden werden. Funktioniert dieser Prozess nicht, so steigt der Harnsäurespiegel im Körper und schließlich entstehen Harnsäurekristalle, die abgelagert werden. Diese Ablagerungen erfolgen dort, wo die Durchblutung schlecht, die Temperatur niedrig und das Milieu sauer ist, also z.B. an den Gelenken der Extremitäten (besonders die Großzehe) oder der Ohrmuschel.

Kristallablagerungen in einem Gelenk sind natürlich erheblich störend und der Körper reagiert darauf mit einer massiven Entzündung. Es entstehen eine Schwellung, eine Rötung und ein heftiger Schmerz – der akute Gichtanfall. Typisch für eine solche Gichtattacke ist ein plötzlicher Beginn in der Nacht, lokalisiert am Großzehengrundgelenk und auftretend nach einem vorausgegangenen Ernährungs- und/oder Alkoholexzess. Oft ist dies ein Wochenende, ein Feiertag oder eine sonstige Festlichkeit mit üppiger Tafel.

Die Ursache der Gicht ist eine erblich-disponierte Stoffwechselstörung, zum Ausbruch der Gicht führen Ernährungsfaktoren: purinreiche Kost (Fleisch, darunter im speziellen Niere, Leber, Hirn, Bries) und übermäßiger Alkoholgenuss. Die Gicht betrifft in der Wohlstandsgesellschaft etwa ein Prozent der männlichen und einen noch geringeren Prozentsatz der weiblichen Bevölkerung. Gicht bei Frauen vor der Menopause gibt es praktisch nicht, denn Östrogene bewirken einen niedrigen Harnsäurespiegel.

Bis ins 18. Jahrhundert wurde die Entstehung der Gicht humoralpathologisch erklärt. Bei der Humoralpathologie nahm man an, eine gestörte Mischung von Körperflüssigkeiten (»humores«) sei die auslösende Ursache von Krankheiten. Bei der Gicht ging man von folgendem Ablauf aus: Bei gesunden Menschen werden im Kopf gebildete Flüssigkeiten durch die natürlichen Ausscheidungsorgane abgeführt. Funktioniert das nicht, bewirkt eine Ansammlung störender Säfte das Auftreten einer Krankheit. Der Organismus versucht einen zusätzlichen Ausfluss an einer Stelle des geringsten Widerstandes zu erreichen, im Falle der Gicht durch die große Zehe. Diese Ansicht kam daher, dass der akute Schmerzanfall bei der Gicht fast immer im Großzehengrundgelenk beginnt. Man behandelte daher auch jahrhundertelang bei fast allen Erkrankungen die »humores«, d.h. es wurden Aderlässe und Abführmittel verwendet. Der älteste und eigentlich bis in die Gegenwart aktuelle Name für einen Gichtanfall in der Zehe ist Podagra. Was dies bedeutet und wie die anderen Bezeichnungen rund um die Gicht zu verstehen sind, muss genauer erläutert werden.

Die Verwirrung bei Podagra beginnt schon beim grammatikalischen Geschlecht. Hält man sich an das griechische Original so heißt es »die Podagra« (weiblich), eingedeutscht hingegen »das Podagra« (sächlich). Podagra hatte im Griechischen die ursprüngliche Bedeutung von »Fußfalle« oder »Fußschlinge«, also etwa das, was man heute als Fangeisen bezeichnet. Die Krankheit fängt ihre Opfer wie eine Falle am Fuß. Eine sprachhistorisch köstliche Entstellung und Umdeutung erfuhr die Krankheitsbezeichnung Podagra, indem sie »Pfotengram« bzw. »Pfotenkrampf« genannt wurde.

Die Bezeichnung Gicht selbst stammt aus der magisch-religiösen Primitivmedizin des europäischen Mittelalters. Die ursprüngliche Bedeutung entsprach einer »Bezauberung«, worunter eine Krankheit verstanden wurde, die den Menschen plötzlich und unerklärlich überfällt, wie durch Zauber. Ähnliches gilt übrigens auch für »Hexenschuss« als Krankheitsname. Später, als man in Mitteleuropa die antiken Schriftsteller und Mediziner wieder entdeckte, wurde die Sache homoralpathologisch umgedeutet. Gicht wurde zum Ausdruck einer pathologischen Säfteveränderung, woher auch die spätlateinische Bezeichnung »gutta« bzw. der französische Terminus »goutte« stammt. Diese Worte bedeuten soviel wie »Tropfen« und weisen auf die Säftelehre hin. Im Angloamerikanischen heißt die Gicht noch heute »gout«.

Die deutsche Bezeichnung des Podagra ist Zipperlein. Einer der Ersten, der diesen Terminus gebrauchte, war 1589 Paracelsus, auch der Schuster, Dichter und Meistersinger Hans Sachs verwendete dieses Wort regelmäßig. Was sollte mit diesem Namen Zipperlein zum Ausdruck gebracht werden? Charakterisiert wird dadurch die sichtbare Auswirkung der Krankheit, die zuckenden Schmerzen und der dadurch stolpernd behinderte Gang. Aufgrund der Namensähnlichkeit und weil es so schön passte, wurde dem Zipperlein als christlicher Schutzpatron gegen die Gicht der heilige Zyprian zugeordnet.

Zwangsläufig denkt man bei Gelenkschmerzen auch an die Bezeichnung Rheumatismus. Dies ist einer der schlimmsten Begriffe der Medizin, denn eine Krankheit namens Rheumatismus gibt es nicht. Rheumatismus ist lediglich eine Gruppenbezeichnung ohne diagnostische Wertigkeit, es sind damit ganz allgemein schmerzhafte und die Funktion beeinträchtigende Zustände des Muskel-, Skelett- und Gelenksystems gemeint. Und dahinter stecken etwa 50 gänzlich verschiedene Krankheiten, die auch jeweils völlig anders behandelt werden müssen. Das Dilemma stammt daher, weil der Name »Rheuma« wiederum aus dem Griechischen übernommen wurde und »strömen« bzw. »fließen« bedeutet: Schmerzen und Funktionsbehinderungen strömen und fließen von einer Körperstelle zur anderen. Damit sind wir wieder bei der Säftelehre der Humoralpathologie angelangt und diese ist wirklich schon längst überwunden und widerlegt.

Es dauerte sehr lange, bis Klarheit in Ursache und Ursprung der Krankheit Gicht kam.

1776 fand man in Harnsteinen die Harnsäure
1797 wurde Harnsäure in einem Gichtknoten nachgewiesen
1859 erkannte man die Harnsäurekristalle als Ursache der Gelenksentzündung
1886 hat man die Nukleinsäuren entdeckt
1931 wurde die Gicht als Stoffwechselerkrankung definiert
1950 erkannte man die Beziehung von Nukleinsäurestoffwechsel, Harnsäureüberschuss und Gicht

Wer leidet an Gicht?

Bei keiner anderen Krankheit als der Gicht ist es so leicht, prominente Patienten zu finden. Gar nicht zu Unrecht wird manchmal von der »Crème de la Gicht« gesprochen. Auffällig ist die Disposition zu dieser Krankheit bei dicken Intellektuellen. Dafür gibt es eine äußerst schmeichelhafte Hypothese, die allerdings nicht gesichert ist: Harnsäure (Trioxypurin) und Koffein (Trimethyldioxypurin) sind chemisch sehr ähnlich gebaute Substanzen. Die Hypothese sagt, es könnte doch sein, dass die vermehrte Harnsäure bei Gichtkranken ebenso wie das Koffein bei Gesunden eine stimulierende Wirkung auf die Großhirnrinde ausübe. Dagegen spricht, dass die gichtkranken Intellektuellen schon vor Ausbruch der Krankheit nicht die Dümmsten waren. Außerdem kann es genau umgekehrt sein: Die betreffenden Personen stammen meist aus einem wohlhabenden Milieu und haben immer schon eine purinreiche, also fleischreiche Ernährung sowie auch mehr Alkohol zu sich genommen.

Wer an die Statistik in der Medizin glaubt, der wird vielleicht auch die Ergebnisse der Michigan-Studie (1966) ernst nehmen. Damals wurden 113 Universitätsprofessoren der Elitehochschule in Ann Arbor (Michigan, USA) bezüglich ihres Harnsäurespiegels und ihrer Persönlichkeitsstruktur getestet. Resultat der Untersuchung: Wann immer bei einem Getesteten eine hohe Harnsäure-Konzentration im Blut gefunden wurden, zeigte das zugehörige Psychogramm die Merkmale einer besonders energischen, beharrlichen und erfolgreichen Persönlichkeit. »Der Harnsäure-Anteil«, so formulierte der Versuchsleiter »kann möglicherweise als Gradmesser der Führungsqualitäten eines Menschen angesehen werden.«

Dieses Ergebnis bestätigte anscheinend Befunde, zu denen ein anderes Team bereits früher gelangt war. Damals hatten Forscher der Universität in Ann Arbor die Belegschaften von Firmen untersucht und herausgefunden, dass die Arbeiter im Durchschnitt einen weit niedrigeren Harnsäure-Anteil im Blut aufwiesen als die Wissenschaftler desselben Unternehmens; deren Harnsäure-Pegel wurde wiederum noch übertroffen, wenn die Forscher das Blut der Direktoren analysierten. Die aufstiegsfördernde Wirkung der Harnsäure, so mutmaßten nun die Michigan-Forscher, beruht möglicherweise auf einem chemischen Reiz, den die Substanz auf bestimmte Hirnzellen ausübt.

Zwei berühmte königliche Gichtpatienten

Der erste König

Er regierte 72 Jahre lang, das ist unerreichter Weltrekord. Da er bereits mit fünf Jahren König wurde, haben einige Zeit amtsführende Regenten die Geschäfte für ihn erledigt. Sein Bild wurde so oft reproduziert, dass es eigentlich jedermann geläufig sein muss. Angetan mit der schweren Allongeperücke, die sein majestätisches Aussehen unterstreicht, kostbar gekleidet, voll Würde und mit der Haltung eines alles überstrahlenden Monarchen – so stellt sich der Langzeitkönig der Nachwelt dar. Seine Biografie ist durch zahlreiche Bücher bekannt; ein Buch gibt allerdings besser als alle anderen Aufschluss über den Menschen, es ist das *Journal de la Santé du Roi*, angelegt von den Leibärzten zwischen 1647 und 1711. Darin wurde der Gesundheitszustand des Königs praktisch täglich bis in kleinste Einzelheiten aufgezeichnet. Unerhört ist der Kontrast zwischen dem strahlenden Bild des Herrschers, welches der Öffentlichkeit vorgestellt wurde, und dem König als Patienten, einem von Katarrhen, Magenbeschwerden, Hautausschlägen, Koliken, Würmern, Fieber und Gicht heimgesuchten Mann.

Für den heutigen Betrachter liegt nahe, dass viele Unpässlichkeiten des Königs auf seine Exzesse im Essen zurückzuführen waren. Liselotte von der Pfalz, die Schwägerin des Königs, berichtete, dass er oft vier verschiedene Gemüsesuppen, einen ganzen Fasan, ein ganzes Rebhuhn, einen gehäuften Teller Salat, ein großes Stück Hammelfleisch mit Knoblauchsauce, zwei große Schinkenscheiben, einen Teller voll Gebäck, Obst und Konfitüren bei einer einzigen Mahlzeit aß. Der unmäßige Fleischgenuss war wohl eine der Ursachen, dass er schon mit 44 Jahren den ersten Gichtanfall hatte. Außerdem war er durch Vater und Großvater, die beide an Gicht litten, zu dieser Krankheit besonders prädestiniert.

Am 10. August 1715 brachten die Ärzte eine leichte Rötung am linken Bein mit den häufigen Gichtanfällen in Beziehung. Zuerst wurde dieses mit heißen Tüchern gerieben, dann in Burgunderwein gebadet und schließlich ein mit Kampferspiritus getränkter Verband angelegt. Als man die Tücher wieder abnahm, war das Bein schwarz; der König lehnte eine Amputation ab. Er starb am 1. September 1715, wenige Tage vor seinem 77. Geburtstag. Der Obduktionsbefund ergab neben Nierensteinen vor allem »Verknöcherungen der Gefäße und Herzklappen« – also eine schwere Arteriosklerose.

- Wer war dieser Langzeitkönig?

Ludwig XIV. (1638–1715), der größte der Bourbonenkönige Frankreichs, herrschte von 1643 bis 1715. Die Ehe seiner Eltern, Ludwig XIII. und Anna von Österreich (aus der spanischen Linie der Habsburger), war eine Katastrophe, da der König wenig Neigung für seine Gattin zeigte. Erst nach 22 Ehejahren wurde Anna schwanger, und dies auch nur deshalb, weil der König wegen eines Unwetters gezwungen war, ausnahmsweise bei seiner Gemahlin zu nächtigen. Fünf Jahre später war er tot, die Witwe wurde Regentin für ihren minderjährigen Sohn und berief Kardinal Mazarin (eigentlich Giulio Mazarini) als Prinzipalminister. Trotz heftigster Widerstände von Adel und Bürgern gegen den »Lumpen aus Sizilien« leitete er die Regierungsgeschäfte bis zu seinem Tod 1661. Er betrieb erfolgreich die Entmachtung des Adels zugunsten eines absoluten Königtums, sodass Ludwig XIV. nach seinem Regierungsantritt verkünden konnte: »L'Etat c'est moi!«, das berühmte »Der Staat bin ich!«. Er heiratete 1660 Maria Teresa von Spanien, eine Habsburgerin wie seine Mutter. Sie spielte politisch keine Rolle und musste auch privat den Mätressen des Königs den Vortritt lassen. Sie gebar dem König sechs Kinder, von denen jedoch nur ein Mädchen und der spätere Grand Dauphin, also der Thronfolger, das Erwachsenenalter erreichten.

Ludwig XIV. betrieb eine verderbliche Macht- und Kriegspolitik, die den materiellen Wohlstand der Nation schließlich verschleuderte. Frankreich wurde zwar eine Großmacht, die Finanz- und Wirtschaftslage aber war katastrophal. Das alles steigerte sich dann im 18. Jahrhundert noch weiter und beschwor gemeinsam mit der Aufklärung die große Revolution herauf, die das Ancien Régime zerschlug. Als Sinnbild seines Herrschertums wählte Ludwig XIV. die Sonne. Sie grüßte von zahlreichen öffentlichen Gebäuden herab und verkündete den Untertanen die absolute Macht des »roi soleil«, des »Sonnenkönigs«.

Ludwig XIV. verlor seinen Sohn 1711 durch eine Pockenerkrankung, sein Enkel starb 1712 an einer Maserninfektion. So wurde schließlich der Urenkel als Fünfjähriger sein Nachfolger. Dieser Ludwig XV. wiederum war der Großvater des letzten Königs vor der Revolution, Ludwig XVI., verheiratet mit Marie Antoinette von Österreich.

Der zweite König

Ein Jahrhundert nach dem Regierungsantritt von Ludwig XIV. begann die Herrschaft eines anderen, nicht minder bekannten Königs, der ebenfalls lange Zeit an Gicht litt.

Als alter Mann, eine schmächtige, abgezehrte Gestalt, am Stock gebückt, mit einem abgetragenen Waffenrock und dem Dreispitz bekleidet, die Gesichtszüge scharf und vergrämt – so ist uns sein Bild überliefert. Er sah nicht nur so aus, er war auch leidend, doch niemals hätte er (wie sein Kollege in Frankreich) ein Registrieren seines Befindens und seiner Krankheiten geduldet.

Als 29-Jähriger bekam er den ersten Gichtanfall und die Krankheit sollte ihn sein ganzes Leben lang begleiten; auch sein Vater, bekannt als der »Soldatenkönig«, litt an der Gicht. Obwohl seine Ärzte immer wieder darauf hinwiesen, konnte der sonst so verstandesmäßig agierende König zu keiner gesundheitsförderlichen Ernährungsweise gebracht werden. Gutes und üppiges Essen bedeutete ihm viel, war aber verhängnisvoll.

Der Tag begann für ihn mit starkem Kaffee, von dem er bisweilen sieben bis acht Tassen zu sich nahm, gelegentlich mit dem Zusatz von Senf. Eine stark gewürzte Bouillon, Rindfleisch mit Zwiebeln in Branntweinsauce, Aalpastete und Polenta gehörten zu den Standardgerichten. Als Getränk bevorzugte er Sekt, ferner roten Ungarwein und Weißwein von der Mosel. Rheinwein trank er nicht, weil er annahm, die Gicht seines Vaters sei durch Rheinwein verschlimmert worden. Zunehmende Atembeschwerden und allgemeine Schwäche beherrschten die letzten Lebensjahre. Eine »rosenartige Entzündung des linken Beines«, wahrscheinlich ein Rotlauf, leitete das Ende ein. Nach fast zwei Wochen dauerndem Fieber starb der König am 17. August 1786 in seinem Arbeitszimmer im Sessel sitzend; er war 74 Jahre alt. Obduktion wurde keine durchgeführt, denn der König hatte in seinem Testament festgelegt: »Ich habe als Philosoph gelebt und will als solcher begraben werden, ohne Trauergepränge und Leichenpomp. Ich will weder seziert noch einbalsamiert werden.«

- Wer war dieser berühmte Sohn des »Soldatenkönigs«?

Friedrich der Große (1712–1786) regierte als König von Preußen 46 Jahre lang, von 1740 bis 1786. Er war intellektuell hoch begabt und den Ideen der Aufklärung zugetan. Aus dieser Geisteshaltung erwuchs seine völlige Loslösung von der Tradition des Gottesgnadentums eines Herrschers und des Christentums als Voraussetzung dafür.

Seine eigenen Aussagen charakterisieren diesen »ersten Diener des Staates« am treffendsten. Im April 1738 verfasste er sein erstes politisches Flugblatt. Der 26-Jährige schrieb unter einem Pseudonym: »Der Irrtum der meisten Fürsten besteht in dem Glauben, Gott habe ihre Untertanen nur zu Werkzeugen und Dienern ihrer zügellosen Leidenschaften bestimmt.« Nach seinem Regierungsantritt 1740 hob er die Pressezensur auf, denn »Gazetten, wenn sie interessant sein sollen, dürften nicht genieret werden« … »alle Bücher seien hier erlaubt zu verkaufen«. Gleichzeitig gewährte er Religionsfreiheit: »Alle Religionen sind gleich und gut, wann nur die Leute ehrliche Leute sind, und wenn Türken und Heiden kämen, so wollen wir Moscheen bauen.« 1743 schrieb er: »Die Menschlichkeit ist die wahre Religion« und »Mein Heiliger ist St. Humanus«. In seinem politischen Testament von 1768 lesen wir: »Meine Hauptbeschäftigung besteht darin, in den Ländern, zu deren Beherrscher mich der Zufall der Geburt gemacht hat, die Unwissenheit und die Vorurteile zu bekämpfen, die Geister aufzuklären …« 1776 beschrieb er seine Lebensauffassung so: »Dass ich lebe, ist nicht notwendig, wohl aber, dass ich tätig bin.« Tatsächlich durchzog diese Maxime sein ganzes Leben. Er war ein Mann, der Geschichte machte, allerdings mit den Mitteln seiner Zeit, und das bedeutete hauptsächlich, Kriege zu führen.

Als König von Preußen wurde Friedrich zum großen Gegenspieler der österreichischen Herrscherin Maria Theresia (1717–1780). Diese war zwar die Gattin des gewählten römisch-deutschen Kaisers Franz I. Stephan, selbst jedoch nie »Kaiserin«; dieser Beiname wurde ihr nur vom Volk verliehen und blieb ihr auch. Friedrich machte Preußen zur europäischen Großmacht, damit begann der scharfe Gegensatz der Interessen zwischen dem Königtum Preußen und Österreich, welches den Kaiser stellte. Die ersten großen Auseinandersetzungen waren die Schlesischen Kriege (1740/42 und 1744/45), später folgte der Siebenjährige Krieg (1756–1763). Der Krieg um die Vorherrschaft in Deutschland endete ein Jahrhundert später mit der Niederlage der Österreicher 1866 bei Königgrätz. Fünf Jahre später gründete Bismarck das Deutsche Reich.

Ein Grab ist nicht genug

Die sterblichen Überreste von Friedrich dem Großen hatten eine lange Reise vor sich. Er selbst wollte in seinem Lieblingsschloss Sanssouci bestattet werden. Sein Wunsch wurde allerdings erst nach zwei Jahrhunderten erfüllt.

In der oberen Terrasse auf der Gartenseite des Schlosses hatte Friedrich in unmittelbarer Umgebung der Gräber seiner geliebten Hunde eine versenkte Gruft einbauen lassen. Auf diese nimmt er in seinem Testament Bezug: »Gern gebe ich meinen Lebensodem der wohltätigen Natur zurück, die ihn mir gütig verliehen hat, und meinen Leib den Elementen, aus denen er besteht. Sterbe ich in Berlin oder Potsdam, so will ich der eitlen Neugier des Volkes nicht zur Schau gestellt und am dritten Tage um Mitternacht beigesetzt werden. Man bringe mich beim Schein einer Laterne, und ohne dass mir jemand folgt, nach Sanssouci und bestatte mich dort ganz schlicht auf der Höhe der Terrasse, rechterhand, wenn man hinaufsteigt, in einer Gruft, die ich mir habe herrichten lassen. Sterbe ich auf der Reise, so will ich, dass mein Körper an Ort und Stelle beigesetzt und bei Eintritt des ersten Frostes ohne jedwede Zeremonie nach Sanssouci geschafft werde.«

Doch diesem königlichem Willen wurde nicht entsprochen. Der Leichnam wurde in das Potsdamer Stadtschloss gebracht, um am 18. August 1786 »den ganzen Tag über für jedermann, hoch und niedrig, Bürger oder Soldat, zu sehen« zu sein. Am Abend erfolgte die Beisetzung in der Garnisonkirche in Potsdam.

1806 war Napoleon in Potsdam und besichtigte am 25. Oktober die Gruft. »Sic transit gloria mundi«, soll er gesagt haben, und: »Wenn man tot ist, so ist doch der Ruhm unsterblich.« 1943 wurden die Särge von Friedrich Wilhelm I. und Friedrich dem Großen auf Befehl Hitlers in das Bergwerk Berntgerode bei Heiligenstadt in Thüringen transportiert. Am 27. April 1945 fanden die einmarschierenden Amerikaner die Särge und brachten sie nach Marburg – zuerst in den Keller des Schlosses, dann in das Staatsarchiv und schließlich 1946 in die Elisabethkirche. Am 28. August 1952 wurden die Särge in die Burg Hohenzollern in Sigmaringen (Baden-Württemberg) überführt. Damals hatte Prinz Louis Ferdinand gesagt: »An dem Tag, an dem Deutschland in Freiheit wieder vereint ist, werden – so Gott will – die sterblichen Überreste der beiden Preußenkönige nach Potsdam zurückkehren.«

Am 17. August 1991, seinem 204. Todestag, wurde Friedrich der Große in der Gruft auf der obersten Terrasse von Sanssouci beigesetzt.

Eine Galerie prominenter Gichtkranker

Keineswegs alle Gichtkranken stellten den Typus des lebenslustigen Pyknikers dar. Es gab genug Gichtkranke von schlankem Habitus, bei denen eine geringe Überschreitung der Toleranzgrenze für die Harnsäure im Blut genügt, um die Stoffwechselstörung manifest werden zu lassen.

Sehr treffend charakterisierte der Engländer Thomas Sydenham (1624–1689), selbst ein Opfer der Gicht und einer der hervorragendsten Ärzte des 17. Jahrhunderts, die Gichtkranken: »Für bescheidene Wesen wie mich gibt es nur den armseligen Trost, dass die Gicht im Gegensatz zu jeder anderen Krankheit mehr Reiche als Arme, mehr Kluge als Einfache tötet. Berühmte Kaiser, Könige, Feldherren, Seehelden und Philosophen fielen ihr zum Opfer. Die Natur zeigt hier ihre Unparteilichkeit, indem sie diejenigen, welche sie auf der einen Seite begünstigt, auf der anderen straft.« Nicht weniger anschaulich drückt sich der englische Naturforscher Erasmus Darwin (1731–1802), der Großvater von Charles Darwin, aus, wenn er feststellte: »Es ist eine allgemeine Tatsache, dass die Gicht von Unmäßigkeit im Essen und Trinken herrührt.«

Es folgt eine kurzgefasste Auswahl von Gichtpatienten, die alle charakteristische Persönlichkeiten darstellten.

Kublai (1215–1294)

Groß-Khan der Mongolen und dann als »Sohn des Himmels« erster Herrscher über Gesamtchina mit dem Dynastienamen Yuan (»Uranfang«). Er war ein Enkel des Dschingis Khan und chinesischer Kaiser, als Marco Polo 1275 Peking erreichte und dort bis 1292 blieb. Von diesem wissen wir über die Krankheit des Kaisers und dass der koreanische König im Jahre 1267 Pelzstiefel zum Schutze der schmerzenden Füße schickte.

Kaiser Karl V. (1500–1558)

Er erkrankte in seinem 30. Lebensjahr an Gicht. Wenn er reiten musste, befestigte man eine Schlinge am Hals des Pferdes, durch die er das versteifte linke Bein strecken konnte. Als er nicht mehr auf dem Pferd zu sitzen vermochte, wurde er in einer Sänfte getragen. Allgemein bekannt und zu seiner Zeit fast sprichwörtlich waren seine Maßlosigkeit im Essen und Trinken sowie seine völlige Missachtung ärztlicher Verhaltensmaßregeln. Bedingt durch Schmerzen und Bewegungsunfähigkeit, dazu tiefe Depressionen, dankte der Herrscher, »in dessen Reich die Sonne nicht unterging«, 1555 ab.

König Philipp II. (1527–1598)

Der Sohn Karls V. wurde dessen Nachfolger auf dem spanischen Thron, als die Habsburgerherrschaft in eine österreichische und eine spanische Linie zerfiel. In Philipps Gemächern in der Klosterresidenz El Escorial bei Madrid war immer ein Schemel vorhanden, auf den er sein gichtkrankes Bein legen konnte. Später wurde ein eigener »Gichtstuhl«, ein Mittelding zwischen Schaukelstuhl und Sänfte, für ihn angefertigt. In den letzten Wochen seines Lebens brachen Gichtknoten durch die Haut auf, eiterten und auf den nässenden Wunden krochen Maden von Insekten. Als der Unbewegliche Durchfall bekam, musste ein Loch in das Bett geschnitten werden.

Die Medici in Florenz

Diese Familie ist ein einprägsames Beispiel für die Erblichkeit der Gicht. Vom Begründer des Reichtums der Familie, dem Bankier Giovanni di Bicci (1360–1429), wird berichtet, er sei gichtleidend gewesen. Sein Sohn Cosimo il Vecchio, »der Alte« (1389–1464), führte das Haus zu höchster politischer und wirtschaftlicher Macht, musste jedoch wegen seines Gichtleidens die Geschäfte frühzeitig an seinem ebenfalls gichtkranken Sohn Piero (1416–1469) abtreten. Dieser Piero erhielt schon zu Lebzeiten den Beinamen »il Gottoso«, der Gichtige, da die Krankheit bereits in jungen Jahren aufgetreten war. Schließlich war auch dessen Sohn Lorenzo (1449–1492), »il Magnifico«, gichtkrank. Er machte Florenz zur kulturell führenden Stadt Italiens und war Mäzen von Michelangelo und Botticelli.

Albrecht von Waldstein, Herzog zu Friedland (1583–1634)

Der Feldherr ging als Wallenstein in die Geschichte ein. Nach jahrelangen Alkoholexzessen brach im 37. Lebensjahr bei ihm die Gicht aus. Er wurde zum »Gichtiker, der die Welt bewegt hat und sich selbst kaum noch bewegen konnte«; Leibärzte bemühten sich ständig um ihn. Seine Hände waren oftmals so versteift, dass er keine Befehle unterzeichnen konnte. Sehr wahrscheinlich war er auch nierenkrank, eine typische Komplikation der Gicht. Jedenfalls existieren ärztliche Rezepte über harntreibende Medikamente.

Weitere bekannte Gichtkranke

Martin Luther (1483–1546)
Peter Paul Rubens (1577–1640)
Isaac Newton (1642–1727)
Benjamin Franklin (1706–1790)
Giacomo Casanova (1725–1798)
Charles Darwin (1809 – 1882)

Es gibt aber auch eine klassische Fehldiagnose: Von Auguste Renoir (1841–1919) wird immer wieder behauptet, er hätte an Gicht gelitten, das ist jedoch falsch. Eine chronische rheumatische Polyarthritis führte zu Verkrümmungen seiner Finger, sodass er sich den Pinsel an die verkrüppelte Hand binden lassen musste. Trotz qualvoller Schmerzen malte er weiter und sagte zu seinem Arzt: »Wenn ich zwischen gehen und malen wählen müsste, dann möchte ich doch lieber malen.« Und dies tat er noch im Rollstuhl.

Ein Mord in der Badewanne

Der 50-jährige Journalist und politische Agitator hatte ursprünglich in den Naturwissenschaften und in der Medizin die Befriedigung seines außerordentlichen Ehrgeizes und zweifellos großen Talentes gesucht. Als Leibarzt eines Grafen und Betreiber einer neuartigen elektrotherapeutischen Praxis zeitweilig erfolgreich, geriet er später in den Ruf eines Scharlatans und wandte sich erbittert von der adeligen und bourgeoisen Welt ab. Im Trubel der revolutionären Ereignisse in der Hauptstadt avancierte der »Volksfreund« zum führenden Aufwiegler, der vehement den radikalen Umsturz, ja den politischen Massenmord forderte. Während der heißen Hochsommerwochen jenes Schreckensjahres litt er besonders unter seiner schon jahrelang dauernden fieberhaften Hauterkrankung, gegen die auch seine Elektrotherapie nichts vermochte. Diese Krankheit zwang ihn, Linderung in kühlen Bädern zu suchen, und so zog er sich oft stundenlang in das Badezimmer seiner Hauptstadtwohnung zurück, wo er in der Wanne saß, ein Holzbrett als Schreibunterlage benützte und auf einer umgedrehten Kiste die Papiere ausbreitete. Jene Kiste ist durch ein vielfach reproduziertes Gemälde eines großen Malers in die Kunstgeschichte eingegangen, sowohl der Name des Badenden als auch jener des Künstlers sind darauf zu lesen.

Warum aber malte der Meister den Revolutionär in diesem ungewöhnlichen und kärglichen Ambiente? Es war eine hoch gewachsene, etwas korpulente junge Frau, welche die Szene welthistorisch machte. Dieses Mädchen aus der Provinz hatte sich trotz wiederholter Abweisung hartnäckig Zutritt zur

Wohnung des kranken Mannes verschafft, indem sie vorgab, Informationen über Konterrevolutionäre liefern zu können. Sie durfte neben der Wanne Platz nehmen und sich eine Viertelstunde lang mit dem Badenden unterhalten, der mit Genugtuung die ihm genannten »Verräter in ein paar Tagen zu guillotinieren« verhieß. Plötzlich zog die 25-Jährige ein langes Küchenmesser aus ihrem Gewand und stieß es dem Badenden in die Brust. Er starb an innerer Verblutung. »Ich tötete einen Verbrecher«, erklärte die Attentäterin beim Verhör, »um hunderttausende zu retten, ein Ungeheuer, um meinem Vaterland zu nützen.« Vier Tage nach der Bluttat wurde sie hingerichtet.

- Wem widerfuhr wann und wo dieses Schicksal?

Es geschah am 13. Juli 1793 in der Pariser Rue des Cordeliers Nr. 30 (heute Rue de l'Ecole de Médecine Nr. 22) im ersten Stock. Charlotte Corday d'Armont (1768–1793) hatte den Jakobinerführer Jean-Paul Marat (1743 – 1793), den gnadenlosen Exponenten des Terrors während der revolutionären Schreckensherrschaft, erstochen. Die Attentäterin wollte Frankreich vor einer weiteren blutigen Verschärfung des Bürgerkrieges bewahren, die Einzelheiten ihres Motivs sind jedoch ungeklärt. Der große Jacques-Louis David (1748 – 1825) hat seinen toten Freund Marat im Auftrag des Konvents als Leichnam in der Wanne liegend gemalt.

Marat studierte in Frankreich und England Medizin und wurde 1775 zum »Dr. med.« promoviert. Er war ein ausgezeichneter Arzt, sein schwieriger Charakter schuf ihm jedoch viele Feinde. 1777 bis 1784 hatte er eine fixe Anstellung als Arzt der Garden des Grafen von Artois. Dieser war der Bruder des regierenden Ludwig XVI. und sollte später selbst als Karl X. den französischen Thron besteigen. Für den geborenen Revolutionär Marat musste diese exzellente Beziehung jedoch in die Brüche gehen, seine adelige Klientel verflüchtigte sich. Mühsam hielt er sich mit teilweise obskuren medizinischen Aktivitäten über Wasser. 1789 begann er zwei Monate nach dem Sturm auf die Bastille mit der Herausgabe seiner Revolutionszeitung *L'Ami du Peuple*. Was seine Krankheit betrifft, so wissen wir nichts Genaues. Die einen meinen, es habe sich um eine Psoriasis, also die Schuppenflechte, gehandelt, wahrscheinlicher jedoch erscheint eine Hauttuberkulose. Der Fieberkranke suchte Kühlung in der Badewanne, gegen seine Migräne-Anfälle trug er dabei meist ein feuchtes Tuch um den Kopf gewickelt. So traf ihn Charlotte Corday an und so malte Jacques-Louis David seinen toten Körper.

Der erste Medienstar des 20. Jahrhunderts

33 Stunden saß er in einem Korbstuhl, dann holte er ein Sandwich unter dem Sitz hervor und aß nach dieser langen Zeit erstmals wieder etwas. 30 Minuten später war er das Idol einer Nation, ja der gesamten zivilisierten Welt. Was war geschehen? Der 24 Jahre alte Mann hatte ein Preisausschreiben gewonnen. 25.000 Dollar waren von einem Hotelbesitzer als Prämie für denjenigen ausgesetzt worden, der direkt und ohne Unterbrechung von einer Stadt in Amerika zu einer Stadt am europäischen Festland gelangen könnte.

Als unser junger Mann das geschafft hatte, wurde sein Leben ein anderes. Zuvor war er bei einer privaten Postzustellfirma beschäftigt und musste sich das Geld für sein Abenteuer bei Geschäftsleuten in St. Louis ausborgen. Nach diesem Ort benannte er daher auch seine Maschine. Als er zurückkehrte, gab es eine Konfetti-Parade auf dem Broadway in New York, er wird zum meistfotografierten Menschen auf Erden und hat keine materiellen Sorgen mehr. Fünf Jahre nach seiner spektakulären Einzelaktion steht er im Mittelpunkt eines Kriminalfalles. Rundfunkprogramme werden unterbrochen, Titelseiten neu gesetzt. Es beginnt eine der größten Verbrecherjagden der Geschichte, der amerikanische Kongress beschließt ein Gesetz, wonach eigens für das begangene Delikt die Todesstrafe eingeführt wird. Nach zwei Jahren wird ein Verdächtiger gefasst und in einem Indizienprozess verurteilt.

Im Zweiten Weltkrieg spricht sich unser gesuchter Mann, noch immer der Held der Nation, gegen den Kriegseintritt der USA aus und wird von Präsident Roosevelt als Defätist bezeichnet. Durch enge Kontakte zu deutschen Nationalsozialisten und antisemitische Äußerungen ruiniert er jedoch seinen Ruf. Dennoch gewinnt er 1954 für seine Autobiografie den Pulitzer-Preis.

- Wer war dieser Mann, der vom Idol zur tragischen Figur wurde?

Charles Augustus Lindbergh (1902–1974) startete am 20. Mai 1927 in New York als einfacher Postflieger und landete nach 33 Stunden und 30 Minuten in Paris als Volksheld. Der erste Atlantikbezwinger im Alleinflug wurde über Nacht zum Idol seiner Nation, zum gefeierten Staatsgast in aller Welt und zum ersten Medienstar des Jahrhunderts. Doch dann stürzte Charles Lindbergh in seinem weiteren Lebenslauf ab und wurde zur tragischen Figur: bemitleidet nach der Entführung und Ermordung seines Sohnes, verachtet wegen seiner Sympathien für die deutschen Nationalsozialisten, verspottet als Naturschützer und Friedensstifter. Bemerkenswert ist allerdings sein Ausspruch von 1964: »Im Zweifelsfall sind Vögel wichtiger als Flugzeuge.«

Lindbergh starb auf Hawai und wurde dort begraben, bekleidet lediglich mit einem Khakihemd und einer Baumwollhose, kein Gürtel, keine Schuhe – aus ökologischen Gründen. Zu seiner Beerdigung kamen 15 Personen.

Keiner wird so oft zitiert wie er

Er kam als der jüngste Sohn im Familienschloss seiner Eltern zur Welt. Das Geburtsjahr ist nicht überliefert, im Taufregister steht Gottfried, doch unter diesem Namen kannte und kennt ihn niemand. Mit seinem Rufnamen wurde er allerdings weltberühmt. Das Schloss lag im heutigen deutschen Bundesland Baden-Württemberg, der kleine Fluss dieser Gegend gab dem Ort den Namen. Auch heute gibt es dort noch eine Burg mit jährlichen Sommerfestspielen und dementsprechendem Souvenir-Rummel.

Der gesuchte Mann hat eine ausführliche Lebensbeschreibung hinterlassen, die er im hohen Alter einem Schreiber diktierte. Natürlich ist diese Selbstbiografie sehr subjektiv und diente vor allem der Verteidigung seiner Taten, denn er führte wahrlich ein wildes Leben.

Die Erziehung des jungen Mannes war nicht einfach, da er wenig Lust für geistige Arbeiten, aber umso mehr Neigung zu körperlicher Betätigung hatte: »So bin ich… nur ein Jahr in die Schul gangen. Ich trug aber nicht viel Lust zur Schule, sondern vielmehr zu Pferden und zur Reiterei.« Also kam er in die Obhut eines Onkels, der ihn als »Reiterbuben« einstellte. Der erste längere Ausritt führte 1495 auf den großen Reichstag nach Worms. Dort sah der jugendliche Reiter vom Land den prächtigen Kaiser Maximilian I., den »letzten Ritter«. Auch bei allen folgenden auswärtigen Tagungen und Versammlungen war der Junge stets dabei. Er bekam einen gründlichen Einblick in das Leben und Treiben in Dorf und Stadt, auf Burgen und Schlössern, im Land und Reich. Als

Onkel und Vater kurz nacheinander starben, war der junge Mann plötzlich ohne Aufsicht.

Seine unbändige Abenteuerlust sowie der Drang die Schwachen und Armen auf Kosten der Reichen zu beschützen, verwickelten den kühnen Reiter frühzeitig in kriminelle Handlungen. Er schloss sich nämlich einem der übelsten Wegelagerer und Raubritter der Gegend, dem alten Thalacker, an. Hier lernte er sämtliche Tricks des kleinen und großen Kriegshandwerks und er trug auch die dazu entsprechende Kleidung, einen kräftigen Harnisch sowie goldene Sporen. Nach der erhaltenen Rüstung zu schließen, hatte er eine Körpergröße von genau einem Meter und sechzig. Dies war für einen Zwanzigjährigen der damaligen Zeit keineswegs zu klein. Erst nach langen Bemühungen gelang es der Familie, den kampflustigen Jungen aus dem Einfluss des Raubritters Thalacker zu lösen.

Im bairisch[1]-pfälzischen Erbfolgestreit, der von 1503 bis 1505 um die Wiedervereinigung von Ober- und Niederbaiern ging, kam es zu lokalen militärischen Auseinandersetzungen. Einer der typischen deutschen Kleinkriege der damaligen Zeit brach aus, selbstverständlich war unser junger Reiter dabei. In seinen Lebenserinnerungen berichtet er lapidar: »Wir hatten vor Landshut auch zwei harte Scharmützel an einem Samstag und einem Sonntag. Da bin ich dann geschossen worden.« Diese Schussverletzung machte ihn zum Invaliden und ging in die Geschichte ein. Eigentlich war er danach zum Waffengebrauch ungeeignet, aber durch eine technische Meisterleistung konnte er zumindest Alltagsverrichtungen wieder durchführen. Als »Krautjunker« Landwirtschaft zu treiben,

---

1 Das »y« im Namen Bayern datiert amtlich erst seit König Ludwig I. (1786–1868), dem Freund griechischer Kultur, der in München die Glyptothek und Pinakothek sowie in Regensburg die Walhalla bauen ließ. Ludwig I. hatte die Affäre mit der Tänzerin Lola Montez und war der Großvater des geisteskranken Wagner-Verehrers Ludwig II. (1845–1886).

widersprach seinem Naturell, desgleichen war der etwa 25-Jährige sowohl für den geistlichen Stand als auch für den Hofdienst ungeeignet.

Was lag daher näher, als das beim alten Thalacker gelernte Fehdehandwerk wieder aufzunehmen und für den eigenen Gewinn zu betreiben? Die »Fehde« galt als gesellschaftlich anerkannter Privatkrieg, als eine Art sportliches Vergnügen in der Spezialdisziplin Wegelagerei. Obwohl vom Wormser Reichstag 1495 offiziell verboten, wurde das Fehdewesen noch längere Zeit fleißig geübt. Das trug unserem Ritter auch zweimal als Strafe die Reichsacht ein. Es war im Dezember 1515, da überfiel er einen kaiserlichen Gesandten und ließ ihn als Geisel einsperren. Der Aufenthaltsort des Gefangenen wurde aber verraten und dieser kam frei. Der Verräter erhielt dafür die Stelle eines Amtmannes in einer Kleinstadt. Die Rache unseres Raubritters kam prompt, auf der Suche nach dem Entflohenen brannte er einige Häuser nieder, bis er den Gesuchten im Januar oder Februar 1516 auf dem Schlossberg in Krautheim antraf, »von da man hinaus in das Schloss und von den Mauern herab miteinander reden konnte. Ich habe gleichwohl nicht gerne gebrannt. Aber diesmal geschah es, weil ich dachte, das Feuer soll den Amtmann heraustreiben... Wie ich also herunten brannte, schrie der Amtmann von oben heraus. Da schrie ich wieder hinauf...« Aus dieser Episode entstand später das berühmteste Zitat der Weltliteratur.

Die Zeit verging, unseren Ritter hat man mehrmals inhaftiert und schließlich auch in die Bauernkriege verwickelt. Er wurde in seinen Unternehmungen vorsichtiger und schlauer, seine jetzt klug kalkulierten Fehden machten den provinziellen Landedelmann zum mehrfachen Millionär. Den Rest seines Lebens verbrachte er als Gutsherr in Hornberg. Dort entstanden seine Lebenserinnerungen, die 170 Jahre später im Druck erschienen und einen unserer größten Dichter zu einem Theaterstück inspirierten.

- Wer war unser reitender Held?
- Welche technische Meisterleistung half ihm nach seiner Verletzung?
- Was rief er dem Amtmann von Krautheim zu?

Der reitende Held

Gottfried von Berlichingen, von Eltern und Freunden »Götz« genannt, wurde um 1480/81 auf der Burg Jagsthausen geboren. Der Ort liegt am Unterlauf der Jagst im Landkreis Heilbronn. Die heutige »Götzenburg« steht zwar an der richtigen Stelle, stammt aber in der gegenwärtigen Form aus dem 19. Jahrhundert.

In der Fantasie jener, die Götz nur durch Goethes Schauspiel kennen, erscheint der Held stets als Vorbild aller ritterlichen Tugenden. In seiner wirklichen Umgebung sah der historische Götz jedoch wesentlich anders aus. Er war kein großer Mann und auch kein bedeutender Kopf, sondern ein einfacher Ritter, aber ein glänzender Reiter, nach dessen Ehrbegriffen Scharmützel, Gefechte und Streit sowie der Sieg des Schlaueren und Stärkeren ein uraltes Vorrecht und schönes Ziel eines freien Ritters waren. Es gab keinerlei Hemmungen, wenn die Schwerter klirrten und die Schädel krachten, die ganze würdevolle Biederkeit war dann beim Teufel. Trotzdem geht es nicht an, Götz von Berlichingen nur als einen rohen Raufbold, ungebildeten Menschen oder gar als einen gemeinen Strassenräuber anzusehen. Er war ein aufrichtiger, gerader Mann, ein tapferer Soldat, ein Haudegen von altem Schrot und Korn, der Freund und Feind stets ritterlich behandelte. Er wurde aber weder der idealisierte Streiter für die deutsche Freiheit – wie Goethe ihn darstellte – noch der herabgekommene Raubritter – wie ihn die Geschichtsschreibung im 19. Jahrhundert auffasste. Am besten charakterisiert man ihn so: Von seiner Familie her ein Schlossherr und Großgrundbesitzer, von seiner Neigung her ein Nebenerwerbs- und Gelegenheitsraubritter.

Eine Meisterleistung der damaligen Technik

Es war am 22. Juni 1504, als Götz seine rechte Hand verlor. Er war etwa 24 Jahre alt, es tobte der bairisch-pfälzische Erbfolgekrieg und Götz kämpfte auf Seiten der Baiern. Ursache war ein Erbstreit im Hause Wittelsbach zwischen der pfälzischen und der bairischen Linie.

Die Pfälzer hatten Landshut besetzt, das war ein Verstoß gegen Reichsgesetze. Truppen aus München und Nürnberg sowie mehrere kleinere verbündete Haufen sollten Landshut zurückerobern und die Reichsacht gegen die Kurpfälzer durchsetzen. Götz war im Dienste des Markgrafen von Ansbach mit dabei. Sie führten dabei auch ein Geschütz mit, eine so genannte Feldschlange, die in der damaligen Zeit eine Art Wunderwaffe bei Belagerungen war. Diese beweglichen Geschütze feuerten eiserne Vollkugeln, je nach Kaliber von zehn, fünf, zwei und einem halben Kilogramm.

Ganz lapidar beginnt Götz die Ereignisse zu berichten: »Wir hatten vor Landshut auch zwei harte Scharmützel an einem Samstag und einem Sonntag, da bin ich dann geschossen worden.« Er wurde von der Nürnberger Kanone getroffen, also ein Fehlschuss aus der eigenen Truppe. »Als wir am Sonntag vor Landshut wieder scharmützelten, da richteten die von Nürnberg das Geschütz in Freund und Feind... dabei schießt mir einer den Schwertknopf mit einer Feld-Schlange entzwei, dass mir das halbe Teil in den Arm ging und drei Arm-Schienen damit... Ich wunderte mich noch, dass es mich nicht vom Gaul herabgezogen hat... also, dass der Arm hinten und vornen zerschmettert war. Wie ich das so sehe, so hängt die Hand noch ein wenig an der Haut... Ich tat dann eben, als wäre mir nichts geschehen, und wandt den Gaul allgemach um. So kam ich ungefangen von den Feinden weg zu meinem Haufen.«

Vom 23. Juni bis zum Februar des Jahres 1505 lag Götz im Feldlazarett von Landshut. Seine größte Sorge für die Zukunft war: »Ich wäre doch zu einem Kriegsmann verdorben.« So ließ er sich eine Prothese für die verlorene Hand bauen.

Im Schlossmuseum von Jagsthausen liegen zwei »eiserne Hände«. Die ältere Prothese ist eine einfache, stark abgenützte Klaue, deren sichelförmig gekrümmte Finger sich etwas einbiegen lassen. Dieses Modell wird dem Dorfschmied von Olnhausen, der als Waffenschmied schon früher für die Berlichingen gearbeitet hatte, zugeschrieben und hat zum Reiten und für den Alltagsgebrauch wohl ausgereicht. Eine zweite, kunstvoll gefertigte Hand ist ein Meisterstück der Mechanik; höchstwahrscheinlich wurde sie von einem Kunstschmied oder Büchsenmacher aus Augsburg bzw. Nürnberg gefertigt. Die am Unterarm festschnallbare Eisenhand besaß Federgelenke, mit denen die Hand gebogen, der Daumen nach innen gedreht und die dreigliedrigen Finger, übrigens mit markierten Fingernägeln, gekrümmt werden konnten. Für jede dieser Bewegungen waren eigene Federknöpfe da, die von der gesunden linken Hand oder sonst durch einen Druck betätigt wurden.

Der berühmte Chirurg Ferdinand Sauerbruch ließ sich diese eiserne Hand im Jahre 1916 eigens nach Berlin schicken, als er sich mit den Möglichkeiten von Prothesen beschäftigte. Wahrscheinlich, und darauf lässt der tadellose Zustand dieser Eisenhand schließen, hat Götz die komplizierte schwere Hand nur bei repräsentativen Anlässen angeschnallt, sich im Alltag aber mit der einfachen Klaue begnügt.

Götz war nicht der Einzige, der seine verlorene Hand durch eine eiserne ersetzen ließ. Doch blieb es ihm vorbehalten, als der »Ritter mit der eisernen Faust« ins Bewusstsein der Zeitgenos-

Götz v. Berlichingen

sen und der Nachwelt einzugehen. Die Eisenhand des Götz von Berlichingen kam geraume Zeit nach des Ritters Tode an die Familie zurück. Später wurde sie nach dem Schloss Jagsthausen gebracht, wo sich dies bewunderungswürdige Kunstwerk der Mechanik auch gegenwärtig noch im Berlichingen'schen Familienarchiv befindet und Besuchern gerne gezeigt wird.

Heute gibt es elektronisch gesteuerte Hand- und Armprothesen sowie die Möglichkeit einer Unterarmtransplantation.

Der Zuruf wurde zum Zitat

Das Schreiduell mit dem Amtmann von Krautheim endet in der Autobiografie mit dem Satz: »Da schrie ich wieder hinaus, er soll mich hinten lecken.« Götz hat wohl bewusst in seiner Lebensbeschreibung den Kraftausdruck abgeschwächt, da er seine Erinnerungen ja einem geistlichen Herrn diktierte. Jedenfalls entstand aus dieser Episode durch die Dramatisierung von Goethe das berühmteste Zitat der Weltliteratur. Das historische Zwiegespräch zwischen Götz und dem Amtmann verlegt Goethe nach Jagsthausen. Auch lässt er in seinem Drama Götz seinen »Gruß« nicht dem Amtmann, sondern dem Hauptmann der kaiserlichen Truppen entbieten, welcher den Befehl hat, Götz die über ihn verhängte Reichsacht zu verkünden.

Götz steht an einem Fenster des Schlosses, ein Herold kommt und überbringt die Aufforderung des Hauptmannes, die Tore zu öffnen. Götz (antwortet): »Mich ergeben! Auf Gnad' und Ungnad'! Mit wem redet Ihr! Bin ich ein Räuber? Sag deinem Hauptmann: Vor Ihro Kaiserlichen Majestät hab' ich, wie immer, schuldigen Respekt. Er aber, sag's ihm, er kann mich im Arsch lecken.« (Schlägt das Fenster zu).

Dies ist der Wortlaut aus dem *Urgötz*, entstanden im Winter 1771. Zwei Jahre später erschien die von Goethe überarbeitete endgültige Fassung des dramatischen Schauspiels *Götz von Berlichingen mit der eisernen Hand*. Hier hatte Goethe die drei letzten Worte der Aufforderung durch Gedankenstriche ersetzt, sodass also nur folgendes Rudiment übrig blieb: »Er aber, sag's ihm, er kann mich ---«

Weder Götz noch Goethe haben diesen Kraftspruch erfunden. Es handelt sich dabei um eine uralte Abwehrgeste, denn man verstand die Vorweisung des nackten Hinterteiles ursprünglich als eine Art Zauberspiegel gegen dämonische Kräfte. Figuren mit entblößtem Hintern sind als Bauplastiken an vielen Kirchen und Burgen zu finden. Im zwischenmenschlichen Verkehr galt es seit jeher für eine der höchsten Beleidigungen, jemanden die blanke Kehrseite zuzuwenden, und im Mittelalter war es üblich, dem abziehenden Feind von der Burgmauer herab diese Geste zu entbieten.

Etymologisch leitet sich »Arsch« vom griechischen »orsos« (Steiß) ab; daraus wurde im Mittelhochdeutschen schließlich »ars«. Noch Martin Luther schrieb »ars«, daraus wurde durch Wandlung des »rs« in »rsch« – wie etwa bei »Kerse« zu »Kirsche« oder »hersen« zu »herrschen« – das heute gebräuchliche Wort. Gebräuchlich im wahrsten Sinne, sind doch beispielsweise im Lexikon der deutschen Umgangssprache von Küpper 386 Stichworte verschiedener Bedeutungsweisen und Wortzusammensetzungen mit »Arsch« angeführt.

Für Personen, die Wert darauf legen, korrekt zu zitieren, sei darauf hingewiesen: Im Original heißt es »im« und nicht »am«.

Die Welt zur Zeit des Götz von Berlichingen

Der Ritter Götz von Berlichingen war eine zu seiner Zeit nur lokal bekannte Persönlichkeit in Deutschlands Provinz Franken. Heute ist er weltbekannt und durch das berühmte »Götz-Zitat« buchstäblich in aller Munde. Der Lebensweg des Ritters Götz fiel in eine politisch und wirtschaftlich, kulturell und religiös tief bewegte Zeit.

Als Götz 1480 zur Welt kam, regierte seit 1452 als römisch-deutscher Kaiser der Habsburger Friedrich III. (1415 bis 1493), war Martin Luther (1483–1546) noch nicht geboren und Amerika noch nicht entdeckt; auch der Buchdruck war noch unbekannt. Als Götz 1562 starb, hatte Friedrichs

Urenkel Karl V. (1500–1558) längst abgedankt (1556), Luthers Reformation und Englands König Heinrich VIII. hatten die Christenheit gespalten, die Kugelgestalt der Erde war durch die Weltumsegelung des Magelhaes bewiesen (1522) und Nikolaus Kopernikus stellte die Sonne in den Mittelpunkt des Planetensystems (1543).

Handel und Geld, Papier und Druckerschwärze schufen eine neue Zeit, Handwerker und Künstler lieferten bewundernswerte Produkte.

Schießpulver und Feuerwaffen sowie die Einführung der Landsknechtheere setzten der einst hohen Bedeutung des Rittertums ein Ende. Verzweifelt kämpften daher zahlreiche Ritter – unter ihnen auch Götz – noch vor Beginn des großen Bauernkrieges um die Bewahrung ihrer unabhängigen Existenz. Aber die wirtschaftlichen Verhältnisse hatten sich geändert; die ritterschaftlichen Besitzungen boten keine ausreichende Existenzgrundlage mehr und darum wurden viele zu Raubrittern und Wegelagerern.

Auch die Bauernerhebung von 1524/25 entstand aus sozialer Notlage und politischer Unterdrückung; der Mut zum Aufstand wurde durch die humanistischen und reformatorischen Bestrebungen der Zeit gefördert. Der Bauernstand war in einer aus heutiger Sicht unvorstellbar schlimmen Notlage. So mussten an weltliche und geistliche Herrschaften folgende Feudallasten abgegeben werden: Besthaupt (das beste Stück Vieh anlässlich jeder Erbschaft), Blutzehnt (jedes zehnte Zuchtvieh), Eier, Einzugsgelder (Wohnungsablöse), Enten, Fastnachtshühner, Flachs, Fruchtgülten (Getreidezins), Geldzinsen, Hafer, Handlohn (Erbschaftssteuer), Käse, Kopfsteuer (Personensteuer), Kapaunen, Martinsgänse, Martinszinse, Osterlämmer, Rauchpfund (Rauchfleisch), Sommerhühner, Tücher, Wachs, Weidezinsen sowie der große und der kleine Zehent. Neben diesen gewaltigen Abgaben hatten die Bauern noch regelmäßige Frondienste zu leisten. Der Aufstand der

Bauern wurde blutig niedergeschlagen. Götz von Berlichingen wurde eigentlich gegen seinen Willen in den Bauernkrieg hineingezogen. Für die vielfach verübten Gräueltaten beider Kriegsparteien hatte er kein Verständnis, er fühlte sich auch immer dem Reich verpflichtet.

Die gesellschaftliche Situation hatte sich nach dem Bauernkrieg geändert. Die fürstlichen Kleinstaaten waren gefestigt, die reichsritterschaftlichen Güter wurden zu Zwergterritorien. Die Zeit des Reiters in freier Fehde war endgültig vorbei. Ein Götz von Berlichingen konnte nicht mehr gefährlich werden. Aber erst 1542, also 14 Jahre später, erlangte Götz seine uneingeschränkte Bewegungsfreiheit wieder. Er revanchierte sich bei Kaiser Karl V., indem er »in kurzer Zeit etlich und hundert Pferd« zusammenbrachte und mit seinen Reitern an einem Feldzug gegen die Türken nach Ungarn teilnahm. Die Sache ging jedoch schief, denn das kaiserliche Heer war bei Pest schon von den Türken geschlagen worden; Götz kam mit seiner Verstärkung zu spät. Dennoch ist es interessant zu wissen, dass sich Götz von Berlichingen zu Ende des Jahres 1542 in der Gegend von Wien aufhielt.

Götz wurde auf Schloss Harnberg friedlich und alt. Das größte Unglück, das den bejahrten Ritter traf, war seine vollständige Erblindung. 1559 ließ er seinen Pfarrer Georg Gottfried zu sich bitten, um mit diesem einen Vertrag abzuschließen. »Götz wäre bei hohem Alter, ginge auf die Gruben, hätte nur noch eine Hand und wäre dazu blind. Der Pfarrer soll daher zeitlebens bei ihm verbleiben und ihn als einen blinden Mann in seinen Geschäften bedienen. Dafür solle ihm ein Besoldungszuschuss von 16 Malter Korn und 10 Gulden Geldes jährlich gegeben werden.« Es ist sehr wahrscheinlich, dass Götz diesem Pfarrer seine Lebenserinnerungen diktierte. Am 23. Juli 1562, um sechs Uhr abends, starb Götz von Berlichingen auf Schloss Hornberg. Sein Leichnam wurde, wie im Testament angeordnet, »ohne einigen Pomp oder Gepräng…

zu seinen Eltern gelegt«. Die Beisetzung erfolgte im Kreuzgang des Klosters Schöntal, der traditionellen Begräbnisstätte der Berlichingen. Der aufgerichtete Grabstein zeigt ein Reliefporträt des Ritters.

Who was who im Spätmittelalter

Kaiser und König

Der Kaiser war das Oberhaupt des römisch-deutschen Reiches und galt zugleich als Schirmherr der Christenheit. Das Recht, Kaiser zu werden, hatte allein der König und die Erhebungen gingen in folgender Reihenfolge vor sich: Der römisch-deutsche König wurde von den sieben deutschen Kurfürsten gewählt, die Kaiserwürde erhielt er erst mit der Salbung und Krönung durch den Papst. Damit war ab 1508 Schluss, der Titel lautete seit damals »Erwählter römischer Kaiser« und die päpstliche Krönung fand nicht mehr statt. War ein deutscher König zum Kaiser erwählt bzw. gekrönt, machte er noch zu seinen Lebzeiten den Weg frei für einen neuen deutschen König. In der Regel versuchten die Kaiser, einen ihrer Söhne zum König wählen zu lassen, der dann später wieder Kaiser wurde. Obwohl die Ämter offiziell nicht erblich waren, wurde auf diese Weise die Erbfolge geregelt. Ein wichtiger Faktor dabei waren finanzielle Zuwendungen an die Wahlmänner, sodass Geld- und Kreditgeber großen Einfluss hatten.

Die Aristokraten

Ein gesellschaftlich, rechtlich und politisch bevorrechteter Stand, gegründet auf Geburt, Leistung und Ernennung. Die ursprüngliche Wortbedeutung stammt aus dem Griechischen »aristos« (Bester, Tüchtigster) und »kratos« (Stärke, Kraft), heißt also »Bester an Kraft«.

Die wichtigsten Adelsprädikate waren

- *Herzog*, abgeleitet vom althochdeutschen »herizogo«, also »Heerführer«. Alle männlichen Mitglieder des englischen Königshauses etwa heißen Herzöge (Duke), jene des Hauses Habsburg sogar Erzherzöge.
- *Fürst* bedeutet »Vorderster«, vgl. englisch »first«. Es gab weltliche und geistliche Fürsten; sieben von ihnen stand das Recht der Königswahl zu, das waren die Kurfürsten. Die nicht regierenden Mitglieder souveräner Fürstenhäuser trugen den Titel »Prinz«.
- *Graf*, übernommen vom griechischen »grapheus«, d.h. Schreiber. Ursprünglich waren die Grafen als Amtsträger mit verschiedenen Verwaltungsangelegenheiten betraut. Man darf nicht vergessen, dass das Schreiben und Lesen lange Zeit ein Privileg war.
- *Freiherr*, hergeleitet vom mittelhochdeutschen »vriherre« (freier Edelmann). Die Anrede ist Baron.
- *Ritter*, d.h. die berittenen Krieger. Der Waffendienst zu Pferd bot die Möglichkeit zum sozialen Aufstieg und auf Grund erhaltener Lehen auch Herrschaftsrechte auszuüben.

Die Geistlichen

Man unterscheidet zwischen Welt- und Ordensgeistlichen. Zu den Weltgeistlichen zählen die geistlichen Fürsten ebenso wie die Pfarrer an den Kirchen der Städte und Dörfer. Diese Pfarrer stehen auf einer tieferen sozialen Stufe, haben meist nur eine schlechte Ausbildung und sind abhängig von der Mildtätigkeit des Dorfherren oder Kirchenpatrons. Zu den Ordensgeistlichen zählten die in vielen Klöstern lebenden Mönche und Laienbrüder.

Die Bürger

Sie lebten in den Städten, von denen die meisten allerdings nach heutigen Begriffen eher als kleinere Dörfer gelten würden, hatten doch mehr als 80 Prozent von ihnen nicht einmal 500 Einwohner. »Großstädte« mit mehr als 10.000 Einwohnern gab es bestenfalls ein Dutzend. Damit lag die Zahl der Bürger bei höchstens acht bis zehn Prozent der Gesamtbevölkerung. Die meisten waren Kaufleute, Kleinkrämer und Handwerker.

Eine Sonderstellung nahmen in der Stadt die sozialen, ethnischen und religiösen Randgruppen ein. Zu ihnen gehörten die Juden in ihren abgesonderten Gemeinden, aber auch die »unehrlichen Leute«, also Angehörige verachteter Berufe (zum Beispiel Henker und Abdecker, Geldwechsler, Zöllner, Musiker und Schauspieler, seltsamerweise aber auch Müller und Schornsteinfeger).

Die Bauern

Zwischen 80 und 90 Prozent der deutschen Bevölkerung der damaligen Zeit lebten in bäuerlichen Verhältnissen. Der größte Teil der Bauern waren Leibeigene oder Hörige, die sich unter den Schutz eines adeligen Grundherrn begeben hatten und dafür Frondienste (Arbeit in Hof und Feld) und Naturalabgaben leisten mussten. Ein Ausscheiden aus der Leibeigenschaft war nicht möglich. Daneben gab es aber auch »Halbfreie«, die trotz der wirtschaftlichen und rechtlichen Abhängigkeit doch eine gewisse Freiheit genossen, und schließlich auch freie Bauern. Freie und Halbfreie konnten es durchaus zu beachtlichem Wohlstand bringen, bescheidene soziale Verhältnisse der Bauern waren aber eher die Regel.

Mit 66 Jahren ist noch lange nicht Schluss

Es ist unmöglich, für diesen Mann eine Berufsbezeichnung zu finden. Er war Politiker, Stratege, Diplomat, ein ungemein produktiver und erfolgreicher Schriftsteller sowie ein begabter Maler. Immerhin erhielt er 1953 den Nobelpreis für Literatur, seine gesammelten Werke umfassen 36 Bände. Sein erster ausgeübter Beruf war der eines Kavallerieleutnants, als solcher nahm er an Kämpfen in Indien und im Sudan teil, später auch in Südafrika. 15 Jahre danach war er während des Ersten Weltkriegs an der Front in Frankreich und weitere 25 Jahre später bekleidete er eine Spitzenposition im Kampf gegen Hitlerdeutschland.

In seinem ureigenen Naturell war er kein Politiker, der eben auch Krieg führen musste. Nein, im Gegenteil, er war ein Krieger, der sah, dass zur modernen Kriegsführung auch Politik gehörte. Als Stratege von Neigung, Talent und Berufung, ist er am ehesten mit Prinz Eugen zu vergleichen, gewisse Ähnlichkeiten finden sich aber auch mit Friedrich dem Großen und Napoleon. Er selbst meinte: »Wenn ich nur hundert Jahre früher gelebt hätte! Welch herrliche Zeiten das waren! Sich vorzustellen, im Jahre 1793 neunzehn Jahre alt gewesen zu sein mit der Aussicht auf mehr als zwanzig Jahre Krieg gegen Napoleon!« Es gab für ihn nichts Schlimmeres als Tatenlosigkeit oder bloßes Theoretisieren. Die Zeit zwischen 1929 und 1939 war eine solch schlimme Periode. Er schrieb politische Zeitungskommentare und widmete sich seinen großen literarischen Vorhaben, das heißt historischen Werken. Im Übrigen jedoch wartete er auf seine Chance. Und diese sollte kommen, wenn auch spät. Als er in der Mitte seines sechsten Lebensjahrzehnts stand, war er eigentlich im Pensionsalter. Doch da zogen die Weltereignisse in Form des großen Krieges sein Leben in ihren Bann und er griff in die Weltgeschichte ein.

- Wer war dieser Krieger?

Am 3. September 1939 brach der Krieg zwischen Deutschland und England aus. Am selben Tag rief Premierminister Chamberlain Winston Churchill (1874–1965) in die Regierung zurück. Churchill bekam sein altes Amt, in dem er ein Vierteljahrhundert zuvor in den Ersten Weltkrieg gegangen war: Er wurde wieder Erster Lord der Admiralität. Die Reaktion des Flottenkommandos war knapp und voll britischen Understatements; an alle Kriegsschiffe erging der Funkspruch: »Winston ist back« – so als hätte man nichts anderes zu erwarten gehabt. 1940 trat Chamberlain als Premierminister zurück, Winston Churchill folgte ihm als Regierungschef nach und wurde gleichzeitig auch Verteidigungsminister. Seine Stunde war gekommen, er stand im 66. Lebensjahr und schrieb später in seinen Weltkriegserinnerungen: »Ich fühlte eine tiefe Erleichterung. Endlich hatte ich die Macht über das Ganze und konnte Befehle geben.«

Churchill hatte damit, als älterer Mensch, den schwersten Kampf seines an Konflikten reichen Lebens aufgenommen. Das Ende ist bekannt. Es brachte England einen ruhmvollen Sieg und machte Churchill zum glorreichsten Briten des 20. Jahrhunderts.

Er war ein biologisches Phänomen

Winston Churchill wurde fast 91 Jahre alt, eine bemerkenswerte Leistung für einen Mann mit seinen Lebensgewohnheiten. Er tat immer nur das, was er tun wollte, ohne auch nur einen Gedanken an die möglichen Folgen zu verschwenden. Eine subtile Verachtung des »normalen gesunden Menschenverstandes« kennzeichnete seine Lebensführung. Er besaß eine ungewöhnlich gute körperliche Konstitution, obwohl man ihm das in späteren Jahren nicht ansah. Seine kleine Gestalt war kräftig, in der Jugend betrieb er Sport, vor allem Polo. Sein oft kolportierter Ausspruch »No sports!«, entspricht also nicht seinem tatsächlichen Leben. Bis zu seinem 70. Lebensjahr litt er kaum unter körperlicher oder geistiger Ermüdung. Seine Vitalität war erstaunlich, denn wie lange und unter welchen Umständen er auch bis in die Nacht feierte – er erwachte voll Tatendrang und mit großem Frühstücksappetit. Dieser außergewöhnliche Mensch gehorchte kaum den Gesetzen der Medizin und überhaupt nicht den Regeln einer vernünftigen Lebensführung, er ging seinen eigenen Weg.

Viel wurde darüber erzählt, dass Churchill Alkoholiker gewesen sei. Manchmal erweckten auch seine Bewegungen und seine Sprache, aber auch seine Ideen den Eindruck, er habe zuviel getrunken. Dazu ist zu sagen, dass er nie graziös war und von früher Kindheit an lispelte, auch seine Gedanken blieben zeitlebens unkonventionell. Zweifellos jedoch war er dem Alkohol zugetan: Er liebte den Whisky, schätzte den Brandy, auch Wein und besonders Champagner trank er gern. In seinen letzten Jahren brauchte er den Alkohol, um Körper und Geist zu stimulieren. Er war bereits über 80 Jahre alt, als ein Gast berichtete, wie es bei einem Lunch im Hause Churchill zuging: »Anfänglich war er sehr apathisch; er konnte der Unterhaltung kaum folgen, benutzte aber auch nicht sein Hörgerät; er schien überhaupt nichts zu verstehen... er kauerte in seinem Sessel, desinteressiert und verwirrt, und starrte mit feuchten, rot geränderten Augen mürrisch in die Gegend... Churchill trank drei Gläser Wein, zwei Gläser Port, zwei Brandy in großen Cognac-Schwenkern und zwei Tassen Kaffee. Nachdem er bei seiner Zigarre angekommen war und Wein, Brandy und Kaffee den Kreislauf in Schwung gebracht hatten, lebte er auf. Was dann zutage trat, waren nicht nur Bruchstücke seiner großartigen, liebenswürdigen Persönlichkeit, vielmehr kehrte jetzt das alte Feuer zurück, er war wieder ganz gegenwärtig und geistig präsent. Während der zwei Stunden intensiven Sprechens und Nachdenkens paffte er zufrieden seine Zigarre. Dann schlug er vor, einen Spaziergang zu machen... Ich hatte Angst um ihn, als er mit energischen, aber unsicheren Schritten losmarschierte.«

- Aus welcher Familie stammte Winston Churchill?

Winstons Vater Lord Randolph Churchill (1849–1895) stammte aus der Familie der Herzöge von Marlborough und war zeitweilig Minister. Winstons Mutter Jennie Jerome (1854–1922) war eine Amerikanerin französisch-schottischer Abstammung, ihre Urgroßmutter stammte von Indianern ab. Während einer Ballveranstaltung auf Schloss Blenheim, einem Besitz der Marlboroughs, kam Winston als Frühgeburt in der Damengarderobe zur Welt.

Die englische Adelsverfassung ist anders als jene am Kontinent. Nur der jeweils älteste Sohn eines Herzogs, Fürsten oder Grafen erbt den Titel. Es gab also auch immer nur einen Herzog von Marlborough, die jüngeren Söhne führten bereits wieder den Familiennamen, wenngleich sie zum Hochadel zählten. Deren Söhne wiederum trugen überhaupt keinen Titel mehr. So erklärt sich, dass der dritte Sohn des Siebenten Herzogs von Marlborough Lord Randolph Churchill hieß und dessen Sohn einfach Winston Churchill. Letzterer wurde von Königin Elisabeth als »Sir Winston Churchill« wieder in den persönlichen Adel erhoben. Lord Randolph starb mit 46 Jahren an den Folgen der Syphilis.

Anmerkungen zum Zweiten Weltkrieg

1929–1933 — Die Weltwirtschaftskrise erschüttert die nach dem Ersten Weltkrieg errichtete Weltordnung. Deutschland, Italien und Japan streben eine Neuverteilung der Rohstoffzentren und der Absatzgebiete an. Deutschland und Japan betreiben überdies eine rücksichtslose Expansionspolitik.

1933 — Adolf Hitler wird deutscher Reichskanzler. Machtergreifung der Nationalsozialisten.

1938 — Beschwichtigungspolitik des britischen Premierministers Arthur Neville Chamberlain gegenüber den Ausschreitungen und Gebietsansprüchen der Nazis

1939 — Angriff Deutschlands auf Polen. Großbritannien und Frankreich erklären dem Deutschen Reich den Krieg.

1940 — Winston Churchill wird britischer Premierminister

1941 — Hitler erklärt den USA den Krieg. Japanischer Überfall auf Pearl Harbor.

1942 — See-Luft-Schlacht bei Midway bringt die Wende im Pazifikkrieg zugunsten der USA

1943 — Die Niederlage der Deutschen bei Stalingrad bringt die Wende im europäischen Krieg. Roosevelt und Churchill verlangen die bedingungslose Kapitulation von Deutschland und Japan.

1945 — Ende des Krieges in Europa, nach zwei Atombombenabwürfen Kapitulation Japans.

Drei Herren trafen einander in Paris

In Köln war am 1. Januar 1842 eine neue Zeitschrift gegründet worden, die *Rheinische Zeitung*. Das Eintreten für Pressefreiheit, das Aufdecken sozialer Missstände sowie Liberalität bei den Religionen erregte die Wachsamkeit der Zensur. Als Beispiel für übereifrige Zensoren möge dienen, dass damals sogar die Annonce für eine Übersetzung von Dantes *Göttlicher Komödie* mit der Feststellung gestrichen wurde: »Mit göttlichen Dingen soll man keine Komödie treiben.« Ein 24-jähriger Doktor der Philosophie wurde ab 1. Oktober 1842 für fünf Monate Chefredakteur, dann wurde die Zeitung verboten. Bemerkenswert am Lebensschicksal dieses jungen Journalisten ist, dass jene fünf Monate die einzige Periode in seinem Leben waren, wo er einer geregelten Erwerbstätigkeit mit gesichertem Einkommen nachging. Nach dem Intermezzo bei der Zeitung heiratete unser Dr. phil. eine vier Jahre ältere Adelige und die beiden verließen Deutschland. Man ging zunächst nach Paris.

Aus Passangaben, Schilderungen von Zeitgenossen sowie dem polizeilichen Signalement gewinnt man ein charakteristisches Bild vom Aussehen des Herrn: mittelgroß, dunkle Hautfarbe, dichtes schwarzes Haar nicht nur am Kopf, sondern auch an Armen und Händen, wallender Bart. Von den Freunden wurde er wegen seines dunklen Aussehens als »Mohr« bezeichnet, seine Frau nannte ihn während der Brautzeit »Schwarzwildchen«. Und er war auch ein Wilder, denn beinahe hätte er mit seinen Ideen die Welt aus den Angeln gehoben. Nicht als Staatsmann oder Feldherr, sondern als gelehrter

Theoretiker, als typischer Schreibtischtäter. Er wurde zum Propheten einer neuen Zeit und lange war nicht entschieden, ob seine Vorstellung vom Ablauf der Geschichte und der Zukunft der menschlichen Gesellschaft Realität würde oder nicht.

Nun, zunächst einmal war er jetzt 25 Jahre alt, verheiratet mit Jenny von Westphalen und in Paris diskutierend, Material sammelnd und auf der Suche nach Gleichgesinnten unterwegs. Es begann eine Phase wichtiger persönlicher Begegnungen, von denen wir zwei herausgreifen: die Bekanntschaft mit einem Dichter und die lebenslange Verbundenheit mit einem Gesinnungsgenossen.

Der Dichter war ein promovierter Jurist aus Düsseldorf mit Vornamen Harry. Erst als er zum evangelischen Glauben übertrat, hat er den Vornamen geändert. Nach der Julirevolution von 1830 in Frankreich übersiedelte er als Journalist nach Paris, zunächst um neue Eindrücke für seine *Reisebilder* zu gewinnen. Es wurde ein lebenslanges Exil. Seine Kritik an den Zuständen in seinem Heimatland, seine Satiren und Zeitgedichte, seinen beißenden Spott hat man ihm in Deutschland besonders verübelt. Bereits nach kurzer Zeit trafen sich der emigrierte Journalist und der exilierte Dichter. Ob sie damals wussten, dass sie über ihre jüdischen Vorfahren sogar entfernt miteinander verwandt waren, ist nicht überliefert. Der Dichter stand den politischen Ideen des Journalisten nahe, was in mehreren seiner Werke zum Ausdruck kommt, besonders in der gesellschaftskritischen Satire *Die schlesischen Weber*. Da ihre schriftstellerische Tätigkeit jedoch in Form und Thema weit auseinander klaffte, kam es zu keiner Zusammenarbeit, nur zum gegenseitigen Austausch und Respekt. Der Dichter las neue Verse vor, der Journalist hörte zu, schlug Änderungen vor. Aus diesem Einfluss entstand der Auftrag zur politischen Lyrik: »Lassen Sie doch die ewige Liebesnörgelei und zeigen Sie den poetischen Lyrikern mal, wie man das richtig macht – mit der Peitsche!«

Der Gesinnungsgenosse kam als Dritter im Bunde hinzu. Er war der Sohn eines deutschen Fabrikanten, traf 1844 in Paris ein und wurde der ideale Partner des Journalisten. Dieser hatte nämlich wenig Ahnung von der praktischen Wirtschaft und konnte sich bei dem jungen Industriellen Rat und Anregung holen. Außerdem war jener junge Mann auch selbst publizistisch tätig, etwa mit Schriften über die Misere der Arbeiter in England. In späteren Jahren bekam er einen eigentümlichen Spitznamen, denn die engeren Freunde nannten ihn »General«.

Der Dichter wurde krank, sehr krank und verschwand aus der Öffentlichkeit. Der Journalist und der junge Industrielle wurden politisch, sehr agitatorisch und traten dem »Bund der Gerechten« bei. 1848 verfassten sie eine Broschüre, die zum Fundament der Bewegung werden sollte. Der Schritt von der Theorie zur Praxis war getan, die Parolen waren zündend und hatten eine stärkere Wirkung als alle Gebote und Gesetze je zuvor. Der Text beginnt mit einer Drohung: »Ein Gespenst geht um in Europa...« und endet mit einer Verheißung: »Die Proletarier haben nichts zu verlieren als ihre Ketten. Sie haben eine Welt zu gewinnen.«

- Wer war der Journalist?
- Wer war der Dichter?
- Wer war der Fabrikantensohn?

Der Journalist

Dr. phil. Karl Marx (1818–1883) war eigentlich ganz anders, als ihn die linientreue Geschichtsschreibung durch ein ganzes Jahrhundert dargestellt hat. Die Legende einer direkten Entwicklung vom Philosophiestudenten zum Chefideologen der Weltrevolution ist völlig falsch. Karl Marx wuchs in einer großbürgerlichen Familie auf. Sein Vater Dr. Heinrich Marx lebte in glücklicher Ehe mit Henriette Pressburg, beide entstammten alten Rabbinergeschlechtern. Die Familie war aus Gründen des beruflichen Fortkommens lutherisch konvertiert, der Vater gehörte als Rechtsanwalt und Justizrat zu den Honoratioren der Stadt Trier. Sein Bruder Samuel war Oberrabbiner daselbst.

Der junge Marx studierte nicht wie vorgesehen und begonnen Jus, sondern wandelte sich zum Philosophen. Obwohl er nie ernsthaft daran dachte, einen bürgerlichen Beruf auszuüben, begann er als Journalist zu arbeiten. So konnte er mit seinen Ideen die Menschen erreichen. Aber nach fünf Monaten wurde die *Rheinische Zeitung* verboten und eingestellt. Das störte ihn nicht weiter, denn er gedachte sein Geld nun durch allerlei Aufsätze und gelegentliche Buchveröffentlichungen hereinzubekommen, aber das funktionierte nicht. Marx lebte bis zu seinem Tod von Pump und Pfanddarlehen, Versetzen von Wertsachen im Leihhaus und finanziellen Zuwendungen seiner Anhänger. Da sowohl seine eigene Familie als auch jene seiner Frau wohlhabend waren, gab es immer wieder willkommene Erbschaften. Aus Nachlässen und von Friedrich Engels erhielt Marx insgesamt etwa 200.000 Goldmark, was einer Kaufkraft von ungefähr 3 Millionen Euro entspricht. Das war aber keineswegs die einzige Quelle, aus diversen Spenden kamen noch umgerechnet etwa 1 Million Euro dazu. Marx erwartete immer, dass seine Lebensführung von anderen finanziert würde. Er sprach unaufhörlich von der Revolution, die »mit einem Donnerschlag« alle Probleme lösen werde; ein Leben in völliger Freiheit und ohne Zwang – am wenigsten den Zwang, arbeiten zu müssen, um Geld zu verdienen – war sein Ziel.

Der Dichter

Dr. jur. Heinrich Heine (1797–1856) war der älteste Sohn des jüdischen Kaufmannes Samson Heine und dessen Ehefrau Elisabeth, geborene van Geldern. Nach dem Willen der Familie sollte er Bankkaufmann werden, doch er wurde Poet. Dazwischen lag ein abgeschlossenes Jus-Studium. Die Idole seiner Jugend hatte er persönlich miterlebt: 1811 sah er in Düsseldorf Napoleon vorbeireiten, 1824 empfing ihn Goethe in Weimar.

Der Lebensweg des Heinrich Heine war vorgezeichnet, als er während des Studiums in Göttingen den Kontakt mit Frauen und das Dichten kennen lernte. Sein Schreiben brachte ihm Unsterblichkeit, seine Liebschaften führten zu einem qualvollen Sterben. In einem Brief an einen Freund ist zu lesen: »Ich liebe die medizäische Venus, die hier auf der Bibliothek steht, und die schöne Köchin des Hofrates Bauer. Ach! und bei beiden liebe ich unglücklich! Die eine ist von Gips und die andere ist venerisch.« Es ist nicht ausgeschlossen, dass Heines provokante Andeutung bitterer Ernst war und er sich bei der schönen Köchin tatsächlich eine Syphilis-Infektion geholt hat; wenn nicht, so hatte er später in Paris dazu noch Gelegenheit genug. Jedenfalls starb Heinrich Heine nach jahrelanger Krankheit und Bettlägerigkeit im 59. Lebensjahr an den Folgen der Syphilis.

In der umfangreichen Huldigungsliteratur über Karl Marx wird betreffend die Begegnung mit Heine dreierlei behauptet:
1. das freundschaftliche Verhältnis,
2. der poetische Beistand von Marx und
3. sein politischer Einfluss auf Heine.

Da muss einiges richtig gestellt werden. Die beiden Männer trafen einander erstmals um Weihnachten 1843 in Paris, im Januar 1845 verlegte Marx seinen Wohnsitz nach Brüssel. Von den ca. 13 Monaten befand sich Heine drei Monate auf

Deutschlandreise. Dass sie sich während der zehn gemeinsamen Monate in Paris häufig sahen, steht außer Zweifel. Doch wie es bei Genies so üblich ist, kam eine herzliche, offene Freundschaft wohl nicht zustande. Die gegenseitigen Äußerungen über den jeweils anderen sind allzu deutlich, zumal beide Meister des messerscharfen Spottes waren. Dass Marx am literarischen Werk Heines Verbesserungsvorschläge gemacht haben soll, ist grotesk, war sein poetisches Talent doch äußerst gering. Und wenn dem so gewesen wäre, wüssten wir es von Marx selbst, der gerne darauf hinwies, was andere ihm – zu Recht oder Unrecht – verdankten.

Letztlich war auch der politische Einfluss von Marx auf Heine gering, denn der Dichter war kein Theoretiker der Politik. Ökonomie und Materialismus standen bei Marx im Mittelpunkt, Heine fehlte dies völlig. Seine Ansicht über die Zukunft des Kommunismus fasste er nach seiner Begegnung mit Karl Marx so zusammen: »In der Tat, nur mit Grauen und Schrecken denke ich an die Zeit, wo jene dunklen Bilderstürmer zur Herrschaft gelangen werden: mit ihren rohen Fäusten zerschlagen sie alsdann erbarmungslos alle Marmorbilder der Schönheit, die meinem Herzen so teuer sind; sie zertrümmern alle jene Spielzeuge und fantastischen Schnurrpfeifereien der Kunst, die dem Poeten so lieb waren... und ach! mein Buch der Lieder wird der Krautkrämer zu Tüten verwenden, um Kaffee oder Schnupftabak darin zu schütten für die alten Weiber der Zukunft. Ach! das sehe ich alles voraus, und eine unsägliche Betrübnis ergreift mich, wenn ich an den Untergang denke, womit das siegreiche Proletariat meine Gedichte bedroht... Und dennoch, ich gestehe es freimütig, übt ebendieser Kommunismus, so feindlich er allen meinen Interessen und Neigungen ist, auf mein Gemüt einen Zauber, dessen ich mich nicht erwehren kann...« Das schrieb der Emigrant, der Dichter. Dessen Gedichte in russischer Übersetzung zu erhalten, war der letzte Wunsch eines 21-Jährigen, bevor er am

8. Mai 1887 hingerichtet wurde: Alexander Iljitsch Uljanov, Lenins älterer Bruder.

Der Fabrikant

Die lebenslange Verbundenheit zwischen Marx und Friedrich Engels (1820–1895) resultierte aus einer der seltsamen Begegnungen von weltgeschichtlicher Bedeutung. Engels war der Sohn eines pietistischen Textilfabrikanten aus Barmen/ Wuppertal, hatte das Gymnasium nicht abgeschlossen, aber dafür von 1838 bis 1841 eine kaufmännische Lehre absolviert. Während des Militärdienstes in Berlin hörte er Philosophievorlesungen und begann sich für die Militärgeschichte zu interessieren. Später veröffentliche er auch militär-theoretische Schriften, woher auch sein Spitzname »General« rührt. Er beendete seine kaufmännische Ausbildung in Manchester, wo sein Vater eine Fabriksniederlassung (Baumwollspinnerei »Ermen und Engels«) unterhielt. Dort lernte er die menschenunwürdigen Lebensverhältnisse der englischen Industriearbeiter aus eigener Anschauung kennen und wurde unter diesem Eindruck zum Sozialrevolutionär. Seine Schrift *Die Lage der arbeitenden Klasse in England* gehört zu den frühen Grundlagen der politischen Ökonomie des Marxismus.

Auf der Rückreise von England traf Engels 1844 in Paris erstmals mit Karl Marx zusammen. Beide stellten eine völlige Übereinstimmung in ihren gesellschaftstheoretischen Anschauungen fest und es entstanden seitdem zahlreiche gemeinsame Schriften. Auch er wurde mit Heinrich Heine bekannt und hat den Schwerkranken manchmal besucht. Darüber schrieb er an Karl Marx, der Paris zu dieser Zeit bereits verlassen hatte: »Heine ist am Kaputtgehen. Vor 14 Tagen war ich bei ihm, da lag er im Bett und hatte einen Nervenanfall gehabt. Gestern war er auf, aber höchst elend. Er kann keine drei Schritte mehr gehen, er schleicht, an den Mauern sich stützend, vom Fauteuil bis ans Bett und vice versa... Geistig ist er auch etwas ermattet.«

Engels selbst hatte nie persönliche wirtschaftliche Sorgen. Nach der Niederlage der Revolution von 1848 emigrierte er aus Deutschland nach England und wurde ein wohlhabender Kaufmann in Manchester. Er zögerte dabei allerdings nie, ein Vielfaches dessen, was seine Arbeiter verdienten, als eigenen Verdienst aus seiner Firma zu nehmen. Weder waren dort die Arbeitsbedingungen humaner, noch waren die Löhne höher als allgemein üblich. Engels unterstützte Marx finanziell äußerst großzügig. Dieser erhielt monatlich 40 bis 50 Pfund, während ein Textilarbeiter in der Firma von Friedrich Engels im Vergleich dazu etwa 1 Pfund verdiente. Der Freund war aber auch in anderen Belangen hilfreich. Als 1851 Karl Marx' unehelicher Sohn mit der Haushälterin Helene Demuth geboren wurde, sprang der treue Freund Engels als angeblicher Vater ein. Karl hat seinen Sohn Frederick Demuth (1851–1929) nie anerkannt.

Letztlich war Friedrich Engels auch maßgeblich an der Begründung und Popularisierung des Marxismus beteiligt. Er drängte unermüdlich auf die Fertigstellung der Schriften des chaotischen Karl Marx, stellte selbst Band 2 und 3 des *Kapital* fertig und war vor allem ganz intensiv an der Formulierung und Herausgabe des *Manifests der kommunistischen Partei* beteiligt, das im Februar 1848 in London als Broschüre von 23 Seiten in einer Auflage von 500 Exemplaren ohne Autorenangabe erschien.

Wie kam Marx zum Kommunismus?

Als Karl Marx 1843 nach Paris übersiedelte, beschäftigte er sich bereits mit kommunistischen Ideen. Im ursprünglichen Sinne war dies die Bezeichnung für eine prophezeite Zukunfts- bzw. Urgesellschaft mit allgemeiner Gütergemeinschaft und gemeinschaftlicher Lebensführung. Hierher gehörten die politischen Vorstellungen Platons, die Praktiken urchristlicher Gemeinden und mittelalterlicher Sekten sowie vor allem die Nachwirkungen der Französischen Revolution. Und hier liegt auch eine Wurzel des marxistischen Kommunismus: Als die Revolution zusammengebrochen war, gründete ein Gruppe Jakobiner den Geheimbund »Verschwörung der Gleichen«. Anführer war François Noël Babeuf (1760–1797; er wurde guillotiniert), der sich »Gracchus« nannte. Der Bund trat für eine gleichmäßige Aufteilung des landwirtschaftlichen Bodens sowie des Ernteertrages ein; auch die Ideen von der Sozialisierung der Produktionsmittel und der Diktatur des Proletariats gehen auf ihn zurück. Diese Vorstellungen wurden im ersten Drittel des 19. Jahrhunderts wieder belebt, 1840 wurde in Frankreich erstmals das Wort »Kommunismus« verwendet.

In jenen Jahren gab es in Paris eine Gruppe von deutschen Arbeitern, Handwerkern und Intellektuellen – lauter Flüchtlinge der Revolution 1830 –, die sich »Bund der Geächteten« nannten. Eigentlich waren es halbe Anarchisten mit sehr radikalen Ansichten. 1836 spaltete sich der »Bund der Gerechten« ab und dies war die erste Zelle einer Arbeiterbewegung. 1847 traten Marx und Engels dem »Bund« bei. Die Londoner Zentralbehörde des »Bundes der Gerechten« akzeptierte die führende Rolle von Karl Marx, änderte den Namen in »Bund der Kommunisten« und beauftragte Marx und Engels, ein Manifest zu verfassen, welches das Fundament der Bewegung sein sollte. Mit diesem *Kommunistischen Manifest* (1848) war der Schritt von der Theorie zur Praxis getan. Die Parolen waren zündend; beispielhaft seien nur der erste Satz und der letzte Absatz zitiert. »Ein Gespenst geht um in Europa – das Gespenst des Kommunismus« (...) »Die Kommunisten verschmähen es, ihre Ansichten und Absichten zu verheimlichen.

Sie erklären so offen, dass ihre Zwecke nur erreicht werden können durch den gewaltsamen Umsturz aller bisherigen Gesellschaftsordnungen. Mögen die herrschenden Klassen vor einer kommunistischen Revolution zittern. Die Proletarier haben nichts zu verlieren als ihre Ketten. Sie haben eine Welt zu gewinnen. Proletarier aller Länder, vereinigt euch!« Das war der Aufruf zur Weltrevolution.

Der nächste bedeutende Schritt erfolgte wieder in London: 1864 wurde die internationale Arbeiter-Assoziation gegründet, die »Internationale«, bei der Marx maßgeblich mitarbeitete. Karl Marx sollte es nicht mehr erleben, dass sich in allen europäischen Ländern Massenparteien auf ihn beriefen. Seine ursprünglichen Grundideen wucherten aus, wurden entstellt und führten zu den bekannten Auswüchsen. Die Lehre des Karl Marx, sicher die stärkste geistige Kraft des 19. Jahrhunderts, gehört nun endgültig der Vergangenheit an. Der seit 1989 offenkundige Zusammenbruch der auf dem Marxismus begründeten politischen und wirtschaftlichen Systeme hat uns das drastisch vor Augen geführt. Die Welt hat sich anders entwickelt, als Karl Marx es vordachte. Sie hätte sich ohne seinen Gedankenbau aber auch ganz anders gestaltet.

Marxismus für Anfänger

Kein anderer Denker der Neuzeit hat mit seinen Vorstellungen die Welt so real und radikal verändert wie Karl Marx. Vor allem wegen seiner Verkündigung der Gesetzmäßigkeit von gesellschaftlichen Entwicklungen wurde Marx immer wieder als Prophet angesehen. Nicht Ideen bestimmen nach Marx das gesellschaftliche Dasein, sondern ökonomische Bedingungen prägen die Gesellschaft. Diese – prophezeite! – ökonomisch bedingte Entwicklung des Weltgeschehens wurde als »dialektischer Materialismus« bezeichnet.

KARL MARX, AUF DIE WELTREVOLUTION WARTEND

Alle Gesellschaftsabläufe waren nach Marx eine Geschichte von Klassenkämpfen. Einer herrschenden Klasse steht stets eine von ihr abhängige Klasse gegenüber, wobei die Herrschenden die Besitzlosen ausbeuten. Im landwirtschaftlich ausgerichteten Feudalismus herrschte der Adel über die Bauern, im industriell ausgerichteten Kapitalismus herrscht die Bourgeoisie[1] über das Proletariat[2]. Erst der Kommunismus werde zur klassenlosen Gesellschaft führen, in der es keine Besitzunterschiede mehr gibt.

Der gesetzmäßige Weg dorthin verläuft wie folgt: Der Kapitalist verfügt über die Produktionsmittel, der Proletarier lediglich über die Arbeitskraft. Es kommt zur Ausbeutung, da der Kapitalist dem Proletarier als Lohn nur einen Teil des Wertes auszahlt, den das vom Arbeiter geschaffene Produkt tatsächlich darstellt. Den anderen Teil, den »Mehrwert«, steckt der Kapitalist als Profit ein. Diese Aneignung des Mehrwertes ermöglicht dem Kapitalisten durch Investition die Vergrößerung seiner Produktionsapparate und er kann dafür Arbeitskräfte entlassen. Das führt zur Verelendung der Massen. Die sich bildenden Großbetriebe vernichten allmählich Mittelbetriebe und Mittelstand, das Kapital ballt sich in immer weniger Händen zusammen. Doch all das wird schließlich dem Kapitalismus zum Verhängnis, denn es kommt zu einem sich steigernden Missverhältnis: Zunahme der Produktion auf der einen Seite, Elend und schwindende Konsumkraft auf der anderen. Dadurch muss das kapitalistische System zusammenbrechen. Dies ist nach Marx die Stunde des Proletariats: Es übernimmt die kapitalistischen Betriebe – »Expropriation der Exproprieteure«, d.h. Enteignung der Enteigner. Das Proletariat soll daher durch Revolution die staatliche

---

1 Die Klasse der Kapitalisten, welche die Besitzer der Produktionsmittel sind und die Lohnarbeiter ausnutzen.
2 Die Klasse der Lohnarbeiter, die darauf angewiesen sind, ihre Arbeitskraft zu verkaufen, um leben zu können.

Macht stürzen. Lenin ergänzte den Marxismus durch die Forderung nach einer zentral geführten Partei welche die revolutionäre Machtergreifung durchführen soll. In einer Übergangsphase wird die »Diktatur des Proletariats« herrschen, Endzustand aber ist die klassenlose Gesellschaft.

Jetzt ist es aber unbedingt notwendig, auf einige der wesentlichen Fehler in der Marx'schen Prophetie hinzuweisen. Die fortschreitende Verelendung der Arbeiterklasse durch den Kapitalismus ist nicht eingetreten. Im Gegenteil, es geht den Menschen in den kapitalistischen Gesellschaften wesentlich besser! Daher gab es keine proletarische Revolution im Westen. Die Theorie, dass alle Waren als Tauschwerte nur eine bestimmte Masse von Arbeitszeit sind, ist falsch. Was wäre der Tauschwert der ägyptischen Pyramiden, einer griechischen Plastik, von Goethes *Faust* oder der Musik Mozarts? Es gibt nämlich Werte, die durch Arbeit nicht messbar sind – dies hat Marx nicht berücksichtigt.

Die Behauptung, Marx habe das Gesetz der Geschichte erfunden, hat sich von selbst erledigt. Die Weltrevolution hat nicht stattgefunden. Aber dort, wo der Kommunismus Fuß fassen konnte, kam es ganz schlimm. Die »Diktatur des Proletariats« wurde in Wahrheit eine Diktatur der Partei über das arbeitende Volk und das war eigentlich die Diktatur des Zentralkomitees. Dieses wiederum – Musterfall einer herrschenden Klasse – wurde von einem »Monarchen« angeführt, dem Zentralsekretär, der byzantinischen Personenkult in Anspruch nahm: Josef Stalin, Erich Honecker, Mao Tse-tung, Leonid Breschnew, Fidel Castro... und die Reihe der Oberbonzen ließe sich noch lange fortsetzen. Das Proletariat wurde nirgendwo derart entrechtet und ausgebeutet wie unter der »Diktatur des Proletariats«. Solche Regime als »Arbeiterstaat« auszugeben, war blanker Zynismus.

Ein Patient wie jeder andere

Es ist eine alte ärztliche Erfahrung und sie ist leider wahr: Kein Arzt behandelt gerne einen Kollegen, denn dabei passiert überdurchschnittlich häufig Unvorhergesehenes oder noch Schlimmeres. Warum, wissen wir nicht. Unser Patient war ein weltberühmter Mediziner, 67 Jahre alt, und die Geschichte hat sich in Wien zugetragen.

Im Februar 1923 entdeckte der Patient eine Geschwulst in seiner Mundhöhle. Er unternahm zunächst nichts, um den Tumor untersuchen zu lassen, und erwähnte weder einem Arzt noch einem Familienangehörigen gegenüber etwas davon. Die Geschwulst wurde allerdings größer und irgendwann um die zweite Aprilwoche konsultierte er doch einen Hautarzt, der sofort die Krebsnatur des Tumors erkannte. Ein Internist wurde zugezogen und auch diesem war klar, dass es sich um ein fortgeschrittenes Karzinom der Mundhöhle handelte. Aber beide Ärzte hatten nicht den Mut, ihrem Kollegen die Wahrheit zu sagen, und flüchteten sich in Ausreden. Sie rieten ihm jedoch, die Geschwulst wegoperieren zu lassen, und sprachen davon, dass es sich nur um einen kleinen Eingriff handle. Damit begann jedoch eine tragische Kette von Täuschungen, die weitreichende Folgen haben sollte.

Man sagt, wenn jemand zu Gericht geht, so weiß niemand, wie die Sache endet. Leider ist es auch bei Arztbesuchen manchmal so. Am 20. April ging der Patient in die Ambulanz der Universitätsklinik für Hals-, Nasen- und Ohrenheilkunde, um sich von Prof. Dr. Markus Hajek durch einen kleinen Eingriff die Geschwulst entfernen zu lassen. Man hatte ihm gesagt, dass er sofort nach der Operation wieder entlassen würde, weshalb auch seine Familie nichts davon wusste. Er hatte gedacht, die Operation mit einem Spaziergang vertuschen zu können – aber es kam anders. Die Operation verlief nicht glatt, es traten starke Blutungen auf, die nur mangelhaft versorgt wurden. Erst jetzt wurden die Verwandten unterrichtet und aufgefordert, ein paar Sachen in die Klinik zu bringen, da er vielleicht die Nacht über dort bleiben müsse. Als seine Frau und die Tochter in die Klinik kamen, fanden sie den alten Mann blutüberströmt auf einem Küchenstuhl, weder eine Krankenschwester noch ein Arzt kümmerte sich um ihn. Er wurde in einen winzigen Raum der Klinik gebracht, wo er sich auf einer Pritsche ausruhen sollte. Durch Zufall war er dort zusammen mit einem geistesschwachen Zwerg. Und gerade dieser Zwerg rettete ihm Stunden später das Leben.

Die Abteilungsschwester schickte Gattin und Tochter zur Mittagszeit, in der keine Besuche erlaubt waren, nach Hause und versicherte ihnen, dass es dem Patienten gut gehen werde. Als sie nach zwei Stunden zurückkehrten, erfuhren sie, dass wieder eine starke Blutung eingetreten war, worauf der Patient um Hilfe geläutet hatte; aber die Klingel funktionierte nicht und er selbst konnte weder sprechen noch rufen. Der freundliche Zwerg war jedoch hinausgeeilt, um Hilfe zu holen, und nach einiger Mühe hatte man die Blutung zum Stillstand bringen können. Nun weigerte sich die Tochter wieder fortzugehen und blieb die Nacht über bei ihrem Vater. Er war von dem Blutverlust schwach, von den Medikamenten halb betäubt und hatte starke Schmerzen. Während der Nacht gerieten die Tochter und die Krankenschwester in so große Beunruhigung wegen seines Zustandes, dass sie den Spitalsarzt riefen; dieser ließ sich aber nicht aus dem Bett holen. Am nächsten Tag konnte der Patient in häusliche Pflege entlassen werden.

Die Operation war, wie sich bald herausstellte, unzureichend gewesen – allerdings kein Wunder bei einem so oberflächlich vorbereiteten und durchgeführten Eingriff. Dass Prof. Hajek die Operation in der Ambulanz und nicht einmal im Operationssaal durchführte und den Patienten dann nach der Blutung ohne ausreichende ärztliche und pflegerische Betreuung ließ, ist unverständlich und unentschuldbar, auch wenn der Patient nicht jemand gewesen wäre, der Weltruhm erlangt hatte und selbst Arzt und Mitglied der medizinischen Fakultät war.

Es war allgemein bekannt, dass Hajek ein eher mäßiger Chirurg und für eine ausgedehnte Krebsoperation in der Mundhöhle nicht qualifiziert war. Aber er hatte eine starke Lobby und war nicht zuletzt der Schwager des Chirurgen Julius Schnitzler, der wiederum der Bruder von Arthur Schnitzler, dem berühmten Schriftsteller (und Arzt) war.

• Wer war der schlecht behandelte Krebspatient?

---

16 Jahre krank und über 30 Operationen

Sigmund Freud (1856–1939) litt an einem Mundhöhlenkrebs, der ohne Zweifel auf sein exzessives Rauchen zurückzuführen war. Die mikroskopische Untersuchung des bei der ersten Operation entnommenen Gewebes hatte die Diagnose »Plattenepithelkarzinom« ergeben. Deshalb überwies Hajek den Patienten an Prof. Dr. Guido Holzknecht, den Vorstand der radiologischen Abteilung, zu einigen Röntgenbestrahlungen und lokaler Radiumanwendung. Heute wissen wir, dass eine Bestrahlung bei dieser Form von Krebs erfolglos ist und lediglich Gewebsschäden und heftige Schmerzen bewirkt.

Als sich jedoch ein Tumorrezidiv weiter ausbreitete, teilte man Freud im September 1923 die Wahrheit mit und empfahl eine zweite Operation. Diesmal sollte der Kieferchirurg Prof. Pichler operieren, der größte Könner der damaligen Zeit auf diesem Gebiet. Man sah einen radikalen Eingriff vor, mit einer Resektion von Teilen des Ober- und Unterkiefers, wonach natürlich eine Prothese eingepasst werden musste. Es bedurfte jetzt einer sehr viel ausgedehnteren Operation, einschließlich eines Eingriffes, den Pichler erst an einer Leiche ausprobieren musste, um sich zu überzeugen, dass er technisch überhaupt möglich war. Verschiedene Modelle für die Prothese wurden ebenfalls angefertigt. In den 16 Jahren, in denen Prof. Pichler Freud ärztlich betreute, führte er von der ersten Untersuchung an eine regelmäßige Krankengeschichte, in der er alle Einzelheiten aufzeichnete. Es ist ein erschütternder Bericht über die langwierigen Leiden und Qualen, die Freud in jenen Jahren durchzumachen hatte.

Am 11. Oktober 1923 führte Pichler die Radikaloperation aus. Sie bestand in der Entfernung des größten Teiles des rechten Oberkiefers, eines beträchtlichen Teiles des Unterkiefers, des rechten weichen Gaumens sowie der Wangen- und Zungenschleimhaut. Im darauf folgenden November bemerkte Pichler eine verdächtige Stelle im Operationsgebiet und entnahm eine Probe zur mikroskopischen Untersuchung. Der Befund zeigte, dass an dieser Stelle noch Krebsgewebe vorhanden war. Die meisten Chirurgen hätten jetzt aufgegeben. Pichler jedoch sagte Freud die Wahrheit und am selben Nachmittag wurde operiert. Die verdächtige Stelle wurde mit weitem Abstand umschnitten und entfernt. Jetzt war Pichler überzeugt, eine Radikaloperation durchgeführt zu haben, und er behielt Recht: Das erste Karzinom Sigmund Freuds war total entfernt worden.

Die umfangreiche Operation machte eine monströse Prothese notwendig. Das Resultat war ein Leben mit ununterbrochenen Qualen. Essen, Rauchen und Reden war nur mit großer Anstrengung und unter Schmerzen möglich. War die Prothese für einen richtigen Biss und eine korrekte Trennung zwischen Mund- und Nasenhöhle gerade passend, so führte das zu starken Druckschmerzen und Entzündungen. Wurde die Prothese verkleinert, so waren Sprechen, Essen und Rauchen sehr viel schwieriger. Damit begannen die fortdauernden Versuche, die Prothese zu verbessern oder eine neue anzufertigen.

Das alles war jedoch nur der Anfang. Freud war nicht imstande, das Rauchen aufzugeben, das eine ständige Reizung bewirkte sowie die Bildung neuer Geschwülste verursachte. Diese wiederum hatten die Tendenz zu wachsen und in krebsige Entartung überzugehen. Jede Einzelne musste chirurgisch entfernt werden; das geschah mehr als dreißig Mal.

Von 1923 bis zu seinem Tod wurde Sigmund Freud von seiner Tochter Anna betreut, ab 1929 von Dr. Max Schur medizinisch überwacht und versorgt und von Prof. Pichler immer wieder operiert. Als Dr. Schur die Betreuung übernahm, forderte Freud ihm ein ernstes Versprechen ab: »Versprechen Sie mir auch noch, wenn es einmal so weit ist, werden Sie mich nicht unnötig quälen lassen.« Dies sagte er mit äußerster Einfachheit und ohne Pathos, aber mit absoluter Entschiedenheit. Die beiden Männer gaben einander darauf die Hand; zehn Jahre später wurde das Versprechen eingelöst.

Im Januar 1939, als Freud bereits von den Nazis vertrieben in London lebte, trat ein neuerliches Karzinom in der hinteren Mundhöhle auf, die für eine Operation nicht mehr erreichbar war. Eiterungen, Schmerzen und ein löcheriger Zerfall der Wange waren die Folge. Über Freuds Bett musste ein Moskitonetz gespannt werden, weil der Geruch die Fliegen anlockte. Sein Hund, der Chow-Chow Lün, konnte den Gestank nicht ertragen. Wenn der Hund ins Zimmer gelassen wurde, verkroch er sich in die entfernteste Ecke. Freud wusste, was das bedeutete, und erinnerte Dr. Schur an das seinerzeitige Versprechen. Am 22. September erhielt Freud eine Morphiuminjektion und schlief friedlich ein. Nach einigen Stunden wiederholte Schur die Injektion. Sigmund Freud ist nicht

mehr erwacht, er starb am 23. September 1939 um 3 Uhr morgens im 84. Lebensjahr. Dr. Max Schur gebührt Dank und Anerkennung für seinen Mut, an Freud Euthanasie geübt zu haben, d.h. er hat ihm zu einem *eu* = gut und *thanatos* = Tod verholfen. Auch wenn die jetzige Generation nicht mehr Griechisch lernt, sollte sich herumsprechen, dass Euthanasie ausschließlich »guter Tod« bedeutet und es eine selbstverständliche ärztliche Pflicht wäre, dabei zu helfen.

Ein ungewöhnlicher Gast

Die Zeit von September 1897 bis 1899 verbrachte ein damals bereits weltbekannter amerikanischer Schriftsteller in Österreich. Vorträge und Klavierstudien seiner Tochter Clara führten ihn nach Wien, d.h. nicht ganz, denn die billige Miete veranlasste ihn, während des Sommers 1898 in Kaltenleutgeben, knapp außerhalb der Landesgrenze von Wien im südlichen Wienerwald gelegen, zu wohnen. Er musste kostengünstig logieren, denn der Zusammenbruch eines Verlages hatte ihn an den Rand des finanziellen Ruins gebracht. Am Haus Karlsgasse 3 in Kaltenleutgeben erinnert noch heute eine Gedenktafel an seinen Aufenthalt.

Er nahm großen Anteil am gesellschaftlichen und literarischen Leben Wiens und schloss hier Bekanntschaft mit einer Vielzahl von Persönlichkeiten wie Hermann Bahr, Alexander Girardi, Gustav Mahler, Johann Strauß und auch Sigmund Freud. Ein gebildeter Amerikaner war in den 90er-Jahren des 19. Jahrhunderts in Wien etwas Exotisches, noch dazu wenn er der berühmteste und bekannteste Amerikaner seiner Zeit war. Er wurde sogar von Kaiser Franz Joseph in Privataudienz empfangen, und das war wirklich eine Sensation.

Fasziniert hat ihn Kaiserin Elisabeth – beide führten ein Weltenbummlerleben –, bei ihrem Begräbnis befand sich dieser typische Yankee unter den Zuschauern. In der Stadt wohnte er mehrere Monate im Hotel »Metropole« am Donaukanal. Es ist eine Ironie des Schicksals, dass dieses Haus 40 Jahre später unter dem Namen »Metropol« zur Wiener Zentrale der deutschen Geheimen Staatspolizei (Gestapo) wurde.

Der amerikanische Gast in Wien war 1835 geboren worden, am Wasser aufgewachsen und hatte sich in vielen Berufen versucht. Er entwickelte sich zu einem der bedeutendsten Vertreter des literarischen Realismus in Amerika, wobei er die etablierte Gesellschaft mit Humor, genauer Beobachtung, aber auch Neigung zu skurriler Übertreibung kritisierte. Sein wichtigstes Werk ist ein Entwicklungsroman, der völlig zu Unrecht als Kindergeschichte abgetan wird. Er schrieb unter einem Pseudonym, das er selbst auf mütterliche Vorfahren zurückführte; eine andere Deutung seines Decknamens ist aber viel populärer.

- Wer war dieser Schriftsteller?

Samuel Langhorne Clemens (1835–1910) wuchs am Mississippi auf. Er arbeitete seit seinem 12. Lebensjahr als Setzerlehrling, Lotse und Journalist, nahm am Sezessionskrieg teil und war Goldgräber. Seine Arbeiten veröffentliche er unter dem Namen Mark Twain, wobei keineswegs sicher ist, dass dieses Pseudonym auf einen Ruf der Mississippi-Lotsen zurückzuführen ist: »Zwei Faden Wasser« (Verballhornung der beiden englischen Worte »mark« und »two«), die Sicherheitsgrenze, bis zu welcher die Schiffe freie Fahrt hatten.

Als Schriftsteller wurde er rasch bekannt, berühmt und wohlhabend, 1894 machte eine Verlagsfirma, an der er beteiligt war, bankrott und er verlor fast sein gesamtes Vermögen.

- Welches ist sein bekanntestes Werk und wie ist es zu deuten?

Völlig zu Unrecht als Jugendbuch qualifiziert wird sein sozialkritischer Entwicklungsroman *Die Abenteuer des Huckleberry Finn*, die Fortsetzung des Romans *Tom Sawyer*. Er beleuchtet darin kritisch die Südstaatenmentalität mit ihren Ansichten über Freiheit, Zivilisation, Sklaverei und Mitmenschlichkeit, Heuchelei und moralische Integrität. Der Fluss symbolisiert das Leben, das sich immer weiter vom festen Platz der Jugend entfernt. Als Zuflucht dient ein Floß, mit dem alle Hindernisse umschifft werden. So wird das Buch zum Spiegelbild einer lebenslangen Suche.

- Welchen heute bereits klassischen Begriff der Marktwirtschaft entnahm ein amerikanischer Präsident einem seiner Bücher?

Franklin D. Roosevelt (1882–1945), 32. Präsident der USA, führte mit seinem politischen Aufruf zum »new deal« eine neue Wirtschaftspolitik in den USA ein. Dieser Begriff wurde von Mark Twain in seinem Roman *Ein Yankee aus Connecticut an König Arthus' Hof* (1889) geprägt. Als die Titelfigur, der amerikanische Fabrikarbeiter Hank Morgan, einen Schlag auf dem Kopf erhält und im England König Arthus' und dessen Ritterrunde aufwacht, versucht er aus einem unterentwickelten, rückständigen Land einen demokratischen Industriestaat zu machen. Das Buch endet pessimistisch mit der Erkenntnis, dass politischer Idealismus kein Garant für den Fortschritt ist.

Mark Twain, der erfolgreiche Autor von Romanen, Humoresken, Kurzgeschichten und Reiseberichten war auch ein messerscharfer Satiriker. So zog er ein ironisches Resümee über den »Kult der letzten Worte« von mehr oder weniger bedeutenden Persönlichkeiten. Seinen Vorschlag, sich doch lieber an die vorletzten Worte der Großen zu halten, formulierte er so: »Ein Mann, der etwas auf sich hält, sollte es mit seinen letzten Worten ebenso genau nehmen wie mit seinem letzten Atemzug. Er sollte sie beizeiten auf einen Zettel schreiben und die Meinung seiner Freunde dazu einholen. Er sollte sich damit keinesfalls erst in der letzten Stunde dieses Lebens befassen und darauf vertrauen, dass eine geistvolle Eingebung ihn just dann, wenn es darauf ankommt, in die Lage versetzt, mit seinem letzten Schnaufer etwas Brillantes von sich zu geben und einen grandiosen Abgang hinzulegen.«

Hinter dem Vorhang entstand eine neue Wissenschaft

Keine Medizinerbiografie wurde so zur Legende wie die Geschichte vom Sohn einer Bergarbeiterfamilie, der zu einem weltberühmten, mit Ehrungen und Preisen überhäuften Forscher und Entdecker werden sollte. Der Vater hatte sich vom einfachen Bergmann zum leitenden Beamten des Oberharzer Bergbaues emporgearbeitet und trug schließlich den Titel Geheimer Bergrat. Der Sohn war das dritte von 13 Kindern. Sein Onkel mütterlicherseits, der Chemiker Eduard Biewend, interessierte den Jüngling für das Schachspiel, die Fotografie und das Mikroskopieren. Im Elternhaus gab es Hunde, Katzen, Pferde, Kühe, Hühner und Kaninchen, der Umgang mit Tieren war etwas Alltägliches. So entwickelte sich ganz natürlich der Wunsch, Naturwissenschaften zu studieren, um einmal als Forschungsreisender fremde Länder zu besuchen. Daraus konnte aber nichts werden, denn er brauchte einen Brotberuf und landete daher bei der Medizin.

Während des Medizinstudiums in Göttingen begann er frühzeitig wissenschaftlich zu arbeiten, wurde im sechsten Semester bereits zum Assistenten am pathologischen Institut ernannt und verdiente 1865 sein erstes Geld von 30 Dukaten durch die Lösung einer Preisaufgabe der Göttinger Universität: »Über das Vorkommen von Ganglienzellen an den Nerven des Uterus.« Wahrscheinlich wäre er ein guter Pathologe geworden, aus wirtschaftlichen Gründen aber musste er auf die akademische Laufbahn verzichten. Er gab auch den Plan auf, Schiffsarzt zu werden, und begann als Assistent am Allgemeinen Krankenhaus in Hamburg. Dort erlebte er 1866 die große Choleraepidemie und kam erstmals in direkten Kontakt mit einer Seuche. Wiederum war es sein Onkel, der ihn anregte, mikroskopisch nach der Ursache jener Krankheit zu forschen. Und so untersuchte der junge Arzt unter dem Mikroskop die Ausscheidungen und den Darminhalt von Cholerakranken und Choleraleichen. Er zeichnete nach seinen Beobachtungen kleinste Gebilde, die vermuten lassen, dass er die Choleraerreger damals bereits gesehen hat, sie aber nicht zu deuten wusste. 1883 entdeckte er die kleinen, beistrichförmigen Bakterien dann tatsächlich.

Nach mehreren Stationen als praktischer Arzt ließ er sich schließlich als Kreisphysikus, d.h. Amtsarzt in einer Kleinstadt der preußischen Provinz Posen (heute: Poznan in Polen) nieder. Dort betreute er in einer großen Privatpraxis die Patienten, hatte sich als Amtsarzt um Epidemien bei Menschen und Tieren zu kümmern und fand daneben noch Zeit für die Forschung. Er erkannte, dass Infektionskrankheiten bei Tieren nach ähnlichen Gesetzen verlaufen wie bei Menschen und somit Tierseuchen die geeignetsten Objekte für eine experimentelle Seuchenforschung sind. Da ihm sein eher bescheidenes Einkommen kostspielige Versuche mit größeren Tieren nicht erlaubte, begann er mit Mäusen und Meerschweinchen zu experimentieren. Das Laboratorium richtete er in seinem Ordinationszimmer ein, das durch einen braunen Vorhang in zwei Teile geteilt wurde. Die vordere Hälfte diente als Sprech- und Untersuchungszimmer für Menschen, der hintere Teil war Stall für die Tiere, Mikroskopierraum, Küche für mikrobiologische Nährmedien und Dunkelkammer für die Fotoentwicklung. Selbstverständlich wunderten sich die Patienten im vorderen Raum über die merkwürdigen Gerüche und Geräusche, die von der kleinen Menagerie hinter dem Vorhang verbreitet wurden.

Nach langwierigen Studien und natürlich einigen Misserfolgen war es soweit: 1876 fuhr der in der wissenschaftlichen

Welt völlig unbekannte Landarzt nach Breslau zum berühmten Botaniker und Bakterienexperten Ferdinand Cohn (1828–1898) um seine Ergebnisse zu demonstrieren. Die lückenlos vorgebrachte Beweisführung der Entdeckung des Erregers einer für Mensch und Tier tödlichen Infektionskrankheit überzeugte die Universitätsprofessoren, die eigentlich mit der Absicht gekommen waren, die Ausführungen des 33-jährigen Dilettanten zu belächeln. Der Pathologe Julius Conheim (1839–1884) war von dem, was er gesehen hatte, so begeistert, dass er zu seinen Assistenten sagte: »Lassen Sie alles liegen und stehen und gehen Sie zu dieser Demonstration. Dieser Mann hat eine großartige Entdeckung gemacht, die umso mehr Bewunderung verdient, als er von aller wissenschaftlichen Verbindung abgeschlossen ist und dies alles aus sich heraus gemacht hat. Ich halte dies für die größte Entdeckung auf dem Gebiet der Mikroorganismen.« Zu den jungen Leuten, die daraufhin die Experimente des »polnischen Landarztes« begutachteten, gehörten auch Paul Ehrlich (1894 – 1915) später Entdecker eines Heilmittels gegen Syphilis und Nobelpreisträger, sowie Albert Neisser (1855– 1916), der die Erreger der Gonorrhöe identifizierte.

Damit war der wissenschaftliche Durchbruch geschafft, allerdings zunächst nur im Kreise der Fachleute. Die Fakultät machte zwar den Vorschlag, ihm eine außerordentliche Professur für Hygiene an der Universität Breslau zu verleihen, das Ministerium lehnte jedoch ab. Im Juli 1880 aber kam der Erfolg: Er wurde an das kaiserliche Gesundheitsamt in Berlin berufen und fünf Jahre später zum ordentlichen Professor für Hygiene ernannt. Die Forschung wurde intensiv weitergetrieben, er entdeckte und isolierte die Erreger mehrerer weit verbreiteter und oft tödlicher Infektionskrankheiten. Kaiser Wilhelm II. nannte ihn den »größten deutschen Arzt unserer Zeit«.

- Wer war dieser »polnische« Landarzt?

Er begann als Landarzt

Robert Koch wurde am 11.12.1843 in Clausthal in Oberharz (heute Sachsen-Anhalt) geboren. Früh brach sein Talent für die Naturforschung durch, bereits als Student verfasste er wissenschaftliche Arbeiten. Sein späteres Spezialgebiet, die Bakteriologie, musste er sich selbst erarbeiten, denn diese Sparte der medizinischen Wissenschaft gab es damals, als Robert Koch studierte, noch gar nicht. Er hat tatsächlich alles selbst entdeckt und erfunden, angefangen von der Technik der Bakterienzüchtung über die Versuche an Tieren bis zur Identifizierung der Krankheitserreger.

Um eine Familie gründen zu können, begann er als Spitalsarzt zu arbeiten, dann führte er an wechselnden Orten eine Praxis. 1867 heiratete er die Pastorentochter Emmy Fraatz, ein Jahr später wurde sein einziges Kind, die Tochter Gertrud, geboren. Von 1872 bis 1880 arbeitete er als Kreisphysikus in Wollstein (heute: Wolsztyn), einer Kleinstadt mit knapp 4.000 Einwohnern. Erst nachdem Koch seine großen Entdeckungen gemacht hatte, stand ihm die Welt offen. Seine Forschungsreisen führten ihn nach Afrika, Indien, Java und Neuguinea, Kongresse besuchte er in Amerika und Japan. Seine erste Ehe ging auseinander, als er während einer Sitzung bei einem Porträtmaler das Bild eines hübschen Mädchens sah und dieses schließlich kennen lernte. Es war die 17-jährige Hedwig Freiberg, die er nach seiner Scheidung 1893 heiratete und mit der er bis an sein Lebensende eine gute Ehe führte.

1905 erhielt Robert Koch für seine Tuberkuloseforschung den Nobelpreis für Medizin, er war damals 57 Jahre alt. Bemerkenswert ist, dass sein Schüler Emil von Behring (1854–1917) bereits 1901 für die Serumbehandlung der Diphtherie den Nobelpreis bekommen hatte. Die Rivalität zwischen diesen beiden großen Forschern war enorm, schließlich haben sie sich heillos zerstritten.

In der Nacht vom 9. zum 10. April 1910 erlitt Robert Koch einen Herzinfarkt. Nach anfänglicher Besserung fuhr er nach Baden-Baden zur Kur. Dort starb er am 27. Mai 1910 im 67. Lebensjahr. Die Urne mit seiner Asche wird in seinem ehemaligen Institut in Berlin aufbewahrt.

- Welche wichtigen Krankheitserreger hat Robert Koch entdeckt?

Am 24. März 1882 gab Robert Koch in Berlin die Entdeckung des Erregers der Tuberkulose bekannt. Damit wurde er weltberühmt. Weiters entwickelte er aus Kulturen von Tuberkelbakterien die Substanz Tuberkulin und glaubte, ein Medikament gegen die Tuberkulose gefunden zu haben. Diese Hoffnung erfüllte sich allerdings nicht. Während einer Forschungsexpedition nach Ägypten und Indien entdeckte Robert Koch die Erreger der Cholera. Von Kaiser Wilhelm II. erhielt er dafür einen Orden, vom Reichstag eine Ehrengabe in Höhe von 100.000 Mark. Während des Ägypten-Aufenthaltes war es Koch überdies noch gelungen, den Erreger der Amöben-Ruhr zu identifizieren.

Die ersten Untersuchungen, die Robert Koch in Wollstein durchgeführt und die er den Universitätsprofessoren in Breslau demonstrierte hatte, galten dem Milzbrand. Es ist das Verdienst von Koch, sowohl die Erreger als auch die sehr widerstandsfähigen Sporen dieser Seuche entdeckt zu haben. Seine diesbezügliche Publikation aus 1876 trug den Titel *Die Ätiologie der Milzbrandkrankheit, begründet auf der Entwicklungsgeschichte des Bacillus anthracis.* Der nächste Durchbruch gelang Louis Pasteur (1822–1895), der 1881 einen Milzbrandimpfstoff für Schafe entwickelte. Es folgten zahlreiche seuchenprophylaktische Maßnahmen und in der zweiten Hälfte des 20. Jahrhunderts schien die Gefahr von Milzbranderkrankungen weitgehend gebannt. Das war ein Irrtum.

Anthrax – die Geschichte einer Bedrohung

Der Milzbrand oder Anthrax ist eine Infektionskrankheit des Pflanzen fressenden Weideviehs. Am häufigsten erkranken daran Rinder und Schafe, aber auch Pferde und Schweine. Menschen infizieren sich durch den Kontakt mit Produkten von erkrankten Tieren (Felle, Häute, Haare, Wolle oder auch Blut und Fleisch). Erreger sind die wenig widerstandsfähigen Milzbrandbazillen (Bacillus anthracis), die unter ungünstigen Lebensumständen äußerst robuste Dauerformen, d.h. Sporen bilden. Bei der Weiterverbreitung der Krankheit spielen diese Sporen die wichtigste Rolle. Erkrankte Tiere sterben an einer stürmisch verlaufenden Vermehrung der Bakterien im Blut und massiver Bildung von Giftstoffen, d.h. Bakterientoxinen. Die Milz ist infolge Blutfülle schwarzrot geschwollen, das Gewebe zerfließlich-abgestorben, d.h. »brandig«. Diesem typischen Befund verdankt die Krankheit ihren deutschen Namen »Milzbrand«, während der griechische Terminus »Anthrax« (eigentlich Kohle) eine »Brandbeule« bzw. ein »brandiges Geschwür« mit schwärzlicher Verfärbung bedeutet.

Werden Milzbranderreger, meist als Sporen, auf den Menschen übertragen, kann die Krankheit in drei verschiedenen Formen verlaufen.
1. Am häufigsten ist der *Hautmilzbrand*, der meist durch Kratzen mit sporenbehafteten Fingernägeln an unbekleideten Hautpartien entsteht. Die bläschenförmige »Pustula maligna« ist eine Entzündungsbeule und geht in den kohlenähnlichen Brandschorf und dann den Milzbrandkarbunkel über. Das war die Krankheit der Hirten, Schlächter, Abdecker und Tierärzte.

2. Der *Lungenmilzbrand* entsteht nach Einatmen von sporenhältigem Staub und kam bei Pelzhändlern, Kürschnern, Gerbern aber auch bei der Papierfabrikation durch Zerreißen und Sortieren von Lumpen (»Hadernkrankheit«) vor.
3. Der beim Vieh häufige *Darmmilzbrand* ist beim Menschen die seltenste Form und wird durch infektiöses Fleisch, Blut oder Milch hervorgerufen. Es kommt zu eitrigen Brechdurchfällen.

Berichte aus der Antike

Der Milzbrand war schon in früher Vorzeit bekannt. Die im alten Testament (Exod.9, 3–9) als »fünfte ägyptische Plage« beschriebene Tierseuche wird als Milzbrand gedeutet. Moses beschwört den Pharao, die Israeliten auswandern zu lassen, und droht: »Wenn Du dich weigerst... wird die Hand Jahwes dein Vieh auf dem Feld, die Pferde und Esel, die Kamele und Rinder, die Schafe und Ziegen, überfallen und über sie eine schwere Seuche bringen. Aber Jahwe wird einen Unterschied zwischen dem Vieh Israels und dem Vieh der Ägypter machen; nichts von dem, was den Israeliten gehört, wird eingehen... Am folgenden Tag tat es der Herr. Alles Vieh der Ägypter ging ein, vom Vieh der Israeliten aber ging kein einziges Stück ein.« Als Erklärung bietet sich an, dass durch Tierkadaver infektiöses Nilwasser die Weiden der Ägypter überschwemmte, während die im Land Goschen, einer östlich gelegenen Provinz, internierten Israeliten mit ihren Viehherden verschont blieben.

Auch die Erzählung Homers (*Ilias*, 1, 45–47), dass im griechischen Heer bei der Belagerung Trojas zuerst Maultiere, dann Hunde und schließlich Menschen von einer Seuche befallen wurden, wird als Milzbrand gedeutet. In Griechenland, wo die Schafzucht sehr verbreitet war, hat der Milzbrand unter den Herden derart gewütet, dass die allgemeine Redensart entstand: »Sterben wie die Schafe.« Dies bezog der Ge-

Robert Koch

schichtsschreiber Thukydides (um 460–400 v. Chr.) auch auf die Seuche in Athen, der Perikles zum Opfer fiel (*Peloponnesischer Krieg* II, 51). Manchmal wird diese Krankheit als Pest angesehen, eine Milzbrandepidemie ist jedoch genauso möglich.

Gefährlich war auch der Lederpanzer der Soldaten. Dafür wurden Felle zu einem Ledergewand umgearbeitet und mit Metallplatten verstärkt, die auf der Haut scheuerten. Griff man in Kriegszeiten wegen des erhöhten Bedarfs auf die Häute verendeter und infizierter Tiere zurück, so war die Infektionsgefahr groß.

In den hippokratischen Schriften findet man die charakteristischen Symptome des Hautmilzbrandes beschrieben: »...in der Haut Ansammlungen von jauchigen Säften... Hitze und Jucken... dazu kam eine gerötete Geschwulst...

bösartiges Fieber. Die Geschwulst wurde im Umkreise bleifarben und schien faulig. Der Kranke starb.«(*Epidem. Krankheiten* 2. Buch, 1. Kap. und 7. Buch, 114).

Auch bei Titus Livius (59 v.–17. n. Chr.) ist ein typisches Szenarium beschrieben: Als die Landbevölkerung anlässlich kriegerischer Auseinandersetzungen einmal mitsamt ihrem Vieh in die Stadt Rom floh, brach eine Seuche aus. Viele Menschen starben, zugleich wurden auch Ziegen und Schafe ergriffen (*Ab urbe condita* III, 6).

Publius Vergilius Maro (70–19 v. Chr.), Dichter der *Äneis*, der auch in der Landwirtschaft gut bewandert war, erklärte, von den kranken Schafen »durften die Häute nicht benutzt werden… Niemand darf die von der Krankheit angefressenen Felle scheren, niemand die fauligen Gewebe aus solcher Schafswolle berühren… so wird er von brennenden Pusteln befallen.« (*Georgica* III). Zweifellos ist hier der Milzbrand gemeint.

Obwohl die Übertragungsgefahr auf den Menschen vom Landvolk längst erkannt worden war, lehnten dies die gelehrten Ärzte ab und sprachen von einer fehlerhaften Zusammensetzung der Körpersäfte. So schrieb der berühmte Arzt Galen (129 – 199 n. Chr.), »dass das gleichsam kochende Blut die Haut verbrennt… Ein tief dunkler aschefarbiger Schorf wird auf den Karbunkeln sichtbar, aber die Farbe der umgebenden Entzündung ist nicht wie üblicherweise rot, sondern neigt zum Schwärzlichen… Das ist ein Symptom der schwarzen Galle, daher kommt auch das Bösartige der bei den Karbunkeln auftretenden Geschwüre. Es scheint, als würde das Blut von Anfang durch das Übermaß des Siedens schwarzgallig.« (*De tumoribus praeter naturam* VI.).

Das medizinische Mittelalter

Als die Araber ab dem 7. Jahrhundert die hellenistische Kultur kennen lernten, empfanden sie vor allem die Schriften von Galen wegen ihres doktrinären Charakters als geistesverwandt. In ihrer starren Schriftgläubigkeit galt für die arabischen Ärzte die antike Medizin als Dogma, die Ansichten von Galen wurden von Ibn-Sina, lateinisch Avicenna (980 – 1037) genannt, übernommen. In seinem *Canon medicinae* lehrte auch er, dass Milzbrand von verbrannter Galle herrühre. Von einer Ansteckung ist nicht die Rede. Mit der Wissenschaft als Streben nach neuer Erkenntnis wurde damals überhaupt schändlich umgegangen. Den Autoritätsglauben religiöser Fanatiker charakterisiert ein Ausspruch, der dem Kalifen Omar I. (580–644) nach der Eroberung Alexandrias in den Mund gelegt wurde, als es um die Frage ging, was mit der berühmten Alexandrinischen Bibliothek geschehen solle: »Wenn das in den Büchern Enthaltene mit dem Koran übereinstimmt, sind sie nutzlos und überflüssig. Wenn nicht, sind die Bücher schädlich und müssen vernichtet werden.«

Während die Kreuzzüge im 12. Jahrhundert große Menschenmassen in Bewegung setzten, wurde vor allem auf dem Rückweg die seit jeher milzbrandverseuchte ungarische Tiefebene durchquert und damit die Krankheit nach Westen verschleppt. Als die Reiterscharen der Mongolen 1241 unter Batu, einem Enkel Dschingis-Khans, Ungarn überfluteten, war es eine ihre Pferde bedrohende Viehseuche, die sie zum Rückzug veranlasste.

Da in den Hungerjahren des Mittelalters nicht nur mutterkornhaltiges Brot, sondern oft auch Fleisch verendeter Tiere gegessen wurde, kam es nicht selten zu einem gleichzeitig gehäuften Auftreten von Ergotismus, d.h. der Vergiftung mit dem Mutterkornpilz, sowie zu Haut- und Darmmilzbrand. Spitäler gab es nicht und daher wandten sich die Kranken an die Mönchsorden, wo prompt wundersame Heilungen erfolgten. Wie konnte das geschehen? Handelte es sich um Ergotismus, so half das von den klösterlichen Wirtschaftsbetrieben stammende, mutterkornfreie Brot. Die Milzbrandbeulen wurden konservativ behandelt, da auf dem zweiten Laterankonzil im Jahre 1139 dekretiert wurde: »Ecclesia abhorret sanguine.« Dieses »Die Kirche scheut das Blut« verbot Priestern und Mönchen chirurgische Eingriffe, während die Wundärzte die Milzbrandkarbunkel aufschnitten, was meist eine tödliche Blutvergiftung zur Folge hatte.

Langsames Aufkommen die Wissenschaft

Den Beginn epidemiologischer Erkenntnisse löste die Beobachtung aus, dass einige Berufsgruppen von den Milzbrandbeulen besonders häufig betroffen waren: Abdecker, Gerber, Kürschner und Schneider. Auch keimte der Verdacht, mehrfach sei aus Gewinnsucht das Fell verendeter Tiere billig zugekauft worden. Als zu Beginn des 15. Jahrhunderts die fabrikmäßige Papiererzeugung einsetzte, war der Rohstoff noch nicht Holz, sondern Lumpen, die so genannten Hadern, die nicht selten mit Milzbrandsporen infiziert waren. Durch Inhalation des Staubes erkrankten die Papiermacher ebenso wie die Lumpensammler und auch die Buchbinder. Aufgrund des raschen, tödlichen Verlaufes von Lungenmilzbrand hielt man die »Hadernkrankheit« allerdings für die Pest. Auch die in der Wollmanufaktur beschäftigten Arbeiter wurden befallen. Dort wurde Schafwolle verarbeitet, und wenn diese von verseuchten Weiden kam, brach die Krankheit aus. Der englische Rechtsanwalt und Diplomat Thomas Morus (1478–1535) schrieb in seinem gesellschaftskritischen Roman *Utopia* folgenden Satz: »Denn nachdem man so viel Land in Weidegrund verwandelt hatte, ging eine Menge Schafe an einer Seuche zugrunde, als ob Gott so sehr über die unersättliche Habsucht sich erzürnt hätte.« (1. Buch, 5. Kapitel) Durch die Wollfabrikation und die sich daraus entwickelnde Textilindustrie wurde England zu einer industriellen und wirtschaftlichen Großmacht. In den Wollspinnereien flammte allerdings immer wieder eine oft tödliche Lungenentzündung auf, die als »woolsorter disease« bekannt wurde.

Im deutschsprachigen Mitteleuropa kam für die Tierseuche der zwar treffende, aber irreführende Name »Schaaf-Blattern« auf. Die Administration Maria Theresias (1717–1780) reagierte 1753 mit einer »Vieh-Seuch-Ordnung«, in der unter anderem angeordnet wurde: »Die Absonderung der gesunden von den infizierten Schafen …letztere sollen getödtet und … in ausgehobene große Gruben mit Haut und Haar tief begraben werden… wie auch die Geschirre zu vertilgen seyen… und Kalch auf die Gruben zu schütten… und darüber mehrere Schuh hoch Erde schütten und rings umzaunen… damit die dahin kommenden Wildschwein, Fuchs oder Hund so leichter Dinge davon nichts ausscharren können.«

Klärung der Ätiologie

Die Übertragbarkeit des Milzbrandes wurde 1823 durch den französischen Tierarzt Barthelémy bewiesen, der Milzbrandblut an Pferde verfütterte. Die Erreger erstmals gesehen hat 1849 der Landarzt Dr. Alois Pollender (1800–1879), der in Wipperfürth (Nordrhein-Westfalen) praktizierte. Im Mikroskop sah er »eine unendliche Menge stabförmiger, solider, nicht ganz durchsichtiger, ihrer Länge nach gleich dicker… Körperchen«. Der Franzose Casimir Davaine (1811–1882) stellte 1863 als erster die Behauptung auf, dass diese »bacteridies du charbon« die von außen kommende Ursache des Milzbrandes sein müssten. Er stieß weitgehend auf Ablehnung.

Robert Koch hat die Arbeit von Davaine gekannt und in dieser Richtung weitergeforscht. Schließlich konnte er die Erreger isolieren, züchten, weiter übertragen und die Sporenbildung feststellen. All das geschah in Wollstein.

Milzbrand als Waffe

Mit Ausbruch des Zweiten Weltkrieges wurden die Erkenntnisse der Naturwissenschaften zum Zwecke der Menschenvernichtung umprogrammiert. Atomare, biologische und chemische Massenvernichtungswaffen entstanden.

In Großbritannien gab es seit 1941 Pläne, Milzbrand gegen Nazi-Deutschland einzusetzen. In Porton Down wurden 5 Millionen Kekse produziert mit jeweils einem kleinen Loch, um Milzbrandsporen einfüllen zu können. Die infizierten Kekse sollten aus Flugzeugen abgeworfen werden. Die unbewohnte Insel Gruinard vor der Nordwestküste Schottlands wurde als Testgelände für Milzbrandbomben ausgesucht. Versuche mit Sprengkörpern, die Milzbrandsporen freisetzten, waren erfolgreich, alle exponierten Schafe verendeten. Die Serienproduktion von Milzbrandbomben verzögerte sich, da erst Mitte 1945 die benötigten Mengen an Erregern zur Verfügung gestanden wären: Durch die Kapitulation Deutschlands im Mai 1945 wurden die Einsatzpläne allerdings hinfällig. Erdproben von der Insel Gruinard erwiesen sich stets als milzbrandhältig, sodass dieses Gebiet gesperrt wurde. Mehrere Versuche der Entseuchung blieben erfolglos, schließlich wurde ein gigantischen Desinfektionsunternehmen gestartet. Da bekannt ist, dass Milzbrandbazillen im Erdboden erst unterhalb einer Tiefe von 2 m keine Sporen mehr bilden können, muss man der Entseuchungserklärung der britischen Regierung aus den 80er-Jahren eher skeptisch gegenüberstehen.

In der ehemaligen Sowjetunion demonstrierte ein Industrieunfall die schreckliche Wirkung der Anthrax-Waffen. Weil 1979 ein Arbeiter einer Bio-Waffenfabrik in Swerdlowsk (heute: Jekatarinenburg) einen Lüftungsfilter nicht ordnungsgemäß ausgetauscht hatte, traten für mehrere Stunden Milzbrandsporen als Aerosol aus. 79 Personen erkrankten an Inhalationsanthrax, 68 Menschen starben. Es ist bekannt, dass im

Irak waffenfähiger »Bacillus anthracis« produziert wird. In Tokio hat die Aum-Sekte mehrfach versucht Milzbrandsporen freizusetzen, es kam jedoch glücklicherweise zu keinen Erkrankungen.

Am 5. Oktober 2001 starb Robert Stevens, ein Fotoredakteur im US-Verlag America Media (Florida), an Lungenmilzbrand. Zahlreiche weitere Personen in den Vereinigten Staaten erkrankten, es kam zu weiteren Todesfällen. Die Infektion erfolgte höchstwahrscheinlich mittels sporenhaltiger Briefumschläge. Zum ersten Mal in der Geschichte erkrankten Menschen nach feindseligen Attacken mit Milzbranderregern.

Ein Spiritist und ein Zauberer

Der eine war als Berufszauberer und Trickkünstler so bekannt wie David Copperfield, der andere war ein Erzähler von Detektivgeschichten und berühmt wie Georges Simenon. Sie begegneten einander zum ersten Mal 1920, ein Briefwechsel über Fragen des Spiritismus war dem Treffen vorangegangen. Der Schriftsteller glaubte an Feen und Geister sowie Kontakte mit dem Jenseits, der Zauberkünstler war skeptisch und behauptete, es wäre entweder ein Schwindel oder ein nachvollziehbarer Trick.

Am 17. Juni 1922 wurde eine gemeinsame Séance veranstaltet. Die Frau des Schriftstellers fungierte als Medium, beschwor den Geist der verstorbenen Mutter des Zauberers und schrieb von deren Hand gelenkt eine Botschaft an die Lebenden auf ein Blatt Papier. Als die Geisterbeschwörung beendet war, äußerte der Zauberkünstler seine Bedenken. Die Schriftstellergattin hatte als »Briefkopf aus dem Jenseits« ein Kreuz gezeichnet, ein Symbol, dessen sich die jüdische Mutter des Zauberers wohl kaum bedient hätte; weiters war der Brief auf Englisch abgefasst, obwohl die Verstorbene zu Lebzeiten diese Sprache weder lesen, schreiben noch sprechen konnte. Der Schriftsteller hingegen sah dies als Beweis dafür, dass die Mutter im Himmel Englisch gelernt hatte. Er machte es sich zur Lebensaufgabe, den Spiritismus weltweit zu propagieren, hielt Vortragsreisen und verfasste einschlägige Bücher wie z.B. *The Wanderings of a Spiritualist.* In London gründete er eine spiritistische Buchhandlung, wo er auch Fotografien von Geistern und wieder erschienenen Toten sowie Bilder des Paradieses

Conan Doyle / Sherlok Holmes

ausstellte. Dieses Museum wurde im Zweiten Weltkrieg durch Bomben zerstört. Leben konnte er von seiner spiritistischen Tätigkeit nicht, aber er war als Kriminalschriftsteller dermaßen erfolgreich, dass er sich diese Extravaganzen leisten konnte. Seltsamerweise wurde der von ihm erfundene Meisterdetektiv zum Inbegriff des logisch denkenden, nur den Tatsachen verpflichteten Menschen. Der Zauberkünstler schrieb ebenfalls ein Buch, *A Magician Among the Spirits*, und stellte darin klar, dass er alle spiritistischen Erscheinungen ebenfalls leicht vorführen könnte und alles nur Schwindel sei.

- Wer waren diese beiden exzentrischen Persönlichkeiten?

Der Schriftsteller, der an Geister glaubte, die Existenz von Feen, Elfen und Zwergen für bewiesen hielt und sogar die simpelsten Fälschungen obskurer Spiritisten für bare Münze nahm, war der Arzt Dr. Arthur Conan Doyle (1859–1930), der Schöpfer von Sherlock Holmes und Doktor Watson. Seine Argumentation in Sachen Spiritismus war klar und einfach, denn er erklärte, »an der Existenz übernatürlicher Phänomene ebensowenig zu zweifeln wie an der Existenz von Löwen in Afrika, obwohl er selbst da auch noch nie einen gesehen habe«. Seinen Hang zum Okkultismus betrieb er dermaßen stur und militant, dass sich selbst Anhänger spiritistischer Gemeinden dafür schämten – es glich einer Kriegserklärung an Vernunft, Wissenschaft und gesunden Menschenverstand. Der Erfolg beim Publikum war groß, bis zu 300 Anfragen pro Tag hatte er zu bearbeiten: Es ging dabei um die Verhältnisse im Jenseits, ob die Geister essen würden, ob es Sex nach dem Tod gebe und ob man im Himmel Golf spiele; für die Amerikaner war in der Zeit der Prohibition auch die Frage des Zugangs zu Alkohol wichtig.

Derjenige, dem er nicht so leicht etwas vormachen konnte, war der Magier und Entfesselungskünstler Heinrich Weiss, Sohn des Rabbiners Maier S. Weiss, bekannt geworden unter seinem Künstlernamen Harry Houdini (1874–1929). Er war der unumstrittene Meister seines Faches, kannte alle Tricks und kämpfte zeitlebens gegen Scharlatanerie. Daher wurde er nicht müde zu erklären, es sei ihm noch kein Phänomen eines Mediums untergekommen, das er nicht selber vorzuführen in der Lage wäre.

In seinem Testament bestimmte Houdini, dass man ihn in seiner Trickkiste, aus der er sich bei seinen Bühnenshows immer befreit hatte, begraben solle. Soweit wir wissen ist ihm das letzte Kunststück, sich noch einmal aus dieser Kiste zu befreien, bislang nicht gelungen.

Familienverhältnisse

Eine sonderbare Familie

Die Vornamen der jungen Frau waren Katharina Hedwig, aber sie wurde eigentlich nie so genannt. Der Vater war Sohn eines Eisenbahnunternehmers, der mit dem Aufschwung des Industrialismus im Eisenbahnbau ein Vermögen verdient hatte. Die Familie war jüdischer Herkunft, jedoch zum Protestantismus übergetreten. Als jüngstes Kind und einzige Tochter dieser außerordentlich wohlhabenden Familie ging die junge Frau allem Anschein nach einer sorglosen Zukunft entgegen. Im hohen Alter allerdings sagte sie: »Ich habe in meinem Leben nie tun können, was ich hätte tun wollen.«

Keineswegs aus Neigung, sondern auf Druck ihres Vaters begann sie das Studium der Mathematik und Physik. Einer ihrer Lehrer war Conrad Wilhelm Röntgen. In ihrem 22. Lebensjahr heiratete sie – nicht aus Liebe und nicht ganz freiwillig. Sie war beeindruckt von der wortgewandten Werbung ihres zukünftigen Mannes, von seinem frühen Erfolg als Schriftsteller, von der sich abzeichnenden Berühmtheit; mehr nicht. Den Rest erledigten die Eltern, die Ehe wurde gestiftet. Und was wurde daraus: Aus seiner Sicht eine »große Lebensangelegenheit«, aus ihrer Sicht eine »Weggefährtin« für den immer erfolgreicher werdenden Mann.

Fast auf den Tag genau neun Monate nach der Hochzeit kam das erste Kind zur Welt, ein Mädchen, für den Vater »eine Enttäuschung... denn ich hatte mir sehr einen Sohn gewünscht und höre nicht auf, es zu thun... Ich finde einen Sohn als poesievoller, mehr als Fortsetzung und Wiederbeginn meiner-selbst unter neuen Bedingungen.« Auch die junge Mutter hatte sich einen Jungen gewünscht: »Es war also ein Mädchen... Ich war sehr verärgert. Ich war immer verärgert, wenn ich ein Mädchen bekam, warum, weiß ich nicht.« Als sie hochbetagt auf ihr Leben zurückblickte, sagte sie: »Wir hatten ja im Ganzen drei Buben und drei Mädchen, dadurch war Gleichgewicht. Wenn es vier Mädchen und zwei Buben gewesen wären, wäre ich außer mich geraten. Aber so ging's.«

Nun ja, so einfach ging das alles aber nicht. Der Vater von im Laufe der Zeit insgesamt sechs Kindern hatte sein Leben lang homoerotische Neigungen, die er zwar mit viel seelischem Aufwand erfolgreich unterdrückte, von denen aber die gesamte Familie wusste. Vielfach kamen seine Sehnsüchte jungen Knaben gegenüber in seinem schriftstellerischen Werk zum Ausdruck. Besonders in den Tagebuchaufzeichnungen kann man lesen, welche Probleme der Familienvater hatte, seine auf jugendliche Männer gerichteten sexuellen Gefühle zu überwinden. Seine Frau brachte ihm großes Verständnis entgegen, aber nach der Geburt des vierten Kindes wurde sie »lungenkrank«. Wahrscheinlich war es eine Tuberkulose, jedenfalls musste sie für etwa eineinhalb Jahre in ein Sanatorium in die Schweiz. Und dort geschah eine Wandlung: Aus der »Märchenprinzessin« wurde eine tatkräftige selbstbewusste Frau, die nicht nur sechs Kinder großzog, sondern auch den äußerst anspruchsvollen Ehemann wie ein Kind betreute. Trotzdem war die weitere Entwicklung der Kinder, also das Schicksal der nächsten Generation, eher tragisch.

1. Das erstgeborene Mädchen (1905) erhielt den Vornamen des ältesten Bruders der Mutter, natürlich abgewandelt auf weiblich. Obgleich der Vater Mädchen »für nichts Ernsthaftes« hielt, stand sie ihm sehr nahe und war auch in seinen letzten Lebensjahren um ihn. In der Zeit davor führte sie ein extravagantes Dasein. Es begann in den deutschen und

europäischen Großstädten der »roaring twenties«, im Theater und in Nachtlokalen, in Zeitungsredaktionen und im Kabarett. Sie begann ein Schauspielstudium bei Max Reinhardt in Berlin, war drei Jahre mit Gustav Gründgens verheiratet und gründete das gegen den Nationalsozialismus gerichtete Kabarett »Die Pfeffermühle«. Nach ihrer Flucht aus Deutschland arbeitete sie als politische Publizistin und Kriegskorrespondentin. Um englische Staatsbürgerin zu werden, heiratete sie pro forma 1935 den englischen Lyriker Wyston H. Auden. Seit früher Jugend experimentierte sie mit Drogen verschiedenster Art, von Kokain bis Morphium und dazu in großen Mengen Alkohol. Als sie sich einer Unterleibsoperation unterziehen musste, wirkten die schmerzstillenden Mittel nicht, zu sehr war sie daran gewöhnt.

2. Ein Jahr nach dem enttäuschenden Mädchen kam der erste Sohn zur Welt (1906), er wurde auf den Namen des Zwillingsbruders der Mutter getauft. Schon als Schüler verfasste er Balladen, Dramen und Romane, brach dann aber die Schule ab und wurde Theaterkritiker, Schauspieler und Schriftsteller. Mit 26 Jahren schrieb er seine erste Autobiografie *Kind dieser Zeit*. Nach der Machtübernahme der Nazis emigrierte er zunächst nach Paris, dann in die USA. Als amerikanischer Staatsbürger wurde er Soldat, an die Mittelmeerfront geschickt und nahm an der Rückeroberung Italiens teil. 1936 hatte er in einem Roman seinen früheren Schwager als Opportunisten gegenüber dem nationalsozialistischen Regime angeklagt. Der Roman wurde später in Westdeutschland verboten und konnte nur in der DDR erscheinen. Viele Jahre später erfolgte eine Verfilmung, die mit einem »Oscar« ausgezeichnet wurde. Der junge Mann war manisch-depressiv, die Tragödie seines Lebens bestand darin, eigentlich immer nur als Sohn eines berühmten Vaters angesehen zu werden. Dazu kamen seine offen zur

Schau gestellte Homosexualität sowie seine Drogensucht. In den Nachkriegsjahren wurden seine beruflichen Misserfolge, materielle Sorgen und zunehmende Vereinsamung immer drückender. Sein erster Selbstmordversuch 1948 in Santa Monica/Kalifornien wurde verhindert, im Mai 1949 tötete sich der Dreiundvierzigjährige in Cannes durch eine Überdosis Schlafmittel. Die Eltern kamen nicht zu seinem Begräbnis.

3. Das dritte Kind war der Knabe Angelus (1909), der allerdings nur unter seinem Rufnamen bekannt ist. Er hatte einen kleinen Sprachfehler, d.h. er stieß mit der Zunge an. Nach einem abgeschlossenen Philosophiestudium promovierte er bei Karl Jaspers in Heidelberg. Auch er folgte seiner Familie ins Exil und wurde Hochschulprofessor für Geschichte. Erst als der schriftstellernde Bruder und der großartige, dominierende Vater gestorben waren, begann er selbst literarisch zu publizieren. Dies nicht zuletzt deshalb, weil er ein denkbar schlechtes Verhältnis zu seinem Vater hatte. Er charakterisierte ihn mit Worten wie »Schweigen, Strenge, Nervosität oder Zorn«, die Eltern höhnten wiederum sein linkisches Benehmen: »Alles macht er sonderbar ungeschickt und grotesk.« Tatsächlich misslingt ihm alles, er ist ein Pechvogel, ja ein Versager. Aber natürlich ein Mensch, der in Luxus lebt, denn wirtschaftliche Not gab es in dieser Familie nie. Seine Homosexualität tarnte er weitaus geschickter als der Vater und der Bruder. Er blieb unverheiratet, hat aber einen jungen Mann adoptiert. Erst sehr spät wurde er ein Historiker von großer Bedeutung und erhielt höchste Preise und Auszeichnungen für seine Werke.

4. Das vierte Kind hieß Monika (1910). Mit 29 Jahren heiratete sie einen Kunsthistoriker und wohnte in London. Wegen der Bombardements im Luftkrieg über England reisten sie 1940 per Schiff nach Amerika. Das Schiff wurde

von einem Torpedo getroffen und Monikas Mann ertrank vor ihren Augen. Sie selbst überlebte mit einem schweren psychischen Schock und fand nie mehr in ein normales Leben zurück. Dazu kam, dass der übermächtige Vater sie brüsk ablehnte und einmal sogar in eine Nervenheilanstalt steckte. Mit ihrem Lebensgefährten, einem einfachen Fischer, lebte sie 30 Jahre lang auf Capri und schrieb einige Erinnerungsbücher. Sie betonte immer wieder, dass sie sich nicht erinnern könne, mit ihrem Vater jemals ein Gespräch geführt zu haben.

5. Das fünfte Kind war wieder eine Tochter (1918), sie wurde »Medi« gerufen und vom Vater »Kindchen« genannt. Gänzlich anders als bei den übrigen Kindern entwickelte der 43-Jährige ein eigenartiges »Liebesgefühl« zu dem Kind. Solange sie noch sehr klein war beschäftigte er sich sogar mit ihr, später ging ihm die Kleine – »zart und verwöhnt durch Zärtlichkeit, ist sehr eigensinnig« – dann doch auf die Nerven. Mit 21 Jahren heiratete die junge Frau einen 36 Jahre älteren Literaturhistoriker und ging mit ihm nach Chicago. Ihr Mann starb 1952, die Ehe war nicht übermäßig glücklich. »Medi« gelang es als Einziger, ein selbstständiges beruflich und privat erfülltes Leben zu führen – allerdings erst nach dem Tod ihres Mannes. Sie war 1970 das einzige weibliche Gründungsmitglied des Club of Rome, wurde Professorin für Politikwissenschaft in Halifax, Kanada, und leitete ein internationales Institut zur Erhaltung der Meere.

6. Das letzte Kind kam erst nach Diskussionen über eine eventuelle Abtreibung auf die Welt (1919), es war ein Knabe, der später »Bibi« gerufen wurde. Als Jugendlicher begann er zunächst als Orchestermusiker, später als Solobratschist. Mit 40 Jahren studierte er Germanistik in Harvard und erhielt später eine Professur in Berkeley. Er übernahm die Aufgabe, die bis zwanzig Jahre nach dem Tod gesperrten

Tagebücher des Vaters herauszugeben. Was er dort alles lesen musste, gab wohl den letzten Anstoß: Schon seit längerer Zeit Alkoholiker, nahm er sich in der Neujahrsnacht 1976/77 durch Schlafmittel das Leben.

Von seinen Kindern wurde der Familienvater »Zauberer« genannt und das kam so: Gedrängt, auf ein Kostümfest zu gehen, zog man ihm einen schwarzen Talar an, setzte ihm einen Fez auf und sagte: »Du gehst als Zauberer, du bist ein Zauberer!« Und seitdem hieß er nur mehr der »Zauberer«.

- Wer war diese sonderbare Familie, die zur Mehrheit aus Genies bestand?
- Wer war der übermächtige Vater?
- Wer sind die Kinder?

Der ältere Teil der Familie

In Lübeck gab es die Getreidehandelsfirma Johann Siegmund Mann, die Geschäfte gingen gut. 1869 heiratete der Geschäftsinhaber Thomas Johann Heinrich Mann (1840–1891) die 18-jährige Julia da Silva Bruhns, Tochter einer teils aus Norddeutschland, teils aus Brasilien stammenden Familie. Aus dieser Verbindung gab es fünf Kinder:

1. Luiz Heinrich Mann (1871–1950). Er absolvierte eine Buchhandelslehre, war Volontär beim S. Fischer Verlag und studierte in Berlin. Mit 22 Jahren veröffentlichte er seinen ersten Roman. Berühmt und im breiten Publikum allgemein bekannt wurde er 1905 durch *Professor Unrat oder das Ende eines Tyrannen*. Er charakterisierte darin den Gymnasialprofessor Dr. Rat als verlogenen Typus des Wilhelminischen Zeitalters. Das Buch wurde später unter dem Titel *Der blaue Engel* mit Emil Jannings und Marlene Dietrich verfilmt. Fortsetzung des Themas war *Der Untertan*, eine satirische Gesellschaftsanalyse der Kaiserzeit. 1933 mit einem Schriftverbot belegt, emigrierte er nach Frankreich und floh von dort nach Amerika. Er war zu alt und zu sehr an Europa gebunden, um in den USA noch erfolgreich Fuß fassen zu können. Mit 79 Jahren starb er in Kalifornien an einer Hirnblutung.

2. *Paul Thomas Mann (1875–1955)* blieb zunächst ein verbummelter Gymnasiast in Lübeck, ging ohne Abitur nach München, wo er Novellen zu schreiben begann, und wurde schließlich der berühmteste und erfolgreichste deutschsprachige Schriftsteller des 20. Jahrhunderts. Sein erster Roman *Buddenbrooks. Verfall einer Familie* brachte ihm 1901 einen unerwarteten, riesigen Erfolg, also Ruhm und Wohlstand. Thomas Mann wurde zum Großschriftsteller und blieb dies sein Leben lang. Allein von den *Buddenbrooks* wurden im 20. Jahrhundert vier Millionen Exemplare verkauft. Seine homosexuellen Neigungen blieben auf Sehnsüchte und literarische Gestalten beschränkt, etwa die Novelle *Der Tod in Venedig*. Er hatte jedoch während seines gesamten Lebens Angst, die immer wieder andrängende Homosexualität könnte den Kunstbau seines bürgerlichen Lebens zerstören. Soweit wir jedoch wissen, war er nie ein praktizierender Homosexueller. Er heiratete 1905 die Millionärstochter Katja Pringsheim (1883–1980) und hatte eigentlich keinerlei materielle Sorgen mehr. Der Ehe entsprossen sechs Kinder, die unterschiedliche Charaktere und ein wechselvolles Schicksal hatten.

Thomas Mann blieb zeitlebens äußerst produktiv, hier seien exemplarisch lediglich zwei seiner Meisterwerke mit gänzlich verschiedener Thematik genannt.

Der Zauberberg (1924) als eine Zeit- und Gesellschaftscharakteristik, geschildert an Hand eines Aufenthaltes in einem Schweizer Lungensanatorium. Unvergesslich bleiben für jeden Leser Anfang und Schluss dieses Romans, wo es zu Beginn heißt: »Ein einfacher junger Mann reiste im Hochsommer von Hamburg, seiner Vaterstadt, nach Davos-Platz im Graubündischen. Er fuhr auf Besuch für drei Wochen.« Und nach etwa 750 Seiten beginnt der letzte Abschnitt mit den Worten: »Sieben Jahre blieb Hans Castorp bei Denen hier oben...«

Die Bekenntnisse des Hochstaplers Felix Krull (1954) dagegen sind leichte, heitere Abenteuergeschichten eines von Glück und Schicksal verwöhnten Jünglings. Es handelt sich dabei um den köstlichsten Schelmenroman unserer Zeit, in dem Thomas Mann einen Menschen schildert, der völlig außerhalb unserer Moralgesetze steht und dadurch den Geist der Zeit präzisiert, charakterisiert und karikiert. Wenn *Der Memoiren erster Teil* damit endet, dass ein blutiger Stierkampf in ein zärtliches Liebesspiel übergeht, so hat noch jeder Lesende nach dem zweiten Teil gefragt. Ein solcher ist jedoch nicht einmal im Entwurf vorhanden.

1929 wurde Thomas Mann mit dem Nobelpreis für Literatur, auf den er insgeheim gewartet hatte, ausgezeichnet; die angenehmen Folgen blieben nicht aus. Die Verkaufszahlen seiner Bücher stiegen enorm an, *Der Zauberberg* wurde in Amerika zum Bestseller, Thomas Mann wurde reich. Er kaufte sich ein neues Grammophon, zwei Automobile und ein Landhaus, überdies bezahlte er die Schulden seiner Kinder Klaus und Erika.

1933 erließen die Nationalsozialisten einen Schutzhaftbefehl, d.h. ordneten Thomas Manns Inhaftierung in einem KZ an. Da sich der Dichter gerade im Ausland befand, wurde er gewarnt und kehrte nicht mehr nach Deutschland zurück. Der Weg der Emigration führte über die Schweiz und Frankreich nach Amerika, wo er zuerst in Princeton und dann in Kalifornien lebte. Von Deutschland ausgebürgert, nahm er 1936 zunächst die ihm angetragene tschechoslowakische Staatsbürgerschaft an und wurde 1944 nach den dort üblichen Prüfungen Bürger der Vereinigten Staaten von Amerika.

Von Jugend an war Thomas Mann ein starker Raucher. Als bei ihm 1945 ein Bronchuskarzinoms diagnostiziert wurde, wagte man in Chicago eine für damalige Zeiten heroische Operation: Zwei Lappen der rechten Lunge mussten entfernt werden. Der Patient verkraftete den Eingriff erstaunlich gut und rauchte die verbleibenden zehn Jahre seines Lebens weiter.

1952 kehrte Thomas Mann endgültig nach Europa zurück und lebte in Kilchberg bei Zürich. Kurz nach seinem 80. Geburtstag starb er an schwerer allgemeiner Arteriosklerose.

3. *Julia Elisabeth Mann (1877–1927)*, verheiratete Löhr, wurde morphinsüchtig und erhängte sich mit 50 Jahren.
4. *Carla Augusta Mann (1881–1910)* scheiterte als Schauspielerin und verübte mit 29 Jahren Selbstmord durch Schlafmittel.
5. *Viktor Mann (1890–1949)*, der jüngste Bruder, wurde Diplomlandwirt in Bayern, schrieb die Familienchronik *Wir waren Fünf* und starb mit 59 Jahren an einem Herzinfarkt.

Der jüngere Teil der Familie

»Was für eine sonderbare Familie sind wir! Man wird später Bücher über uns – nicht nur über Einzelne von uns – schreiben!« Dies prophezeite Klaus Mann, der älteste Sohn des damals bereits weltberühmten Dichters und Literaturnobelpreisträgers Thomas Mann, bereits 1936.

Thomas und Katja Mann waren 50 Jahre miteinander verheiratet und hatten sechs Kinder. Diese waren in drei Zweiergruppen geteilt: die Älteren, die Mittleren und die Jüngeren. Alle kamen sie in München zur Welt, Wohnsitz der Familie war die berühmte Villa in Bogenhausen, Poschingerstraße 1.

Die Älteren

Mittelpunkt der »Jeunesse dorée« der Zwanzigerjahre in München und später Berlin waren die beiden ältesten Kinder Erika und Klaus.

Erika Mann (1905–1969) wurde Schauspielerin, Journalistin, Kabarettistin, Kinderbuchautorin und politische Publizistin. Politik und Einmischung in das politische Weltgeschehen waren in ihrem Leben eigentlich nicht vorgesehen, denn Zentrum ihres Lebens waren zunächst die Bars und Künstlerlokale, das Theater und die Transvestiten- und Homosexuellenszene. Kurzer Bubikopf und langer Zigarettenspitz waren wichtige Attribute der Frau. Erika war zweimal verheiratet; beide Männer waren Homosexuelle, die Ehen hatten mit normalen Mann-Frau-Beziehungen nichts zu tun. Intensiv waren dagegen lesbische Kontakte, so mit Therese Giese und Pamela Wedekind, aber es gab auch Männer: Erika Mann war bisexuell.

Klaus Mann (1906–1949) publizierte seit seinem 19. Lebensjahr. Er wollte unbedingt Schriftsteller werden – und berühmt. Da kam er aber gegen den übermächtigen Vater nicht an, das war seine erste Katastrophe. Die offen ausgelebte Homosexualität mit einer Vielzahl rasch wechselnder Partner schadeten ihm in der Öffentlichkeit natürlich sehr. Schon in früher Jugend experimentierte er, gemeinsam mit seiner Schwester, mit Drogen, was in einer Morphinsucht endete, das war seine zweite Katastrophe.

1936 erschien sein bekanntestes Buch *Mephisto. Roman einer Karriere.* Darin wird ganz unverblümt die Laufbahn von Gustav Gründgens am Beginn des Nationalsozialismus dargestellt. Trotz verzweifelter Bemühungen blieb bei all seinen Unternehmungen der Erfolg aus. Sein Selbstmord mit 43 Jahren war das Ende eines lange vorgezeichneten Weges. Nach dem Tod von Klaus widmete sich Erika der Betreuung von dessen literarischem Werk. Sie arbeitete weiterhin als Journalistin, berichtete als einzige Frau von den Kriegsverbrecherprozessen in Nürnberg und war danach Assistentin ihres Vaters. Sie starb mit 64 Jahren an den Folgen eines Hirntumors.

Die Mittleren

Angelus Gottfried Thomas (Golo) Mann (1909–1994) und **Monika Mann** (1910–1992), verheiratete Lanyi, waren das mittlere Paar der Kinder von Thomas Mann.

Die Jüngeren

Das jüngste Paar waren **Elisabeth Veronika Mann** (1918 bis 2002), verheiratete Borgese und **Michael Thomas Mann** (1919–1977). Letzterer verübte mit 58 Jahren Selbstmord. Michaels ältester Sohn hieß Fridolin, genannt Frido. Er wurde vom Großvater Thomas vergöttert und ging als reales Vorbild für das Kind Nepomuk Schneidewein, genannt Echo, in die Literaturgeschichte ein. Diesen seinen Enkel hatte Thomas Mann nämlich vor Augen, als er Echo im Roman *Dr. Faustus* an einer Hirnhautentzündung kläglich sterben ließ. Im wahren Leben studierte Frido Psychologie und heiratete eine Tochter des Physikers Werner Heisenberg. Aus dieser Ehe gibt es einen Sohn Stefan (geb. 1968) und dieser ist die einzige Fortsetzung der Familie Mann in männlicher Linie.

Alles in allem ist die menschliche Bilanz der Familie von Thomas Mann triste. Zwei Schwestern begingen Selbstmord, zwei Söhne ebenfalls – einer morphinsüchtig, der andere ein Alkoholiker. Zwei homosexuelle Söhne und eine bisexuelle drogen-

und alkoholabhängige Tochter sorgten für unangenehme Gesellschaftsgespräche, die eigene homoerotisch-pädophile Tendenz konnte er nur mit Mühe im Zaum halten. Ob Thomas Mann tatsächlich der bedeutendste deutschsprachige Schriftsteller der ersten Hälfte des 20. Jahrhunderts war, für den er sich selbst immer gehalten hat, muss jeder Leser mit sich selbst ausmachen. Der Bestverdienende war er nicht, da wurde er von Stefan Zweig deutlich distanziert.

Eine tragische Familie

Er war das einzige berühmt gewordene Mitglied seiner Familie, ein Schriftsteller von allerhöchster Qualität, und er erschoss sich am 2. Juli 1961. Aber das war nicht die ganze Tragödie. Sein Vater, körperlich genauso robust gebaut wie später der Sohn und psychisch ähnlich empfindsam, verübte mit 57 Jahren Selbstmord. Der Bruder hatte das gleiche Motiv wie der Vater, als er 67-jährig sein Leben gewaltsam beendete. Auch eine der Schwestern hat sich selbst getötet. Eine Enkeltochter wird zunächst Model und Filmschauspielerin, danach kamen Alkoholprobleme und Tablettenmissbrauch. Mit 41 Jahren stirbt sie an einer Schlafmittelvergiftung.

Das Schicksal des Vaters, der 1928 starb, war besonders tragisch. Obwohl selbst Arzt, steigerte er sich in eine ausweglose Situation hinein: Am Morgen erwachte er mit Schmerzen im Fuß. Sofort vermutete er eine Durchblutungsstörung, die zu einem Brand und einer Wundinfektion führen würde. Das wiederum müsste eine Amputation nach sich ziehen, er hatte Angst. Seine Frau drängte ihn, einen anderen Arzt um Rat zu fragen. Dies versprach er zwar, tat es aber nicht. Am Vormittag verbrannte er einige persönliche Papiere und sagte, er werde sich bis zum Mittagessen in seinem Zimmer noch ein wenig hinlegen. Wenige Minuten nachdem er die Zimmertür

Hemingway

geschlossen hatte, schoss er sich mit einem alten Trommelrevolver in die rechte Schläfe. Er war sofort tot.

Als 13-Jähriger hat der jüngere Bruder des Schriftstellers den Selbstmord des Vaters miterlebt, den Schuss gehört und den blutverschmierten Leichnam gesehen. Nachdem sein Arzt ihm viele Jahre später eröffnete, dass infolge einer Zuckerkrankheit und der dadurch hervorgerufene Arteriosklerose wahrscheinlich beide Beine amputiert werden müssten, schoss er sich 1982 genauso wie der Vater in den Kopf.

Eine Schwester, Ursula, hatte schon 1966, als ein Krebsleiden diagnostiziert wurde, eine Überdosis Schlafmittel genommen.

Die Enkelin Margaux war äußerst attraktiv und wurde das erste Model, das mit einem Kosmetikhersteller einen Millionenvertrag abschließen konnte. Alkohol, Tablettenmissbrauch und mehrere gescheiterte Entziehungsversuche verhinderten eine große Karriere. Sie starb an einer akuten Barbituratvergiftung.

Der Schriftsteller verwendete die Erkrankung des Vaters

acht Jahre nach dessen Tod als zentrales Motiv in einer Erzählung, die eine ungeheure Verbreitung fand und seinen schon beginnenden Weltruhm beschleunigte. Einige charakteristische Sätze daraus:

»Bitte, sag mir doch, was ich tun kann. Es muss doch irgend etwas geben, was ich tun kann«. »Du kannst das Bein amputieren; das würde es vielleicht aushalten, obschon ich es bezweifle. Oder du kannst mich erschießen. Du schießt ja jetzt gut. Ich hab dir's Schießen beigebracht, nicht wahr?«

(...)

»Ich vermute, ich vergaß, sofort Jod drauf zu tun, als ich mich verletzte. Dann kümmerte ich mich nicht darum, weil ich mich nie infiziere. Dann später, als es schlimmer wurde, hätte ich vielleicht nicht, als die anderen antiseptischen Mittel zu Ende gingen, die schwache Karbollösung benützen sollen; die hat vielleicht die winzigen Blutgefäße paralysiert und den Brand verursacht.«

(...)

»Und jetzt fand dies Leben, das sie sich aufgebaut hatte, sein Ende, weil er kein Jod benutzt hatte, als er sich vor vierzehn Tagen das Knie an einem Dorn ritzte.«

(...)

»Ich sterbe heute Nacht«, sagte er. »Ich brauche nicht bei Kräften bleiben«. »Bitte kein Melodram, Harry«, sagte sie.

»Gebrauch doch deine Nase. Ich bin bereits bis zur Hälfte des Oberschenkels hinaus verfault«...

- Wer war dieser Schriftsteller aus einer Familie mit erschreckend vielen Selbstmördern?
- Wie heißt die Erzählung, in welcher der Schriftsteller die Erkrankung des Vaters als zentrales Motiv verarbeitet?

Ernest Hemingway (1899–1961) erbte vom Vater einerseits die Statur eines Athleten, andererseits aber auch die zu Depressionen neigende Seele, von der Mutter hingegen das künstlerische Talent.

Dr. Clarence Hemingway (1871–1928) war ein beliebter Arzt in der ländlichen Umgebung von Chicago. Groß und stark, ein leidenschaftlicher Jäger und Angler, war er psychisch sehr empfindlich, schüchtern und einsam. Als ihm ein körperliches Handicap wegen einer Beinerkrankung drohte, schied er aus dem Leben.

Leicester Hemingway (1915–1982), Ernests jüngerer Bruder, hatte ein weitgehend gleiches Schicksal wie der Vater. Auch er tötete sich selbst, als ein körperliches Leiden drohte. In der Erzählung *Schnee auf dem Kilimandscharo* stirbt der Schriftsteller Harry an der gleichen Infektion, die Dr. Hemingway sich am Tag seines Selbstmordes zugezogen zu haben glaubte. Ein Dornenkratzer am Bein hatte sich zu einem Brand entwickelt. Wie bei allen Schriftstellern ist es auch hier interessant und aufschlussreich, wenn man Authentisches und Persönliches in den erzählten Geschichten erkennt.

Das Sterben des großen Ernest Hemingway war schlimm. 1954 erhielt er den Nobelpreis für Literatur, konnte jedoch nicht nach Stockholm reisen, denn er war schon sehr krank. Bluthochdruck, stark erhöhter Cholesterinspiegel und exzessiver Alkoholismus hatten ihn körperlich und geistig weitgehend zerstört. Die schöpferische Kraft war weg, er redete nur mehr von seiner abenteuerlich-romantischen Vergangenheit. Zunehmend verfolgten ihn Wahnideen. Schließlich magerte er ab, wurde gebrechlich und hilflos. Mehrere Klinikaufenthalte brachten ihm lediglich Elektroschocks in das Gehirn, aber keine Besserung. Immer häufiger sprach er von Selbstmord, den er auch mehrfach versuchte. Am 2. Juli 1961, gegen 7 Uhr morgens, wachte seine Frau durch eine Schussdetonation auf. Ernest wurde im Hausflur liegend gefunden, zwischen seinen Beinen ein Gewehr. Die Zimmerdecke war mit Blut- und Gewebsspritzern übersät. Zwei Patronen waren gleichzeitig abgefeuert worden, der Schuss hatte ihm die ganze Schädeldecke weggesprengt. Es war unmöglich festzustellen, ob er sich die Gewehrläufe in den Mund gesteckt oder an die Stirn gedrückt hatte.

Woran hatte nun Ernest Hemingway gelitten? Psychisch war er der klassische Fall eines Manisch-Depressiven. Durch erbliche Faktoren gebahnt, brechen vor allem die depressiven Phasen gewöhnlich in Krisenzeiten des Lebens, z.B. bei Angst vor dem Altern, aus. In den manischen Perioden dominieren Größenideen sowie typischerweise das »Schwadronieren«, in den depressiven Phasen besteht hohe Selbstmordgefahr. Die Depressionen sind am Morgen besonders stark, die Patienten werden aus dem Schlaf getrieben und so ist die häufigste Tageszeit für den Suizid der frühe Vormittag. Die damalige Behandlung mit Elektroschocks war die Methode der Wahl, vier bis sechs Schocks sollten die Patienten aus ihrer Depression reißen. Bei Ernest Hemingway hat diese Vorgangsweise völlig versagt. Aber wäre es für einen solchen Mann, für »Old Hem«, den Champion an der Schreibmaschine, wirklich besser gewesen, interniert in einer Anstalt auf den Tod zu warten?

- Wer war Gregorio Fuentes?

Im Jahre 1954 wurde er weltberühmt, ja eigentlich unsterblich. Am 13. Januar 2002 starb er dennoch, er wurde 104 Jahre alt. Fuentes war Kapitän, Steuermann und Fischereibegleiter von Ernest Hemingway in Kuba. Er war das reale Vorbild für die Gestaltung des Santiago in *Der alte Mann und das Meer*. Angeblich konsumierte er seit seinem 12. Lebensjahr jeden Tag drei Zigarren, jedenfalls existiert kein Foto von ihm, wo er nicht raucht. Nach Hemingways Tod wurde Fuentes selbst zur Legende und schmückte dies durch zahlreiche Erzählungen über gemeinsame Abenteuer mit »Hem« aus. Hemingways

Boot, die »Pilar«, wurde kubanisches Kulturgut und existiert noch heute.

Thomas Mann und Ernest Hemingway – ein Vergleich

Charakteristisch für Thomas Mann ist die souveräne Eleganz seines Stils. Er schrieb traditionell, drechselte oft überlange Sätze, verwendete Symbole und konstruierte Leitmotive – allerdings mit unübertroffener Brillanz. Da er bereits als junger Mann von den Zinsen aus dem Verkauf der väterlichen Getreidefirma gut leben konnte, war er nie gezwungen, einen Brotberuf auszuüben. Seine literarischen Themen waren überwiegend dem Bürgertum und der Künstlerschaft, der Schönheit und dem Verfall gewidmet. Er war ein Meister der »höheren Literatur« und der »epischen Breite«, schilderte detailliert Realitäten und Charaktere, daneben räumte er philosophischen Betrachtungen breiten Raum ein. Wie weit ausufernd seine Werke sind, erkennt man an dem Untertitel *Verfall einer Familie* bei den *Buddenbrooks* bzw. der Charakteristik *Erziehungs- und Bildungsroman* beim *Zauberberg*.

Thomas Mann führte ein pedantisch genau organisiertes Leben und war sich seiner Würde und Größe stets bewusst. Zu allen seinen Lebensstationen in die vielen Länder wo er wohnte führte er seinen persönlichen Schreibtisch mit. Dort saß er im Anzug, mit steifem Kragen und Krawatte oder Mascherl und dichtete.

Die Angewohnheit des Ernest Hemingway, Lügen oder Märchen über seine kühnen Taten zu verbreiten, begann bereits in seiner Kindheit. Was er als kleiner Junge so erzählte, war abenteuerlich. Daraus wurde einer der ausdrucksstärksten Schriftsteller des 20. Jahrhunderts, dem man alle seine Erlebnisse glaubte und zutraute. Der charmante Athlet war ungestüm, rastlos, ein Schlachtenbummler, Großwildjäger, Hochseefischer und Stierkampf-Fan, nicht zuletzt auch ein sagenhafter Trinker. Er verwertete sein abenteuerliches Leben schriftstellerisch bravourös je nachdem als Reportage, Kurzgeschichte oder Roman. In seinem Leben herrschte nie Ordnung, sondern stets Abenteuer. Seine Romane schrieb er im Stehen, die Schreibmaschine auf einem hohen Pult, er selbst mit nacktem Oberkörper und in kurzen Hosen; lediglich Schecks unterschrieb er sitzend. Die charakteristischen kurzen Sätze stammten aus seiner Anfängerzeit als Lokalreporter und Journalist.

Thomas Mann erhielt 1929 den Nobelpreis »hauptsächlich für seinen großen Roman ‚Buddenbrooks', der im Laufe der Jahre allgemeine Anerkennung als ein klassisches Werk der zeitgenössischen Literatur gefunden hat«.

Ernest Hemingway gewann den Preis 1954 »für seine kraftvolle und zeitgenössischen Stil beeinflussende Meisterschaft im Erzählen, wie sie besonders in seinem Werk ‚Der alte Mann und das Meer' in Erscheinung trat«.

Der vergessene Sohn

Er kam vier Monate vor dem Tode seines berühmten Vaters zur Welt, hat ihn also nie bewusst kennen gelernt. Sein Leben lang und darüber hinaus blieb er der »Sohn«, ob er wollte oder nicht. Dabei hielt sich hartnäckig das Gerücht, sein leiblicher Vater sei eigentlich der Hausfreund der Familie. Franz Xaver hieß das Kind am Anfang, ein Duzendname jener Zeit, der Hausfreund hieß auch so. Von Amateurhistorikern wurde dies als Wink mit dem Zaunpfahl im Taufbuch angesehen. Franz Xaver verlor jedoch früh seinen Vornamen. Der Vater, ein manischer Sprachspieler, nannte ihn im Familienkreis »Wowi«, was allerdings nicht oft vorkam, da die beiden nur selten zusammen waren. Zwei Jahre nach des Vaters frühem Tod ließ die Mutter den Jungen offiziell umtaufen: Er erhielt den Vornamen des Vaters, sollte auch dessen Beruf ergreifen, und vor allem sollte er ein Wunderkind werden.

Die Kindheit verbrachte er bei Bekannten in Prag, wo auch sein älterer Bruder aufwuchs, während die Mutter meist auf Reisen war und ihren Witwen-Geschäften nachging. Mit sieben Jahren trug der Kleine die Klaviersonaten seines Vaters vor, als Zwölfjähriger spielte er längst auch Eigenes. Mit der angestrebten Kopie des Vaters wurde es aber nichts, der Sohn besaß zwar Talent, aber er wurde am Genie des Vaters gemessen und da hatte er keine Chance. Als Siebzehnjähriger riss er 1808 von daheim aus und wurde Hauslehrer in Galizien. Ab 1813 war er freischaffender Künstler in Lemberg, wo er in einer etwas älteren, verheirateten Frau auf die Liebe seines Lebens traf. Mit einer fast dreijährigen Konzerttournee durch

Europa von 1819 bis 1821 versuchte er ein letztes Mal in die Fußstapfen des Vaters zu treten. Überall traf er Leute, die seinen Vater noch gekannt hatten, in Kopenhagen kam es zur Begegnung mit der wieder verheirateten Mutter. Er kehrte nach Lemberg zurück, zu jener Frau, die er liebte, jedoch nicht heiraten konnte. Das Verhältnis blieb bis zu seinem Tode bestehen. Magenverhärtung lautet die offizielle Diagnose nach der Obduktion, wahrscheinlich also Magenkrebs.

- Wer war dieser fast vergessene Mann, der nie aus dem Schatten des Vaters treten konnte?

Kinder berühmter Männer sind einer harten Beurteilung unterworfen, da man sie mit ihren Vätern vergleicht. Franz Xaver Wolfgang Mozart (1791–1844) kam am 26. Juli 1791 in der Rauhensteingasse, Wien, Stadt Nr. 970, zur Welt. Franz Xaver Süssmayr (1766–1803), der an der Fertigstellung des Requiems beteiligt war, kam als »Hausfreund der Konstanze« ins Gerede einer eventuellen Vaterschaft. Die ehrgeizige und geschäftstüchtige Mutter Konstanze wollte aus dem Kind eine künstlerische Vaterimitation machen und änderte auch seinen Namen in Wolfgang Amadeus Mozart Sohn. Der Knabe erhielt Musikunterricht von Salieri, Albrechtsberger und Hummel, denn er war talentiert, aber kein Genie. Nach Absolvierung des Schottengymnasiums nahm er einen Hauslehrerposten nahe der galizisch-polnischen Grenze an, für 1.000 Gulden im Jahr sowie Tafel, Logis, Holz, Licht und Wäsche. Seine große Liebe traf er in Lemberg: Josephine Baroni di Cavalcabo (geb. 1788), die Frau eines 23 Jahre älteren, angesehenen Gubernialrates. Das Verhältnis der beiden war allgemein bekannt, weshalb er auch keine Chance auf eine offizielle Anstellung in Wien oder Salzburg hatte. Er blieb in Galizien.

Franz Xaver, d.h. Wolfgang Amadeus Sohn, starb während eines Kuraufenthaltes in Karlsbad. Er wurde 53 Jahre alt. Vor kurzem wurde sein Grab umgebettet, wobei man hoffte, Knochenreste zu bergen, um diese mit dem »Salzburger Mozartschädel« genetisch vergleichen zu können. Es wurde jedoch nichts gefunden, Mozart-Junior hat sich dem Vergleich mit seinem Vater körperlich endgültig entzogen.

In Salzburg wird ein Haarbüschel aufbewahrt, das Mozart-Vater zugeschrieben wird, zu den anderen Haarrelikten aber überhaupt nicht passt. Es wurde von Frau Baroni di Cavalcabo dem Mozarteum übergeben und stammt vielleicht vom Sohn oder einer Perücke. Eine Missbildung der Ohrmuschel soll Vater- und Sohn-Mozart gemeinsam gewesen sein. Die Mutter Konstanze hat eine diesbezügliche Abbildung bestätigt, womit sich das Gerücht um die zweifelhafte Vaterschaft erübrigt.

Eine italienische Reise, eine uralte Geschichte sowie echte und falsche Ringe

Eine unglückliche Reise

Die Reise von Goethe nach Italien in den Jahren 1786 bis 1788 hat viel gebracht und bewirkt. Der Reisende lernte die Klassik der Antike kennen, die deutsche Literatur erfuhr eine enorme Bereicherung, was uns Lesern später genussvolle Stunden der Lektüre bescherte.

Aber da gab es noch eine andere Reise nach Italien, die neun Jahre zuvor ein gleichfalls sehr bedeutender Schriftsteller angetreten hat bzw. besser gesagt antreten musste. Er war ein Literat höchsten Ranges, produktiv in allen Sparten der Publizistik. Das wurde jedoch nicht honoriert. Im Brotberuf war er einem luxussüchtigen Fürsten ausgeliefert: Der dortige Hofvergnügungsmeister Nicolini erhielt im Jahr 30.000 Taler, er selbst verdiente als Archivar der in einer Reithalle untergebrachten Bibliothek lediglich 600 Taler. Um dieser trostlosen finanziellen Situation zu entkommen, schaute er sich nach einer anderen Anstellung um, unter anderem auch in Wien. Empfehlungen lagen vor. So reiste er im März 1775 nach Wien, auf »dringendste Veranlassung des Oesterreichischen Gesandten Baron von Swieten… Sein Zureden, nebst meiner eigenen gegenwärtigen so hundsvöttischen Lage… haben mich endlich bewogen, wenigsten das Terrain dort zu sondieren.«

Der Empfang, den ihm das kulturelle Wien zuteil werden ließ, war für den Bibliothekar aus der Provinz kaum zu fassen. Ihm zu Ehren wurden seine Stücke aufgeführt, das Publikum bedachte ihn mit stürmischem Beifall, er speiste bei Hof mit Maria Theresia und Josef II. Er hegte die berechtigte Hoffnung, dass auf den Huldigungen der Wiener auch eine neue berufliche Existenz begründet werden könnte. Doch es kam anders. Mitte April traf der jüngere Sohn seines Dienstherrn, Prinz Maximilian Julius Leopold (1752–1785), von Norddeutschland kommend in Wien ein und überbrachte die Weisung, dass er ihn auf einer Reise nach Italien zu begleiten habe. Diese Reise, die sich unser Literat zwar schon lange wünschte, kam jetzt im unpassendsten Augenblick. Er wagte es nicht, sich der Anordnung zu widersetzen, und brach am 25. April 1775 mit dem Prinzen und dessen Hofmeister nach Süden auf. Die Reise wurde hektisch und planlos, man fuhr kreuz und quer durch Italien. Am Anfang war die Korrespondenz noch ausführlicher: »Nutzen werde ich nur sehr wenig von meiner Reise haben, da ich überall mit dem Prinzen gebeten werde, und so alle Zeit mit Besuchen und am Tisch vergeht.« (Brief vom 7. Mai an Eva König) Einige Monate später lesen wir nur mehr stichwortartige Eintragungen im Reisetagebuch, die aussehen wie die Checkliste eines amerikanischen Touristen: »26. September. Diesen Tag angefangen zu besehen 1. Die Peterskirche, 2. hinter der Peterskirche die Fabrik der Mosaischen Gemälde, 3. die Villa Medici, 4. das Museum Clementinum, welches der vorige Papst angelegt...« »Den 28. September. Besehen 1. Das Übrige der Peterskirche, die Grüfte, das Dach und die Kuppel...« Nach acht Monaten geht die Reise in Wien zu Ende. Es gibt keine Illusionen mehr: »Ich werde nur wenige Tage in Wien bleiben und, um gewisse Fragen und Ausholungen zu vermeiden, zu niemandem von dem großen Geschmeiße kommen, sondern mich lediglich auf die Bekannten meines Gleichen einschränken.«

- Wer war der Italienreisende?

Im April 1775 folgte der 46-jährige Gotthold Ephraim Lessing (1729–1781) dem jüngeren Sohn seines Herzogs Karl I. von Braunschweig, dem 23-jährigen Prinz Maximilian Julius Leopold auf eine anbefohlene Reise nach Italien. Die Gründe waren trivial: Es war für den Prinzen noch nicht entschieden, ob er nun in den preußischen oder den österreichischen Militärdienst eintreten sollte. Bis zur diplomatischen Entscheidung sollte er möglichst weit weg, also nach dem Süden. Lessing fungierte als gebildeter Gesellschafter. Zu diesem Zeitpunkt hat er bereits mehrere Werke veröffentlicht: *Miss Sara Sampson* (1755), *Laokoon* (1766), *Minna von Barnhelm* (1767); und Großes sollte noch folgen: *Nathan der Weise* (1779) oder *Ernst und Falk* (1778–1780).

Lessing war gezwungen, die Reise anzutreten, denn er war ohne Wissen des Herzogs nach Wien gekommen, um hier Eva König zu treffen, der er seit Jahren in Liebe zugetan war. Sein Dienstherr konnte ihn daher durch das Versprechen einer finanzieller Besserstellung und der Heiratserlaubnis leicht zur Reise drängen. Aufgrund des ungewöhnlichen Motivs für die Fahrt ist es letztlich nicht allzu verwunderlich, dass für den Prinzen Gesellschaft und Unterhaltung, für Lessing Strapazen und Heimweh bestimmend wurden. In der heimischen Presse gab es falsch lautende Berichte darüber. So schrieb Friedrich Daniel Schubart am 26. Juni 1775 in seiner Zeitschrift *Deutsche Chronik:* »Lessing befindet sich wirklich in Rom und wühlt in den Alterthümern.« In Wahrheit notierte Lessing im zweiten Teil seiner Reise praktisch nur mehr Kochrezepte für seine zukünftige Ehefrau. Man war weit entfernt von einer Bildungsreise im Sinne Winckelmanns oder Goethes. Bei der Zusammenstellung seines späteren Nachlasses tauchten zwar einige »Manuscripte von Lessings italiänischer Reise« auf, sie gingen später jedoch verloren; nur ein Oktavheft mit wenigen beschriebenen Blättern ist erhalten. Die Realien der Reise kennen wir aus der Auflistung der Reisekosten durch den

Hofmeister: sechsunddreißig Seiten in Folio, heute noch im Staatsarchiv von Wolfenbüttel aufbewahrt.

Lessing war im deutschen Sprachraum einer derjenigen, die am eifrigsten dazu aufforderten, sich kritisch und mutig des eigenen Denkens zu bedienen. Aufklärung des Verstandes, Erziehung zur Selbstständigkeit und Mündigkeit, Toleranz und kritische Bildung waren die Leitideen seiner Werke. Er gilt als Erneuerer des deutschen Dramas. Mit *Miss Sara Sampson* und *Emilia Galotti* wurde er zum Begründer des bürgerlichen Trauerspiels und *Minna von Barnhelm* gilt als ein erstes Meisterwerk der Komödie. Lessing war übrigens der Erste, der einen Juden als positiven Charakter auf die Bühne brachte, Shakespeare hatte mit der Figur des Shylock im *Kaufmann von Venedig* ja genau das Gegenteil getan.

Eine uralte Geschichte

Es geht um eine orientalische Erzählung mit kurz gefasst folgendem Inhalt.

Saladin, der Sultan von Babylon, im Gespräch mit einem Juden aus Alexandria: »Mein lieber Freund, ich habe von vielen Leuten deine Weisheit und deine Kenntnisse in göttlichen Fragen rühmen hören. So möchte ich dich nun fragen, welche von den drei Lehren du für die wahre hältst: die jüdische, die sarazenische oder die christliche?« Der Jude, der wirklich ein weiser Mann war, erkannte sogleich, dass Saladin die Absicht hatte, ihn mit seinen Worten zu fangen, und beschloss, von den drei Bekenntnissen weder das eine noch das andere zu loben. Er sprach: »Um Euch zu antworten, was ich davon halte, muss ich Euch ein Geschichtchen erzählen. Ich habe gehört, dass vorzeiten ein vornehmer, reicher Mann lebte, der unter vielen anderen Juwelen auch einen wunderschönen, kostbaren Ring besaß. Wegen seines Wertes und seiner Schönheit wünschte er diesen Ring besonders zu ehren und ihn für immer im Besitz seiner Nachfahren zu erhalten. Er befahl daher, dass derjenige seiner Söhne, dem er den Ring vermachen werde, von allen als Oberhaupt der Familie zu ehren und anzuerkennen sei. Sein Sohn, der den Ring erbte, folgte dem Beispiel des Vaters und vermachte den Ring auf die gleiche Weise seinen Nachkommen.

So wanderte der Ring viele Generationen hindurch und gelangte schließlich in den Besitz eines Mannes, der drei schöne, tugendhafte, gehorsame Söhne sein eigen nannte, die er alle gleichermaßen liebte. Die Jünglinge kannten den Brauch mit dem Ring gar wohl, und da ein jeder von ihnen begehrte, vor seinen Brüdern ausgezeichnet zu werden, bat jeder für sich den Vater, der schon ein alter Mann war, ihm doch den Ring nach seinem Tode zu hinterlassen. Der wackre Mann liebte alle drei gleich innig und war nicht imstande, einen auszuwählen, dem er den Ring vererben sollte. Er beschloss daher, nachdem er jedem seiner Söhne den Ring versprochen hatte, alle drei zufrieden zu stellen. Er ließ nun im Geheimen von einem geschickten Meister zwei weitere Ringe anfertigen, die dem ersten voll und ganz glichen, und überreichte, als er seinen Tod herannahen fühlte, heimlich jedem der Söhne einen davon. Nach seinem Tode wollte nun ein jeder der Söhne das Erbe des Vaters und den Vorrang für sich beanspruchen. Und es zog alsbald jeder von ihnen seinen Ring hervor. Als sich dabei herausstellte, dass die Ringe einander so völlig glichen, dass keiner den echten herauszufinden vermochte, blieb die Frage, wer nun der rechte Erbe des Vaters sei, ungeklärt, uns sie ist es noch heute.

Und dasselbe sage ich Euch, mein Gebieter, auch von den drei Glaubenslehren, über die Ihr mich befragt habt. Gott selber hat sie den drei Völkern gegeben, und jedes Volk glaubt, Gottes Erbe, seinen wahren Glauben und seine Gesetze empfangen zu haben. Wer sie aber wirklich besitzt, das ist – wie bei den drei Ringen – bis heute noch ungeklärt.«

- **Von wem stammt diese Erzählung?**

Gotthold Ephraim Lessing hat das Vorbild zur berühmten Ringparabel in seinem dramatischen Gedicht *Nathan der Weise* im *Decamerone* des Giovanni Boccaccio (1313–1375) gefunden. Es ist die dritte Erzählung des ersten Tages und der Titel lautet in deutscher Übersetzung: *Der Jude Melchisedech wendet mit einer Erzählung von drei Ringen eine große Gefahr von sich ab, die ihm von Saladin drohte.*

Anlass zur Niederschrift des *Nathan* waren für Lessing die Zensur und das Publikationsverbot für seine religionsphilosophischen Schriften. Lessing wich dem Arm der protestantischen Kirche aus und setzte seine aufklärerischen Ideen und Theologie-kritischen Gedanken mit dramaturgischen Mitteln in Handlung um. Vor allem erweiterte er Boccaccios Ringparabel in einem wichtigen Punkt: Bei Boccaccio ist der Schluss, dass der echte Ring von den Imitationen nicht mehr zu unterscheiden ist, d.h. aber es gibt doch einen echten Ring und eine wahre Religion. Um diese unbefriedigende Situation zu bereinigen, baute Lessing die Parabel aus. Der Streit der Erben kommt vor den Richter, der sagt: »Ich höre ja, der rechte Ring besitzt die Wunderkraft, beliebt zu machen vor Gott und Menschen angenehm. Das muss entscheiden! Mein Rat ist der: hat jeder seinen Ring von seinem Vater, so glaube er auch, dass er den echten hat. Es eifre jeder seiner unbestochenen, von Vorurteilen freien Liebe nach. Es strebe jeder von Euch, die Kraft des Ringes an den Tag zu legen, und wenn sich dann des Steines Kräfte bei euren Kindes-Kindeskindern äußern, so lad ich über tausend Jahre wiederum vor diesen Stuhl. Dann wird ein weiserer Mann auf diesem Stuhle sitzen und sprechen.«

Der Sinn der Fabel ist weder in einer Herabsetzung des Christentums noch in einer Verherrlichung des jüdischen oder islamischen Glaubens zu suchen, sondern entspricht der alten Grundidee von »einer Religion, in der alle Menschen übereinstimmen«. Es kommt nicht auf die unterschiedlichen religiösen Erscheinungsformen an, sondern auf das sittliche Handeln der Menschen, also auf deren praktische Umsetzung.

Das Motiv der Ringparabel an sich ist uralt, es erscheint vor Boccaccio bereits in der mittelalterlichen Geschichtensammlung *Gesta Romanorum* sowie im Kompendium *Cento Novelle antiche,* die beide um etwa 1300 entstanden.

Es gibt noch andere Ringe

In der *Ringparabel* ist die Rede von drei Ringen, von denen jedoch nur einer ist der echte ist. Soweit die fiktive Geschichte auf dem Theater. Aber auch in der realen Geschichte gibt es eine merkwürdige Episode um einen – echten oder falschen (?) – Ring. Im Jahre 1911 tauchte im Nachlass des Schauspielers Friedrich Haase plötzlich ein Ring auf, der das Porträt eines berühmten Theatermannes zeigte und überdies von vielen Diamanten eingefasst war. Dazu ein Brief von Haase, dass er diesen Ring als persönliche Auszeichnung erhalten habe, mit der Bestimmung, »ihn nur dem Schauspieler bei meinem Ableben überlassen zu wollen, den ich zur Zeit für eine solche Ehrengabe als Würdigsten erachte«. Damit war die Legende in die Welt gesetzt worden, der Ring solle von seinem aktuellen Besitzer testamentarisch weitergegeben werden – dem jeweils bedeutendsten deutschsprachigen Schauspieler. Haase vererbte den Ring an Albert Bassermann (1867–1952). Dieser bestimmte nacheinander Girardi, Pallenberg und Moissi zu seinem Nachfolger. Als alle drei jedoch vor ihm starben, übergab er den Ring am 10. Oktober 1935 der Theatersammlung der Österreichischen Nationalbibliothek. Er bestimmte keinen weiteren Nachfolger. Damit war die Legende eigentlich zu Ende, die Kontinuität der persönlichen Weitergabe war erloschen.

- **Um welchen Ring handelt es sich?**

Der so genannte Iffland-Ring tauchte 87 Jahre nach dem Tod des berühmten Schauspielers und Theaterdirektors August Wilhelm Iffland (1759–1824) erstmals auf. Zuvor hatte niemand etwas davon gewusst. Wenn der Ring tatsächlich von Iffland stammt, so ist höchst merkwürdig, dass nach dessen Tod fast ein Jahrhundert lang keine Erwähnung über diese Auszeichnung gemacht wurde und der Ring auch nie öffentlich zu sehen war. Er tauchte erst 1911 unvermittelt im Nachlass des Schauspielers Friedrich Haase auf. An der Unterseite des Etuis, in dem sich der Ring befand, hatte Haase vermerkt: »Insignie – von Theodor Döring an Friedrich Haase ein Ring mit Ifflands Bildnis, den derselbe Ludwig Devrient in Berlin übergab. Gewidmet von Dörings Witwe an mich. 75.« So ganz kann das nicht stimmen, denn 1875 war Dörings Frau noch gar nicht Witwe. Aber bei Jahreszahlen zu irren, ist menschlich.

Theodor Döring (1803–1878) war ungemein selbstbewusst und wollte als der größte Schauspieler seiner Zeit, für den er sich hielt, in der Erinnerung fortleben. Friedrich Haase hingegen galt nicht nur als der eleganteste, sondern auch als einer der eitelsten Schauspieler. Es ist nicht ausgeschlossen, dass hier irgendein Schwindel oder Scherz vorliegt. Wie mag es nun aber zu der Legende gekommen sein?

Iffland verschenkte, ganz im Geiste des romantischen Zeitalters, Ringe mit seinem Porträt an Freunde und Gönner, die Überlieferung spricht von sieben. Gleich dem Vater in Lessings Ringparabel ließ Iffland die Beschenkten im Ungewissen, wer einen besonderen Ring erhalten habe. Sein Motiv könnte gewesen sein, dass sein Name später nicht ganz in Vergessenheit geraten sollte.

Neben dem gegenwärtig so aktuellen »offiziellen« Ring existiert zumindest noch ein zweiter, der sich zum Zeitpunkt der Ringverleihung im Jahre 1954 an Werner Krauss (1884 bis

1959) im Besitz von Wilhelm Burckhardsberg befand. Was war mit den anderen Ringen geschehen? Sie waren offensichtlich infolge Wertlosigkeit und Desinteresse der Nachkommen verloren gegangen oder im Trödlerladen gelandet. Die Vorstellung, der Ring stamme von Goethe, ist reines Wunschdenken.

Da nach Bassermanns Tod im Jahre 1952 kein Nachfolger nominiert war, forderte der Leiter der österreichischen Bundestheaterverwaltung Dr. Egon Hilbert (1899–1968) den Ring ein und hütete ihn, aber etwas musste ja damit geschehen. Und so beschloss der Kartellverband deutschsprachiger Bühnenangehöriger aus Deutschland, Österreich und der Schweiz im Jahre 1954, den Ring Werner Krauss zu überreichen. Als Egon Hilbert den Ring, den er nach Hause mitgenommen hatte, zögernd herausgab, fand die Verleihung statt und der damalige österreichische Unterrichtsminister Dr. Heinrich Drimmel (1912–1991) erließ kraft eigener Autorität die Richtlinien, nach denen die Verleihung des Iffland-Ringes in Zukunft vor sich zu gehen habe. Die bemerkenswertesten Punkte dabei sind:

- Der Ringträger hat nach spätestens drei Monaten seinen Nachfolger festzulegen.
- Sollte eine Verfügung ausbleiben, so hat die Bundestheaterverwaltung ein Kollegium zu bestimmen, welchem das Vorschlagsrecht zukommt.
- Der Ring bleibt im zweckgebundenen Eigentum der Republik Österreich (!).

Werner Krauss, der den Ring also nicht ererbt, sondern von einer kulturpolitischen Instanz zugesprochen erhalten hatte, gab denselben an Josef Meinrad (1913–1996) – der eigentlich Josef Moucka hieß – weiter, der ihn seinerseits dann dem Schweizer Bruno Ganz (geb. 1941) vererbte: als Symbol mit dem Porträt eines großen Theatermannes, aber als Eigentum der Republik Österreich. Daher war auch die Aufregung so groß, dass er den Ring nicht an einen Österreicher weitergab.

Der Ring war geheimnisvoll und legendenumwoben, bis sich die österreichische Bürokratie seiner bemächtigte. Gerade die Ungewissheit aber ist das Besondere des Ringes, denn keiner weiß, ob der Ring überhaupt der echte ist. Doch was macht das schon aus – gedenken wir der *Ringparabel*!

Visionäre und Ingenieure

Der technische Experte

Im Mai des Jahres 1928 saß der Mittelschullehrer für Physik und Mathematik an seinem Schreibtisch in Mediasch, Rumänien, als das Hausmädchen ein Telegramm aus Berlin brachte. Die Drehbuchautorin Thea von Harbou hatte eine utopische Geschichte geschrieben, die unter dem Titel *Frau im Mond* von ihrem Mann, dem berühmten Regisseur Fritz Lang, verfilmt werden sollte. Da damals nur wenige Einzelgänger über eventuelle Möglichkeiten der Weltraumfahrt nachdachten und auch Projekte entwickelten, benötigte die Filmproduktion einen Fachmann. Und genau das war unser Gymnasialprofessor, denn bereits 20 Jahre zuvor hatte er als einzige Möglichkeit, um in den Weltraum vordringen zu können, das Prinzip der Rakete erkannt. Das Angebot der Filmfirma UFA konnte er daher nicht ablehnen, es war die große Chance, mit seinen Ideen in die Öffentlichkeit zu gehen. Er hatte zwar fünf Jahre zuvor ein Buch über die Möglichkeiten des Weltraumfluges geschrieben, aber eigentlich wurde er nicht ernst genommen. Die Universität Heidelberg hatte die mathematisch-physikalisch völlig exakt durchgearbeitete Schrift als »zu fantastisch« abgelehnt, in Rumänien wurde sie jedoch als Diplomarbeit für die Lehramtsprüfung akzeptiert. Der Mittelschulprofessor fuhr also nach Berlin. Fritz Lang war ein international bekannter Mann, die Schauspieler Stars der damaligen Zeit und seine Aufgabe bestand darin, das umzusetzen, wovon er jahrelang geträumt hatte: eine Rakete zum Mond, zwar nur für den

Film, dafür aber lebensgroß und für ein großes Publikum bestimmt.

In den Filmwerkstätten in Berlin baute der Professor zunächst die Filmrakete, keineswegs ein Fantasiegebilde nach Art des Raumschiffs »Enterprise«, sondern exakt so, wie es nach den Prinzipien der Raketentechnik wirklich konstruiert werden müsste. 42 Meter hoch, wurde das Raumschiff mit Raupenschleppern zum Startplatz gebracht, genauso wie später die echten Raketen auf Cape Canaveral. Als Treibstoff waren Alkohol, Wasserstoff und Sauerstoff vorgesehen, dem Beschleunigungsdruck begegnete man mit Hängematten, die in Spiralfedern eingeklinkt waren. Viele Details wurden ausgeführt und so geriet die Kabine für die drei Schauspieler zu eng, denn diese wollten spielen und nicht einen echten Raketenstart simulieren. Der Professor machte darauf aufmerksam, dass nach Abschalten des Triebwerkes Schwerelosigkeit herrschen würde, ein weiteres Problem für die Akteure der damaligen Zeit. Schließlich war alles wie die Filmleute zu sagen pflegen »im Kasten«, und das war ziemlich realitätsnahe.

Dann kam jedoch die Sache mit dem Reklamegag. Anlässlich der Filmpremiere sollte eine echte Rakete hochsteigen und für Publicity sorgen. Der Professor bekam den Auftrag, einen echten Flugkörper zu bauen. Darin sah er einerseits eine weitere Chance für seine Pläne, andererseits hatte er nur drei Monate Zeit, die Rakete fertig zu stellen. Und so entstand schließlich eine zwei Meter lange Rakete, gefüllt mit Benzin und flüssigem Sauerstoff. Ein ungeheurer Reklamerummel wurde inszeniert, die Menschen fieberten dem Raketenstart entgegen, denn Derartiges hatte man damals noch nie gesehen. Währenddessen arbeitete der Professor ohne Unterlass, bei der ersten Probezündung allerdings explodierte der Raketenmotor. Unbeirrt konstruierte der Professor eine neue Brennkammer, wegen ihrer Form »Kegeldüse« genannt – und diese funktionierte, mehr noch, dieses Prinzip wird bis heute verwendet. Die

Uraufführung des Films stand jedoch unmittelbar bevor und die echte Rakete war noch nicht fertig. Zu dieser Zeit gab es ja noch keinen Windkanal, um die Aerodynamik zu testen, also warf man die Rakete von einem hohen Schornstein, beobachtete und fotografierte. Ein solches Bild stellten die Werbeleute einfach auf den Kopf und bezeichneten es als Probestart. Kurz und schlecht, denn die Rakete wurde nicht zeitgerecht fertig – der Film startete, der Flugkörper nicht. Trotzdem war allen Beteiligten ein Erfolg beschieden: Der Film wurde zum Welterfolg, die Experimente des Professors am Filmgelände zur Grundlage für die praktische Anwendung der Raketentechnik und damit für die Weltraumfahrt. Der Mittelschullehrer aus Rumänien ging als der »Vater der Weltraumfahrt« in die Wissenschaftsgeschichte ein.

- Von welchem raketenbegeisterten Mittelschullehrer ist hier die Rede?

Der Vater der Weltraumfahrt

Hermann Oberth wurde am 25. Juni 1894 in Hermannstadt/Siebenbürgen (ab 1918 zu Rumänien gehörig) geboren. Als Zwölfjähriger las er die Bücher *Von der Erde zum Mond* und *Die Reise um den Mond* von Jules Verne. Außerdem hatte er als Geburtstagsgeschenk ein kleines Teleskop bekommen, mit dem er so oft es ging den Mond beobachtete. Mathematisch hoch begabt widerlegte er die Angaben in den Büchern von Jules Verne, wo ein Kanonenschuss zum Mond beschrieben wird. Die Beschleunigung des Projektils in dem Riesengeschütz hätte etwa das 23.000-Fache der Erdschwere betragen müssen. Alles, was über 10 g Beschleunigungsdruck hinausgeht, ist absolut lebensbedrohlich. 1908 fand der 14-jährige Oberth die Lösung: kein Geschoss, sondern eine Rakete.

Ab diesem Moment erarbeitete er völlig selbstständig die mathematischen Grundgleichungen für den Raketenflug, er suchte die geeigneten Treibstoffe (Alkohol/Flüssigwasserstoff und Flüssigsauerstoff) und beschäftigte sich mit den Problemen der Schwerelosigkeit. Zunächst begann Hermann Oberth ein Medizinstudium, da sein Vater, der Arzt war, ihn dazu drängte. Der Erste Weltkrieg unterbrach dieses Studium und das war eigentlich sein Glück, denn nach Kriegsende studierte er Physik in München, Göttingen und Heidelberg. Während dieser Zeit fasste er seine Berechnungen und technischen Zeichnungen in einem Manuskript zusammen, das er der Universität Heidelberg als Dissertation vorlegte. Er verfasste somit die erste Doktorarbeit der Welt über die Raumfahrt. Philip Lenard, Physiknobelpreisträger in Heidelberg, urteilte 1923: »Eine fabelhafte Leistung, aber leider keine klassische Physik.« Oberths Arbeit war für die damalige Physik zu fantastisch, für die Astronomen zu technisch und für die Mediziner überhaupt jenseits aller Realität. Die Fachrichtung Astronautik gab es noch nicht und so wurde Hermann Oberth die Promotion zum »Dr.« verwehrt. Auf eigene Kosten ließ er das Manuskript drucken, es erschien 1923 unter dem Titel *Die Rakete zu den Planetenräumen* und wurde zur grundlegenden klassischen Schrift der Raketentechnik und Raumfahrtwissenschaft.

Nachdem Hermann Oberth die akademische Laufbahn an einer Universität verwehrt worden war, wurde er Mittelschullehrer in Rumänien. Und dort traf ihn das Angebot, bei dem Film *Frau im Mond* mitzuwirken. Regisseur Fritz Lang hatte schon zuvor mit seinen Filmen *Die Nibelungen, Dr. Mabuse* und *Metropolis* große Erfolge gehabt. Der jetzt geplante utopische Film sollte der letzte deutsche Stummfilm werden. Oberth lieferte die technischen Grundlagen, konnte aber nicht verhindern, dass völlig kuriose Details eingebaut wurden: auf der »Mondoberfläche« wurden Zelte aufgestellt und Vorratskisten gestapelt, die Astronauten trugen Wintersportkleidung und kletterten ohne Raumanzüge durch das »Mondgebirge«. Viel wichtiger für Oberth jedoch war der Auftrag, eine echte Rakete zu bauen, die zur Uraufführung des Filmes in den Himmel geschossen werden sollte. Obwohl das Reklamevorhaben missglückte, gelang Oberth eine entscheidende Erfindung: die »Kegeldüse« als Brennkammer für Flüssigkeitsraketen. Am 30. September 1929 wurde *Frau im Mond*, eine Liebesgeschichte um eine Astronomiestudentin und ein Schurkenstück über den Wettlauf zu Goldvorkommen am Mond, im Berliner UFA-Palast am Zoo uraufgeführt und kurz danach in den Kinos der ganzen Welt gezeigt. Die Filmfirma war zufrieden und auch Oberth war zufrieden, hatte er doch in der kurzen Zeit alle Voraussetzungen für die Entwicklung von Flüssigkeitsraketen geschaffen. Er durfte auf Firmenkosten sogar noch einige Zeit weiterarbeiten, aber dann stellte die Filmgesellschaft ihre Zahlungen ein und Hermann Oberth hatte einen Haufen Schulden. Mühsam beglich er diese aus eigener Tasche sowie mit einem Wissenschaftspreis, der ihm in Paris zuerkannt wurde. Trotzdem hatte sich in dieser Zeit ein kleiner Kreis von Raketenenthusiasten in Berlin zusammengefunden. Ein »Verein für Raumschifffahrt« wurde gegründet, das Vereinsorgan *Die Rakete* wurde die erste Fachzeitschrift für Raumfahrtwissenschaft. Kurz danach kehrte Hermann Oberth in seine Mittelschule in Rumänien zurück.

Sein weiteres Leben ist rasch erzählt: Bis 1937 lebte er in Mediasch, unterrichtete Physik und Mathematik und baute in seiner Freizeit Raketen, die alle funktionierten. Dann wurde er nach Deutschland eingeladen, wo er natürlich viel intensiver forschen und arbeiten konnte. Außerdem wurde ihm die deutsche Staatsbürgerschaft zuerkannt. Einige Zeit war er auch in der deutschen Heeresversuchsanstalt Peenemünde tätig. Nach dem Zweiten Weltkrieg war er in der Schweiz, in Italien und den USA tätig, zu seinem Wohnsitz wurde Feucht bei Nürnberg. 1969 saß Hermann Oberth auf der Ehrentribüne von Cape Canaveral, als Apollo 11, das erste Mondlandeunternehmen, startete. Er erhielt zahllose Ehrungen und nahm bis zuletzt an der Entwicklung der Raumschifffahrt teil. Hermann Oberth starb am 29. Dezember 1989 im 96. Lebensjahr in Nürnberg.

Walt Disney und die Weltraumfahrt

Als Walt Disney 1954 in Anaheim bei Los Angeles seinen ersten riesigen Vergnügungspark »Disneyland« einrichtete, gliederte er das Areal in vier Bereiche: Abenteuerland, Fantasieland, Grenzland und Zukunftsland. Zur Finanzierung und Propagierung sollte eine Fernsehserie dienen, in der diese Bereiche vorgestellt wurden. Was die ersten drei Themen anging, verfügte Disney über genug geeignete Mitarbeiter, aber Zukunftsvisionäre waren die Disney-Männer, die bisher Schneewittchen und Mickey-Mouse bearbeitet hatten, nicht. Da stieß er auf eine Artikelserie im populären *Collier's Magazine*: »Man will conquer space soon« (»Bald wird der Mensch den Weltraum erobern«), worin über Expeditionen zum Mond und Mars, über Weltraumstationen und Energiequellen durch Sonnenlichtkollektoren zu lesen war. Diese Artikel hatte ein Zuwanderer aus Deutschland geschrieben, sehr sachkundig, also wissenschaftlich fundierte Science-Fiction.

Disney machte ein Angebot, der Deutsche griff begeistert zu, denn so konnte er ein breites Publikum über seine Pläne informieren. Die dreiteilige Fernsehshow, die der Deutsche an der Westküste Amerikas gestaltete, hatte die folgenden Schwerpunkte:

1. *Der Mensch im Weltraum.* Hier wurden die Prinzipien der Raketentechnik, medizinische Probleme der Raumfahrt und schließlich der Start einer Rakete in eine Erdumlauf-

bahn gezeigt. Alles geschah mit naturgetreuen Modellen, die man speziell für die Disney Corporation gebaut hatte.
2. *Der Mensch und der Mond.* Darin wurde eine Raumstation sowie eine Reise zum Mond gezeigt – allerdings ohne Landung. Das Fehlen der Mondlandung enttäuschte die Zuschauer, aber 1954 war man wirklich noch nicht soweit, darüber konkrete Vorstellungen zu entwickeln. Disney wollte nicht spekulieren, sonst hätte er ja den deutschen Experten nicht gebraucht.
3. *Der Mars und weiter.* Diese Sendung gewährte einen kurzen Blick in eine ferne Zukunft.

Kurz nach der Ausstrahlung der Disney-Weltraumshow im Fernsehen ließ sich US-Präsident Eisenhower die Filme kommen und zeigte sie seinen engsten Mitarbeitern sowie den Generälen des Verteidigungsministeriums. Danach verkündete er die Absicht der Vereinigten Staaten, einen unbemannten Satelliten in eine Erdumlaufbahn zu bringen. Es sollte aber noch drei Jahre dauern und außerdem waren die Russen mit ihrem »Sputnik« schneller.

Walt Disneys Experte für Weltraumfahrt hatte zu diesem Zeitpunkt bereits eine glanzvolle Karriere als Rakentenbauer hinter sich und eine Zukunft mit noch viel spektakuläreren Erfolgen lag vor ihm. Wann auch immer es um Weltraumfahrt ging, war er maßgeblich beteiligt. Es gab damals das berühmte Wettrennen in das Weltall zwischen Russen und Amerikanern. Der deutsche Einwanderer erhielt 1955 die amerikanische Staatsbürgerschaft und entwickelte für die USA die erste Weltraumrakete, den ersten Satelliten und das gigantische »Apollo«-Programm zur Mondlandung.

Selbstverständlich kannte er den Mittelschullehrer aus Rumänien und dessen Veröffentlichungen. 1930 waren die beiden Männer erstmals zusammengetroffen, der Professor war damals 36 Jahre alt, der spätere Amerikaner studierte als 18-

Jähriger an der Technischen Hochschule in Berlin. Der Junge lernte von dem bereits erfahrenen Älteren, er wurde sein bester Schüler.

• Wer war dieser Mann, der die Weltraumfahrt realisierte?

Er baute die Raketen

Wernher Magnus Maximilian von Braun wurde am 23. März 1912 in der damals preußischen Provinz Posen geboren, heute gehört dieses Gebiet zu Polen. Der junge Wernher war keineswegs ein guter Schüler, schon gar nicht in Physik und Mathematik, aber er war ein Praktiker und Bastler. Mit 13 Jahren bekam er sechs Feuerwerksraketen geschenkt, die er in Spielzeugautos einbaute und diese Fahrzeuge dann über die Straße jagte, was stets mit einer Explosion endete. Wernher las natürlich die utopischen Abenteuerromane von Jules Verne, später stieß er auf Hermann Oberths *Die Rakete zu den Planetenräumen*. Um dieses fachwissenschaftliche Buch zu verstehen, musste er seine Mathematikkenntnisse verbessern – und das tat er auch. Er studierte an der Technischen Hochschule in Berlin und traf mit anderen Raketenbegeisterten zusammen. Mit Hermann Oberth kam er erstmals 1928 anlässlich des Filmprojektes *Frau im Mond* in persönlichen Kontakt. Das erste Flüssigkeitstriebwerk, das die Gruppe des damals gegründeten »Vereins für Raumschifffahrt« konstruierte, nannten sie Minimum-Rakete (Mirak), das letzte Projekt des Wernher von Braun war die gigantische Saturn V-Rakete, mit der die Mondlandung glückte.

Der »Verein für Raumschifffahrt« konstruierte nach 1930 zahlreiche Experimentalraketen und führte auf einem verlassenen Militärschießplatz bei Berlin über 100 Abschüsse durch. Als schließlich eines der abgefeuerten Geschosse das

Dach des nahe gelegenen Polizeigebäudes durchschlug, war Schluss damit, dass die Entwicklung von Raketen nur das Privatvergnügen einiger Bastler bleiben konnte.

1932 beendete von Braun sein Studium als Diplomingenieur, 1934 promovierte er zum »Dr. phil.«. Noch vor Hitlers Machtergreifung trat er als Zivilangestellter in das Raketenforschungsprogramm des Heereswaffenamtes ein. Damit begann professionelle Arbeit, allerdings mit vielen Rückschlägen. Später erinnerte er sich mit den charakteristischen Worten: »Es dauerte genau ein halbes Jahr, eine Rakete zu bauen und genau eine halbe Sekunde sobald sie explodierte.« Vor allem musste jetzt ein geeignetes Versuchsgelände und Platz für Werkstätten und Startrampen gefunden werden sowie eine Möglichkeit, die ganze Sache weitgehend geheim zu halten. So entstand auf der Ostseeinsel Usedom die Heeresversuchsanstalt Peenemünde. Innerhalb weniger Monate wurden in dem Wald- und Heideareal Wohnungen, Kasernen, ein Kraftwerk, Montagehallen, eine Anlage zur Produktion von flüssigem Sauerstoff, Forschungslaboratorien und ein großes Lager für Zwangsarbeiter und KZ-Häftlinge aus dem Boden gestampft. Als Wernher von Braun die technische Leitung übertragen wurde, war er gerade 25 Jahre alt. Zu dieser Zeit trat er in die NSDAP, die Einheitspartei der Nazis, ein, drei Jahre später wurde er in die SS aufgenommen. Obwohl er eigentlich in einer Welt voll jugendlicher Begeisterung für die Weltraumfahrt und die Eroberung des Himmels lebte, hatte er sich quasi mit dem Teufel verbündet.

1942 war die größte damals auf der Welt existierende Rakete fertig, sie wurde Aggregat 4 oder kurz A 4 genannt. Berüchtigt wurde dieser Apparat als Waffe V 2, da sie von den Nazigenerälen »Vergeltungswaffe 2« getauft wurde und eine Tonne Sprengstoff transportieren konnte. Etwa 3.000 solcher Raketen wurden gegen Ziele in England, Frankreich und Belgien abgeschossen und richteten großen Schaden an, beeinflussten den Ausgang des Krieges aber nicht. Nach Ende des Zweiten Weltkrieges begann sowohl seitens der Russen als auch der Amerikaner eine regelrechte Jagd auf die übrig gebliebenen Aggregate sowie auf Raketenspezialisten. Dabei war es völlig gleichgültig, was diese während der Kriegszeit angestellt hatten, wenn es sich um brauchbare Experten handelte, wurden sie anstandslos genommen. Bei den Amerikanern lief die Aktion »Paperclip«: Eine Büroklammer auf der Karteikarte war das Zeichen, dass die betreffende Person erwünscht war. Wernher von Braun und etwa 120 seiner wichtigsten technischen und wissenschaftlichen Mitarbeiter kamen als »Beutedeutsche« in die USA, während der Großteil der praktisch tätigen Ingenieure und Spezialarbeiter in die Sowjetunion transportiert, auf die Wolgainsel Gorodomlia gebracht und dort als »spezialisierte Zwangsarbeiter« gehalten wurde.

Unter Aufsicht der Amerikaner und der Leitung von Wernher von Braun entwickelte sich zuerst in White Sands (New Mexiko) und dann in Huntsville (Alabama) die militärische sowie auch die zivile Raketenindustrie der USA. Am 15. April 1955 wurde von Braun amerikanischer Staatsbürger. Seine Arbeitsgruppe startete 1958 den ersten Satelliten der USA, Explorer 1, danach wurde das »Mercury«-Projekt in Angriff genommen, d.h. bemannte Erdumkreisungen. An dieser Stelle sei daran erinnert, dass ohne Satellitentechnik kein internationales Mehrkanalfernsehen, ja nicht einmal ein interkontinentales Telefonieren möglich wäre. 1960 trat das Team um Wernher von Braun in die NASA ein, die »National Aeronautics und Space Administration«. Die militärischen Aspekte der Raketentechnik wurden zwar nie aus den Augen gelassen, aber am 25. Mai 1961 sprach Präsident Kennedy in einer großen Rede vor dem Kongress die berühmten Worte: »Ich glaube, diese Nation sollte sich dem Ziel verschreiben, noch vor Ende dieses Jahrzehnts einen Menschen auf dem Mond zu landen und sicher zur Erde zurückbringen.« Es dauerte noch acht Jahre, aber dann war es soweit. In diesem Zusammenhang sei erwähnt, dass jeder der 13 Abteilungsleiter des Saturn-Apollo-Programms ein ehemaliger Peenemünder war.

1969 befand sich Wernher von Braun am Höhepunkt seiner Karriere, er hatte sich seinen Lebenstraum erfüllt: einen Menschen zum Mond zu bringen. 1972 verließ er die NASA wegen persönlicher und planerischer Differenzen und ging in die Privatindustrie. 1973 wurde bei einer Routineuntersuchung ein bereits weit fortgeschrittenes Nierenkarzinom entdeckt. Nach der Operation fühlte sich Wernher von Braun noch zwei Jahre ganz gut, danach machte er den langen Leidensweg eines Krebspatienten durch. Als ihm der Astronaut Neil Armstrong im Krankenhaus besuchte, soll von Braun gesagt haben: »Statistisch sind meine Aussichten sehr schlecht. Aber Sie wissen ja, wie trügerisch Statistiken sein können. Nach den Prognosen der Statistiker müssten Sie bei Ihrer Mondreise tot im Weltraum geblieben sein und ich müsste dafür hier auf der Erde im Gefängnis sitzen!«

Wernher von Braun starb am 16. Juni 1977 im Alter von 65 Jahren. Sein Fernziel, eine bemannte Mission zum Planeten Mars, ist bis heute ein Traum geblieben. Niemand wagte sich bislang an die Finanzierung eines solchen Unternehmens heran.

Die Geschichte der Raketentechnik

Das Prinzip eines Raketenantriebes ist ziemlich einfach: Man denke sich einen nach allen Seiten geschlossenen Hohlkörper, in dessen Inneren durch Verbrennung erhitzte Gase einen allseitigen Druck auf die Wände ausüben. Für jede Druckkomponente besteht auf der gegenüberliegenden Seite ein Gegendruck, alles gleicht sich aus und nichts bewegt sich. Existiert jedoch an einer Stelle ein Loch, wo die in Ausdehnung befindlichen Gase entweichen können, bewirkt der Druck auf die Wand vis à vis eine Fortbewegung in diese Richtung. Im Alltag begegnen wir dem Phänomen von Druck und aufgehobenem Gegendruck etwa bei einem Wasser spritzenden Gartenschlauch, der in der Hand einen fühlbaren Gegenstoß erzeugt bzw. sich hin und her schlängelt, wenn er am Boden liegt. Wenn ein Kind einen Luftballon aufbläst und ihn loslässt, wird die zusammengepresste Luft aus dem Ballonhals herauspfeifen und der Ballon fliegt in die Gegenrichtung davon.

Bei einer Rakete wird der Treibstoff verbrannt, um einen möglichst hohen Gasdruck zu erzeugen. Feststoffraketen haben dazu schießpulverartige Substanzen, bei Flüssigkeitsraketen müssen dafür aus getrennten Tanks ein Brennstoff und ein Sauerstoffträger in der Brennkammer zur kontrollierten Explosion gebracht werden. Da eine Rakete den für jegliche Verbrennung nötigen Sauerstoff mitführt, funktioniert ihr Antrieb auch jenseits der Atmosphäre. Eine Feststoffrakete kann nach der Zündung nicht mehr aufgehalten werden, eine Rakete mit flüssigem Treibstoff hingegen kann nach Belieben an- und abgestellt werden.

Die Rakete ist vermutlich eine chinesische Erfindung, wurde in Europa von den Arabern eingeführt und bei kriegerischen und friedlichen Anlässen verwendet. Dazu gibt es eine nette Anekdote aus dem alten China: In fernen Zeiten soll der Mandarin Wan Hu eine fliegende Maschine entworfen haben. Er befestigte dazu einen Sitz zwischen zwei Flugdrachen und baute 47 Raketen in den Apparat ein. 47 Diener standen bereit, um alle Raketen gleichzeitig in Brand zu setzen. Als Wan Hu Platz genommen hatte, gab er das Zeichen, die Diener kamen mit Fackeln angerannt, es gab eine riesige Explosion und Wan Hu wurde nie mehr gesehen.

Als sich die Technik etwas verfeinert hatte, fand die Rakete drei Anwendungsgebiete: als Waffe, zur Belustigung und später auch als Forschungsmittel. Der Name stammt aus dem Italienischen, wurde doch ein Röhrchen (ital. »rochetta«) mit Pulver gefüllt; daraus leitet sich das englische Wort »rocket« und weiter dann die deutsche Bezeichnung »Rakete« ab.

Raketen als Waffen

Raketen gab es früher als Kanonen, wobei Reichweite und Zielgenauigkeit höchst unzuverlässig waren, aber die »Feuerpfeile« flößten schon allein als solche Furcht ein. Außerdem waren Brandraketen bei einer Belagerung sehr wirksam. Chinesen und Mongolen setzten im 13. Jahrhundert erstmals solche Waffen ein. Auch Signalraketen fanden bei Kriegshandlungen Verwendung. Schließlich dominierte allerdings die Artillerie. Erst im frühen 19. Jahrhundert kamen Raketenwaffen wieder in Mode, und zwar in Indien. Als britische Truppen gegen die Raketenangriffe der Eingeborenen nicht ankamen, weil ihre Pferde scheu wurden, stellten die Engländer selbst ein Raketenkorps auf, das auch in Europa bei den Napoleonischen Kriegen eingesetzt wurde. Raketen waren billig und leicht zu transportieren, setzten sich jedoch wegen ihrer Ungenauigkeit niemals richtig durch. Lediglich in der Schifffahrt wurden Rettungsraketen weiter entwickelt, die Leinen zu Schiffen in Seenot abfeuerten. Im Ersten Weltkrieg verwendete Frankreich Brandraketen gegen Fesselballone, im Zweiten Weltkrieg wurden die russischen Stalinorgeln und die amerikanische Bazooka eingesetzt. Der entscheidende Durchbruch in der Raketentechnik geht auf eine militärische Initiative zurück, nämlich die Entwicklung der Flüssigkeitsrakete V 2 in Peenemünde. Damit begann das Zeitalter der Langstreckenraketen.

Raketen zur Belustigung

Die Kunst großartig aufgebauter Feuerwerke entwickelte sich im Luxus der europäischen Fürstenhöfe. Italien, England und Frankreich waren in der Pyrotechnik führend. Große Feste wurden gefeiert, Georg Friedrich Händel schrieb 1748 seine *Musik zu einem königlichen Feuerwerk*. Unglücksfälle waren nicht selten, da bei den benötigten riesigen Sprengstoffmengen oft ein Depot in die Luft flog. Besonders in Paris wurden kunstvolle Inszenierungen entlang dem Seine-Ufer veranstaltet, Vorführungen, die sogar die Revolution überlebten, entzündete doch noch Robespierre 1790 persönlich mit einer »Fackel der Vernunft« ein Feuerwerk, das zu Ehren des neu errichteten Tempels des Höchsten Wesens abgebrannt wurde. Heutzutage werden Feuerwerke bei Festtagen des Kalenders (Sonnenwende, Neujahr), lokalen Festivitäten und vor allem zu Reklamezwecken abgehalten.

Forschungsraketen

Die Anfänge einer neuen Wissenschaft, mit Hilfe der Raketentechnik große Höhen und schließlich den Weltraum zu erreichen, vollzogen sich weitgehend unbemerkt von der Öffentlichkeit. Drei Männer führten ihre wichtigsten Arbeiten privat und ohne engeren Kontakt zueinander durch. Alle drei erkannten die Rakete mit flüssigem Treibstoff als ideales Antriebsmittel, um Instrumentenkapseln und später bemannte Flugkörper in den Weltraum zu schießen.
- Der älteste war der Russe Konstantin Eduardowitsch Ziolkowski (1857–1935). Nach einer Masernerkrankung seit seiner Kindheit fast taub, konnte er keinen regulären Schulunterricht besuchen. Lesen und Schreiben lernte er von seiner Mutter, Mathematik brachte er sich im Selbststudium bei. Ab 1885 begann er seine Theorie des Raketenflu-

ges zu entwickeln, baute den ersten Windkanal Russlands und schrieb 1903 das richtungsweisende Werk *Erkundung des Weltraums mit Hilfe von Rückstoßapparaten.* Er wurde in die Sowjetische Akademie der Wissenschaften aufgenommen und zum Honorarprofessor ernannt. Seine Arbeiten gaben den Anstoß zur Entwicklung von Flüssigkeitstriebwerken und Mehrstufenraketen.

- Der Amerikaner Robert Goddard (1881–1945) baute die weltweit erste Rakete mit flüssigem Treibstoff und schoss sie am 16. März 1926 in die Luft. Sie erreichte in zweieinhalb Sekunden zwar nur eine Höhe von etwa 56 Metern, aber sie flog. Seine Flugversuche wurden als Bastelei abgetan, aber er vollzog den entscheidenden Schritt von der Theorie zum Experiment.
- Der dritte Forscher war Hermann Oberth. Ihm war es vergönnt, noch die Landung von Astronauten am Mond zu erleben.

Obwohl diese drei Männer in verschiedenen Ländern und unter unterschiedlichen Umständen lebten, hatten sie eines gemeinsam: Sie träumten davon, mit Hilfe von Raketen in den Weltraum zu reisen, und ihre Träume wurden später wahr.

Die Geschichte der Weltraumfahrt

Unsere Sonne ist der Mittelpunkt unseres Planetensystems, die Erde nichts anderes als einer unter vielen Sternen. Diese unsere Sonne ist eine von Milliarden weiterer Sonnen in der Milchstraße, unserer Galaxie. Es existieren Milliarden von Galaxien im Universum und es ist keineswegs sicher, ob es nur ein Universum gibt oder mehrere. Sicher ist, dass unsere Erde keinen zentralen Platz einnimmt. Wenn das alles von einem Schöpfer in einem Erschaffungsakt hergestellt wurde, so hat dieser sehr luxuriös gearbeitet. Denn wenn wir Erdenmen-

MONDKALBEREI

schen allein als vernunftbegabte Wesen entstanden sind, dann wären Milliarden von Milliarden Sterne gänzlich überflüssig. Dies hätte man einfacher und billiger haben können, es ist schier unmöglich, dahinter einen Sinn zu entdecken.

Vom Altertum an bis zum Beginn des vergangenen Jahrhunderts waren Raumfahrtideen nur Gegenstand von Mythen, Träumen und fantastischer Literatur. Die ersten Geschichten von einer Mondreise verfasste der griechische Satiriker Lukianos von Samosata um 160 v. Chr. Der Autor ging davon aus, dass die Atmosphäre bis zum Mond reichte, weshalb der erste Mondflug mittels Vogelschwingen möglich sein müsste. Etwas konkreter wurden die Ideen erst nachdem die Entdeckungen des Kopernikus, Galilei und Kepler mehr als 1500 Jahre später unser Welt- und Sternenbild realistisch beschrieben. Damals begann die Science-fiction-Literatur, von Cyrano de

Bergerac's *Die Reise zum Mond* (1649) bis Herbert G. Wells *Der Krieg der Welten* (1898). Die Hörspielfassung dieses Buches, realistisch inszeniert von Orson Welles, löste 1938 in Amerika eine Massenpanik aus. Der bekannteste Raumfahrtautor aber war zweifellos Jules Verne, 1866 erschien *Von der Erde zum Mond* und 1870 die Fortsetzung *Reise um den Mond*. Für den Hinflug verwendete Jules Verne ein Projektil aus einer Mega-Kanone, für den Rückflug allerdings schon Raketen. Wie bereits erwähnt, widerlegte Hermann Oberth diese Möglichkeit einer Mondfahrt mathematisch.

Eine Rakete in den Weltraum zu schießen, daran konnte erst dann ernsthaft gedacht werden, als die durch Wernher von Braun konstruierte Flüssigkeitsrakete A 4 bzw. V 2 nach dem Zweiten Weltkrieg von Amerikaner und Russen in einem Forschungsprojekt weiterentwickelt wurde. Und dann ging es Schlag auf Schlag, wobei einmal die eine und dann wieder die andere der beiden Großmächte die Nase vorn hatte. Die Russen hatten ein einheitliches Team unter der Leitung von Sergej P. Koroljow (1907–1966), das war gut, denn es gab keine Kompetenzstreitigkeiten. Die Amerikaner waren aufgesplittert in eine Heeres- und eine Zivilabteilung, wobei sogar die Army, die Navy und die Luftwaffe miteinander konkurrierten. Daher hatten die Russen am Beginn des Wettrennens der Weltraumfahrt einen Vorsprung.

In der ersten Hälfte des 20. Jahrhunderts waren Pläne aktuell, den Weltraum zu erobern und zu besiedeln. Dies hat sich heute für die absehbare Zukunft als Illusion erwiesen, denn schon der erste fremde Himmelskörper, den Menschen betreten haben, der Mond, ist nur eine öde, lebensfeindliche Gegend. Auch fand sich nichts, was sich ausbeuten ließ, weshalb die Bemühungen stark nachgelassen haben. Trotzdem war die Weltraumfahrt eine der größten Herausforderungen an den Forschergeist und Erkundungsdrang der Menschheit. Und es wird bestimmt noch weitergehen.

Was bisher geschah

- 4. Oktober 1957

Die Russen bringen vom Startplatz Baikonur (Kasachstan) den ersten Satelliten in eine Erdumlaufbahn. Dieser trug die Bezeichnung PS-1 für »prostrejschi sputnik«, d.h. einfachster Satellit. Sputnik 1 war eine Kugel von 58 cm Durchmesser, 84 kg schwer, mit vier Stabantennen mit jeweils zwei Sendern, die Radioimpulse abstrahlten. Millionen Menschen hörten die »piep-piep«-Signale. Nach drei Monaten verglühte Sputnik 1 in der Atmosphäre.

- 3. November 1957

Start von Sputnik 2 mit der Hündin Laika an Bord, die so lange am Leben bleibt, bis ihr Sauerstoffvorrat bzw. die Nahrung zu Ende geht. Sputnik 2 bleibt vier Monate in einer Umlaufbahn. Tierversuche im Weltall wurden bis in die späten 90er-Jahren des vergangenen Jahrhunderts durchgeführt. An Rhesusaffen wurde die Rückbildung von Muskulatur und Knochen untersucht. Beobachtet wurde, dass Bienen und Fliegen in der Schwerelosigkeit ihre Flügel nicht mehr benötigen, sie stoßen sich ab und lassen sich treiben; Spinnen bauen unregelmäßige kleinere Netze, behalten aber das Grundmuster bei. Sie verhungern jedoch, weil sie nur lebende Beute fressen und die gibt es im Weltraum nicht.

Nach den Langzeitflügen sowjetischer Astronauten (438 Tage von Waleri Poljakow) stellte sich heraus, dass die psychischen Probleme weit größer waren als die körperlichen. Nach dem derzeitigen Stand unserer Erfahrungen eignet sich der Mensch für längere Weltraumaufenthalte eigentlich nicht.

- 6. Dezember 1957

Die Amerikaner starten eine Vanguard-Rakete mit dem Ziel, einen Satelliten in eine Erdumlaufbahn zu bringen. Nach wenigen Sekunden explodiert die von der US-Marine entwickelte Rakete. Es war ein schwerer Prestigeverlust für die Amerikaner, eine Zeitung brachte die süffisante Schlagzeile: »Oh, what a Flopnik.«

- 31. Januar 1958

Der erste amerikanische Satellit Explorer 1 wird in eine Erdumlaufbahn gebracht. Die Rakete Jupiter C war vom Team um Wernher von Braun konstruiert worden, Kurt Debus, der ehemalige Leiter des Prüfstandes VII in Peenemünde, überwachte in Cape Canaveral den Abschuss. Explorer 1 war ein zwei Meter langer Zylinder von 15 cm Durchmesser und 14 kg Gewicht.

Der Wettlauf ins All war voll entbrannt, die Medien feierten Wernher von Braun, sein Gegenspieler Koroljow blieb anonym und unbekannt.

- 1. Oktober 1958

Gründung der NASA (National Aeronautics and Space Administration), um die miteinander konkurrierenden Armee- und Zivilgruppen zu vereinen. Die NASA ist eine zivile Luft- und Raumfahrtbehörde, die internen Eifersüchteleien mit den Streitkräften gingen jedoch weiter. Das erste Projekt war ein bemannter Satellit, der nach dem geflügelten Götterboten Merkur aus der griechischen Mythologie den Namen »Mercury« erhielt. Die Auswahl der künftigen Astronauten nach genauen Richtlinien begann: jünger als 40 Jahre, kleiner als 1,80 Meter, akademischer Abschluss, ausgezeichnete physische Kondition, abgeschlossene Testpiloten-Ausbildung mit 1.500 Stunden Flugerfahrung.

- 4. Dezember 1959

Der Rhesusaffe Sam wird mit einer Feststoffrakete auf eine parabelförmige Flugbahn geschossen. Dabei ist das Tier kurzfristig dem 14-fachen Druck seines normalen Gewichtes ausgesetzt und erlebt drei Minuten Schwerelosigkeit. Sam kam wohlbehalten zurück.

- 1. Juli 1960

Wernher von Braun und sein Team werden in die NASA eingegliedert. Es kam zu großen Rivalitäten zwischen den Amerikanern und Wernher von Braun sowie der von ihm mitgebrachten Mannschaft. Der Jahresetat der NASA stieg von 500 Millionen Dollar im Jahre 1960 auf 5,2 Millarden Dollar im Jahre 1965, die Zahl der Mitarbeiter wuchs im gleichen Zeitraum von 10.000 auf 36.000.

- 19. August 1960

Im Rahmen des Projektes »Wostok« (Osten) schießen die Russen mit Sputnik 5 die beiden Hündinnen Belka und Strelka zu einer siebzehnmaligen Erdumkreisung. Sie kehren lebend zurück. Parallel zu den Tierversuchen erfolgt auch in der Sowjetunion die Auswahl von Astronauten.

- 12. April 1961

Jurij Gagarin (1934–1968) umrundet als erster Mensch die Erde. Seine Raumkapsel wurde mit einer Wostok-Trägerrakete gestartet, am Ende der Umlaufbahn wird Gagarin mittels Schleudersitz aus der Kabine katapultiert und landet mit einem Fallschirm. Die Russen hatten den Wettlauf um die erste bemannte Satellitenumkreisung gewonnen.

Gagarin kam später bei einem zivilen Flugzeugabsturz ums Leben.

- 5. Mai 1961

Als erster Amerikaner gelangt Alan Shepard in den Weltraum. Es handelt sich dabei allerdings nicht um eine Erdumkreisung, sondern nur um einen parabelförmiger Raketenflug mit Landung im Atlantik.

Zwei Monate später erfolgt der zweite Weltraumflug: Virgil Grissom landet sicher, doch beim Aussteigen dringt aufgrund einer Unachtsamkeit seinerseits Wasser in die Kapsel ein, sodass diese im Ozean versinkt. Die Bergungsmannschaften holen den Astronauten kurz vor dem Ertrinken aus dem Wasser.

- 6. August 1961

Mit Wostok-2 umrundet German Titow als zweiter Mensch die Erde und kommt wohlbehalten zurück.

Diese sowjetischen Erfolge bedeuteten einen schweren

Schlag für die Amerikaner. Auf politischer Ebene wurde der Beschluss für das Apollo-Programm gefasst, das schließlich in einem Flug zum Mond gipfelte. Als Kommandozentrale wurde Houston in Texas bestimmt, da der Vorsitzende des Bewilligungsausschusses wie auch der Vizepräsident jeweils Texaner waren. Die Startrampen blieben in Cape Canaveral, Florida.

- 20. Februar 1962

John Glenn umrundet als erster Amerikaner in einer Mercury-Kapsel dreimal die Erde. Die Amerikaner ziehen dadurch mit den Russen gleich, es kommt sogar zum Austausch von Besuchern. German Titow wird von der NASA eingeladen und dabei passiert etwas Peinliches: Als lästige Journalisten fragen, ob es sicher wäre, dass Titow wirklich im Weltraum geflogen sei, antwortet von Braun ziemlich naiv: »Natürlich, denn wir können ja den Funkverkehr zwischen Bodenstation und Raumschiff entschlüsseln.« Er hatte ganz vergessen, dass diese Information der Geheimhaltung unterlag, denn man befand sich schließlich im Kalten Krieg.

36 Jahre nach seinem ersten Flug sollte John Glenn im Oktober 1998 mit einem Space-Shuttle noch einmal in eine Erdumlaufbahn starten. Diesmal war er mit 77 Jahren der älteste Mensch im Weltraum.

- 27. Januar 1967

Die Vorbereitungen des Apollo-Projektes zur Mondlandung laufen auf Hochtouren, da kommt es zu einem dramatischen Unfall. Als die Astronauten Edward White, Virgil Grissom und Roger Chaffee einen Test in einer startbereiten Apollo-Kapsel durchführen, ruft einer plötzlich: »Feuer in der Kabine!« Nach 16 Sekunden ist alles vorbei: In der mit reinem Sauerstoff gefüllten Kabine hatte sich der Brand explosionsartig ausgebreitet, die drei Astronauten waren verbrannt.

Genau drei Monate später gibt es auch bei den Sowjets eine Katastrophe. Nach 24 Erdumkreisungen taucht das Raumschiff Sojus 1 am 24. April 1967 wieder in die Erdatmosphäre

ein. Die Bremsfallschirme verheddern sich, die Kapsel stürzt ungebremst zu Boden und der Kosmonaut Wladimir Komarow ist auf der Stelle tot. Als die NASA einen amerikanischen Astronauten zu den Begräbnisfeierlichkeiten entsenden will, lassen sowjetische Diplomaten wissen, dass die Anwesenheit unerwünscht sei.
- 20. Juli 1969

Die Apollo 11-Mission führt eine erfolgreiche Landung auf dem Mond durch. Zwei Sätze aus dem Funkverkehr mit der Zentrale in Houston sollten in die Geschichte der Raumfahrt eingehen. Die Mondlandefähre trug den Spitznamen »eagle« (Adler), und als das Modul im Mare tranquilitatis auf der Mondoberfläche aufsetzte, meldete der Kommandant Neil Amstrong schlicht: »The eagle has landed.« Die Telemetrie zeigte eine Pulsfrequenz von 130 Schlägen in der Minute an. Die ersten Menschen waren auf einem fremden Himmelskörper gelandet und Millionen Menschen sahen die Live-Übertragung im Fernsehen. Als Neil Amstrong von der letzten Stufe der Leiter auf den Mondboden sprang, sagte er: »Dies ist nur ein kleiner Schritt für einen Menschen, aber ein großer Sprung für die Menschheit.« Die erste Mondlandung dauerte nur wenige Stunden, dennoch war Apollo 11 eine technische Meisterleistung und ein politischer Triumph für die Amerikaner. Doch der Erfolg war teuer. Jeder Flug kostete über eine Millarde Dollar pro Astronaut. Ursprünglich wollte man zehn Mondflüge durchführen, Apollo 17, die siebente Mission im Dezember 1972 war aber bereits die letzte. Insgesamt betraten zwölf Astronauten den Mond, denn Apollo 13 war nach der Explosion eines Sauerstofftanks ein dramatischer Fehlschlag, die Besatzung kam allerdings nach einer Mondumkreisung wohlbehalten zur Erde zurück.

Die Astronauten des Apollo-Programms wurden zu nationalen und internationalen Helden und Stars, einige fanden nicht mehr in ein normales Leben zurück. Neil Amstrong

(Apollo 11) verließ im Streit die NASA und wurde Farmer, Edwin Aldrin (Apollo 11) kämpfte zehn Jahre mit einem ernsten Alkoholproblem, James Irwin (Apollo 15) und Charles Duke (Apollo 16) wurden Wanderprediger, David Scott (Apollo 15) hatte Briefmarken auf die Reise mitgenommen, die später für viel Geld verkauft wurden.

Alle Apollo-Flüge erfolgten mit Saturn V-Raketen, dem Meisterstück des Wernher von Braun.

- 12. April 1981

Start des ersten Space Shuttle. Dabei handelte es sich um ein wieder verwendbares Transportsystem zum Verkehr in Erdumlaufbahnen, eine Entwicklung, an der Wernher von Braun nicht mehr beteiligt war.

- 28. Jänner 1986

Mit dem Shuttle »Challenger« kommt es zur bisher größten Katastrophe der Raumfahrt: 73 Sekunden nach dem Start explodiert das Raumschiff, die sieben Besatzungsmitglieder kommen ums Leben.

- 19. Februar 1986

Beginn des Zusammenbaues der russischen Raumstation »Mir« (Frieden). Die Station war wie ein Baukasten konzipiert und wurde durch das Anfügen weiterer Module ständig vergrößert. Damit begann aber auch die Störanfälligkeit, fast ständig musste repariert werden. Trotz allem verblieb die Station 15 Jahre betriebsfähig in ihrer Erdumlaufbahn. Am 24. März 2001 erfolgte nach 86.331 Umrundungen der Erde der kontrollierte Abstieg und die Station verglühte in der Atmosphäre.

- Seit 1999

Als Ersatz für die Mir wird die International Space Station (ISS) aufgebaut. Viele Nationen sind daran beteiligt, es entsteht eine gigantische Raumstation, in der sich ständig sechs Astronauten aufhalten sollen. Geplant ist nicht nur ein riesiges Weltraumlabor, sondern auch eine Zwischenstation für den Flug zum Mars. Es ist dies das größte und teuerste Zivilprojekt der Menschheitsgeschichte, zugleich das größte Wissenschaftsprojekt aller Zeiten. Die Kosten betragen etwa 108 Millarden Euro.

Die Krankheit war ernst und unheilbar

Er war immer ein schwächliches Kind gewesen, während des Wachstums litt er unter periodisch auftretenden Schmerzen. Seine körperliche Schwachstelle war die Wirbelsäule, die für Verletzungen anfällig war und besonders heftige Schmerzen bereitete. Eine ganz Reihe verlegener Ärzte bemühte sich ohne Erfolg um eine Diagnose. Rückblickend können wir heute sagen, dass es sich um eine Minderwertigkeit der die Wirbelkörper abschließenden Knorpelplatten gehandelt hat. Die Folge waren ein Zusammensinken der Wirbelsäule, Druck auf die vom Rückenmark kommenden Nerven und dementsprechende Schmerzen. Aufgrund seines schlechten Zustandes musste der Gesuchte mehrmals in Spitalspflege. In seinem dritten Lebensjahr erkrankte er so schwer an Scharlach, dass sein Vater ein Gelübde ablegte, die Hälfte seines Vermögens für Wohltätigkeitszwecke zu stiften, sollte sein Kind wieder gesund werden. Nach langem Krankenlager besserte sich der Zustand des kleinen Jack und der Vater stellte einen Scheck über 3.700 Dollar aus. Das war im Jahre 1920 sehr viel Geld. Weil er so häufig im Bett liegen musste, war Jack der Einzige in der Familie, der las. Dadurch erlangte er bereits in jungen Jahren ein Allgemeinwissen außerordentlichen Grades. Sein größtes Problem blieb jedoch seine Gesundheit; ein schlechtes Blutbild wurde zunächst als Leukämie, dann als Lebererkrankung interpretiert, schließlich gaben die Ärzte zu, keine Diagnose stellen zu können. Mit 18 Jahren musste er sich im Krankenhaus einer Reihe medizinischer Tests unterziehen. Mit der lässigen Unbekümmertheit eines sonst sorglosen jungen Mannes schrieb er aus dem Spital an einen Freund: »Sie haben doch nichts gefunden, außer dass ich Leukämie habe und Agranulozytose. Ich warf gestern einen flüchtigen Blick auf mein Diagramm und da konnte ich sehen, dass sie im Geiste schon Maß für meinen Sarg genommen haben. Iss, trink und mach Liebe, da wir morgen oder nächste Woche meine Beerdigung erwarten.«

In halbwegs guter körperlicher Verfassung begann Jack sein Studium der Politischen Wissenschaften und erlitt im zweiten Jahr einen fatalen Unfall. Ein unglücklicher Sturz bei einem Footballspiel führte zu einem Einriss einer Zwischenwirbelscheibe in der Lendenregion. Dies hatte heftige Schmerzen und eine dementsprechende Bewegungseinschränkung zur Folge. Der junge Mann wurde mit schmerzstillenden Mitteln, Massagen und Wärmeanwendungen behandelt. Heute wissen wir, dass solche konservativen Maßnahmen falsch sind, da nur eine Operation helfen kann. Das abwartende Verhalten der Ärzte bedeutete für Jack den Beginn eines körperlichen Martyriums, das ihn sein ganzes Leben begleitete.

Bedingt durch seine zu dieser Zeit bereits mannigfaltigen Leiden wurde Jack zunächst auch bei der militärischen Musterung nicht in die Armee aufgenommen. Es bedurfte einer drängenden Intervention seines Vaters, dass man ihn bei der Marine einstellte. Er wurde auf einem Torpedoboot stationiert, machte zahlreiche Seegefechte mit und wurde schließlich schwer verwundet, als ein japanischer Zerstörer sein Boot rammte. Die Wucht des Schiffszusammenstoßes hatte seine empfindliche und geschädigte Wirbelsäule stark geprellt und neuerlich lädiert. Im Marinelazarett wurde er jetzt erstmals an der Wirbelsäule operiert, wodurch der Druck auf die Nerven des Rückenmarkes vermindert werden sollte – aber vergeblich. Er wurde zwar dekoriert, aber vom Militärdienst als untauglich entlassen. Auf Krücken kehrte er nach Hause zurück.

1947, anlässlich eines Besuches in London, kam es zu einer

krisenhaften, lebensbedrohenden Situation, als er mit akuter Übelkeit und niedrigem Blutdruck zusammenbrach und Hals über Kopf in eine Klinik gebracht wurde. Dort wurde sofort die richtige Diagnose gestellt – der jetzt 30-jährige Mann litt an einer Unterfunktion der Nebennierenrinde, dem so genannten Morbus Addison. Die Behandlung musste in einem Ersatz der fehlenden Nebennierenrindenhormone bestehen: Einerseits erhielt er alle drei Monate eine Hormonkapsel unter die Haut implantiert, andererseits musste er täglich eine bestimmte Cortisondosis in Tablettenform schlucken. Diese Substitutionsbehandlung musste lebenslänglich erfolgen.

Da der junge Mann aus gutem Haus bereits als aktiver Politiker tätig war, wurde seine Krankheit verharmlost und in der Öffentlichkeit gefälscht dargestellt. Sein Büro erklärte, es handle sich lediglich um einen neuen Anfall von Malaria, an der er ja im Pazifik erkrankt war, und stellte es als unpatriotisch hin, weiter nachzufragen.

- Wer war dieser schwer kranke Nachwuchspolitiker?

Von Medikamenten abhängig, von Schmerzen gequält

Es ist seltsam und auch weitgehend unbekannt, dass John Fitzgerald Kennedy (1917–1963), von seinen Freunden »Jack« genannt, fast immer krank war. Der junge Kennedy, der nach Beendigung des Krieges in die Politik eintrat, gehörte wie auch der damalige US-Präsident Harry S. Truman und dessen Vorgänger Franklin D. Roosevelt der Demokratischen Partei an. Zunächst wurde er Abgeordneter im Repräsentantenhaus, ab 1952 war er Senator des Staates Massachusetts.

Die USA sind eine bundesstaatliche Republik mit einem demokratisch gewählten Präsidenten an der Spitze. Die exekutive Gewalt liegt beim Präsidenten, der zugleich Staatsoberhaupt, Regierungschef und Oberbefehlshaber der Streitkräfte ist. Das Kabinett, bestehend aus Ministern, Beratern und hohen Beamten, ist ein rein beratendes Gremium; Verantwortung und Entscheidung trägt nur der Präsident. Er ist tatsächlich der mächtigste Mann der Welt.

Die gesetzgebende Gewalt sowie der Budgetbeschluss liegen beim Kongress. Dieser besteht aus dem Senat und dem Repräsentantenhaus. Der Senat umfasst 100 Mitglieder, wobei jeder Bundesstaat zwei Senatoren entsendet. Alle zwei Jahre wird ein Drittel neu gewählt. Das Repräsentantenhaus besteht aus 435 Mitgliedern, die für jeweils zwei Jahre gewählt werden. Die den Einzelstaaten zustehende Zahl an Abgeordneten richtet sich nach der jeweiligen Einwohnerzahl. Jede Gesetzesvorlage bedarf der Zustimmung beider Kammern.

In den USA gibt es ein Zweiparteiensystem, wobei zwischen den beiden Parteien keine großen ideologischen Unterschiede bestehen. Die Demokraten sind eine liberal-fortschrittliche Volkspartei, die Republikaner dagegen konservativ-elitär, den uramerikanischen Werten von Individualismus, Pioniergeist und Familiensinn verbunden.

Ein schwer kranker Politiker wird zum Idol einer Epoche

Seit der junge Kennedy ein politisches Mandat übernommen hatte, leugnete er die Schwere seiner Krankheit, selbst seine engsten Freunde hörten keine Klage. Unter allen Umständen galt es zu verhindern, dass bekannt wurde, er leide an einer chronischen, lebensbedrohenden Erkrankung, sei von Medikamenten abhängig und dürfe ohne entsprechende ärztliche Vorbereitung keiner akuten Belastungssituation ausgesetzt werden.

Aufgrund seines Wirbelsäulenleidens wurde er von starken Schmerzen gepeinigt. Manchmal hatte er Mühe, von einem Stuhl aufzustehen, sodass er oft im Senat sitzen blieb und sich langweilige Reden anhörte, statt – wie andere Senatoren – zwischen den Abstimmungen in sein Büro zu gehen. Aber auch das Gehen bereitete ihm Schwierigkeiten; oft musste er Krücken benützen, die er jedoch nie in der Öffentlichkeit verwendete. Desgleichen wussten nur wenige, dass er ein Stützmieder trug. Auf der Rednertribüne hielt er sich krampfhaft gerade. Dass er oft Schmerzen hatte, überspielte er nach außen hin mit seinem offenen Lächeln. Ein enger Freund bemerkte einmal, dass man nie wusste, ob das etwas »schiefe« Lächeln von Jack auf Schmerz oder auf Amusement zurückzuführen sei.

Kennedy drängte auf eine Operation, um die Wirbelsäue zu stabilisieren. Aber die Addison'sche Krankheit machte einen solchen Eingriff zu einer Frage von Leben und Tod. Nach einer genauen medizinischen Vorbereitung wurde Senator Kennedy schließlich am 21. Oktober 1954 in New York operiert. Dabei wurden der unterste Lendenwirbel mit dem Kreuzbein und das Kreuzbein mit dem Darmbein durch Metallplatten verbunden. Da es sich um eine Risikooperation mit großen medizinischen Problemen handelte, wurde der Fall – allerdings natürlich ohne Namensnennung – auch in einer chirurgischen Fachzeitschrift publiziert. Alles verlief planmäßig, der erhoffte Erfolg jedoch blieb aus. Die Schmerzen bestanden weiter und es bedurfte einer langen Rekonvaleszenz. Während dieser fast achtmonatigen Wiederherstellungszeit geschahen jedoch zwei Dinge, die Kennedys weiteres Leben positiv beeinflussen sollten.

Die New Yorker Ärztin Dr. Janet Travell begann seine Rückenschmerzen mit lokalen Novocain-Infiltrationen zu behandeln, die Krämpfe der verspannten Rückenmuskulatur lösten sich und es trat eine merkliche Besserung ein. Langsam führten auch weitere Maßnahmen, die Frau Dr. Travell veranlasste, zum Erfolg: In seinem linken Schuh wurde eine 5 mm dicke Einlage angebracht, wodurch die Stellung des Beckens korrigiert wurde; außerdem saß Jack sooft wie möglich in einem Schaukelstuhl, denn dies entlastete die Wirbelsäule. Kennedy hatte volles Vertrauen zu dieser erfolgreichen Ärztin – sie ging später mit ihm ins Weiße Haus und wurde zur Leibärztin des Präsidenten, eine Funktion, die in den USA bis dahin nur hohe Militärärzte innegehabt hatten.

Eine zweite Vorentscheidung für seine weitere politische Laufbahn war ein Buch, dass er während seiner langen Rekonvaleszentenzeit geschrieben hatte. *Profiles in Courage* (»Zivilcourage«) enthält eine Reihe kurzer Biografien von amerikanischen Politikern, von denen jeder in besonders schwierigen politischen Situationen außerordentliche Zivilcourage bewiesen hatte. Als das Buch 1956 erschien, wurde es ein sensationeller Erfolg. Der Inhalt entsprach dem wachsenden Bedürfnis der Nation nach geistiger Orientierung und Vitalität der Demokratie in einer Zeit der kommunistischen Drohungen. Dieses Buch steigerte die Popularität Kennedys und machte ihn zu einem Mann, der eben etwas mehr war als nur einer von vielen Politikern. Im Jahr darauf erhielt er für sein Werk den Pulitzer-Preis und drei Jahre später war John F. Kennedy der jüngste Präsident der Vereinigten Staaten.

Ein Frauenschicksal

Nach der Trennung ihrer Ehe übersiedelte die Mutter, eine geborene Gräfin Henckel-Donnersmark, mit ihrer kleinen Tochter im Jahre 1809 in die Residenzstadt eines Herzogtums in Thüringen. Dort gab es einen privaten Gesangsverein und hier traf das junge Mädchen auf den Mann, der ihr Leben entscheidend beeinflussen und dessen Namen sie später tragen sollte. Er ist 62 Jahre alt, sie gerade 15. Der unehelich geborene Sohn des alten Herrn verliebt sich in das »kleine Persönchen«, 1817 wird eine Vernunftehe geschlossen: Die junge Frau war vor die Wahl gestellt, entweder als Hofdame auf eine »gute Partie« zu warten, oder aber in das Haus des berühmtesten Bürgers jener Stadt, des geadelten Ministers, einzuheiraten.

Die Ehe wurde nicht glücklich. Der phlegmatische junge Mann stand völlig im Schatten des dominierenden Vaters, die quirlige und intelligente Frau bewunderte und umsorgte den Vater; ihr galten auch dessen letzte Worte. Ein Biograf meinte dazu ganz direkt: »Sie vermählte sich eigentlich mit dem Vater und nicht mit dem Sohn; Letzterer war nur der unglückliche Dritte zwischen ihr und dem Alten.« Obwohl drei Kinder auf die Welt kamen, scheiterte die Ehe. Er wurde zum Alkoholiker, sie hatte mehrere Liebschaften. Er starb anlässlich einer Auslandsreise, sie »empfindet nicht die leiseste Bewegung«.

1834 kehrt die nun 38-jährige Witwe von einer Reise nach Frankfurt schwanger zurück. Als Bildungsaufenthalt getarnt, flieht sie nach Wien, wo Tochter Anna Sibylle geboren wird.

Der Säugling wird sofort in Pflege gegeben und stirbt nach eineinhalb Jahren. Im Totenprotokoll des verstorbenen Kindes wird als Mutter eine gewisse »Ottilia Stori« genannt. Die in Frage stehende Dame übersiedelte 1840 gänzlich nach Wien, das bis 1869, durch einzelne Reisen unterbrochen, ihr ständiges Domizil bleibt.

Als Schwiegertochter eines bedeutenden Mannes ist sie in die Geschichte eingegangen, als Ehefrau des Sohnes wurde sie nur unglücklich.

- Wer war diese Frau und welche Rolle spielte sie im Hause ihres Schwiegervaters?

Ottilie Wilhelmine Henriette von Pogwisch wurde 1796 in Danzig geboren. Der Familienname bedeutet etwa »von der Froschwiese«, das Geschlecht stammt aus Holstein. Mit ihrer Mutter nach Weimar gekommen, gewann sie bald Goethes Aufmerksamkeit und Wohlwollen, sie himmelte den Dichterfürsten natürlich an. Mehr aus Eitelkeit denn aus Zuneigung ging sie auf die Brautwerbung von Goethes Sohn August ein. Bei der Heirat (1817) war sie 21, er 28 Jahre alt.

Goethe war seit 1816 Witwer, Ottilie und August wohnten bei ihm im großen Haus am Frauenplan. Sie bemühte sich zwar eifrig, den komplizierten Haushalt mit den vielen Gästen in den Griff zu bekommen, aber vergeblich. Die Wirtschaft organisierte August, Ottilie war nur die repräsentierende Hausfrau: Das allerdings tat sie mit Geist, Charme und Temperament. Die Katastrophe aber war, dass August und Ottilie in wirklich keiner Beziehung zusammenpassten. Längst spielte sich die Ehe in getrennten Wohn- und Schlafzimmern ab, also eigentlich überhaupt nicht. Fast zwangsläufig wandte sie sich anderen Männern zu, während Goethes Sohn im Alkohol unterging.

- Was weiß man über ihren Wienaufenthalt?

Der Vater des Kindes, das sie in Wien zur Welt brachte, war Captain Story, ein in Frankfurt lebender Engländer; daher auch die Eintragung im Totenprotokoll. Ottilie logierte im Wiener Einkehrgasthof »Römischer Kaiser«, Ecke Freyung/Renngasse. Dort lernte sie Dr. Franz Romeo Seligmann (1808–1890) kennen, der an der Universität das Fach Geschichte der Medizin gründete. Er blieb ihr bis an ihr Lebensende (1872) freundschaftlich verbunden und führte sie in das Wiener Kultur- und Gesellschaftsleben ein. Sie machte die Bekanntschaft der Arnsteins, Eskeles und Pereiras, von Friedrich Hebbel und Adalbert Stifter, Franz Grillparzer, Nikolaus Lenau, Anastasius Grün und vielen anderen mehr. Nach dem Tod des Kleinkindes Anna Sibylle starb auch die Tochter August von Goethes, die 17-jährige Alma, in Wien. Die beiden Söhne blieben ohne Nachkommen, die Familie Goethe war damit erloschen.

Die Organe leben weiter

Denise Darvall, eine 25-jährige Bankangestellte hatte ein neues Auto und fuhr gerne damit herum. Am Samstag, dem 2. Dezember 1967, beschloss die Familie Bekannte zu besuchen. Die Eltern, Edward George Darvall und seine Frau Myrtle, saßen hinten im Wagen, Denise chauffierte und ihr Bruder Keith war neben ihr. Die Damen wollten für den Besuch noch einen Kuchen einkaufen, deshalb hielten sie gegenüber einer Bäckerei an. »Wir sind gleich wieder da«, sagten die beiden Frauen, als sie ausstiegen. Das Geschäft war voll, sie mussten warten, aber nach etwa zehn Minuten kehrten sie zurück. Beim Überqueren der Straße wurden sie vom Wagen des Frederick Prins, der viel zu schnell unterwegs war, angefahren und schwer verletzt. Die Rettung brachte beide sofort in die Notaufnahme des Krankenhauses, die Mutter war zu diesem Zeitpunkt allerdings bereits tot. Denise hatte zahlreiche Knochenbrüche erlitten, eine Blutung in die Bauchhöhle sowie eine Schädelzertrümmerung mit Gehirnaustritt am rechten Ohr. Genau zwei Stunden nach dem Unfall erloschen die Reflexe, die Pupillen wurden weit und starr, das Elektroenzephalogramm zeigte eine Null-Linie. Die Gehirntätigkeit von Denise Darvall war erschloschen.

In der Zwischenzeit hatte die Polizei den Unfallhergang rekonstruiert: Die Mutter war durch das vorbeirasende Auto direkt angefahren und gegen die Tochter geschleudert worden. Diese flog in hohem Bogen in Richtung Straßenrand und prallte mit dem Kopf gegen die Radkappe eines parkenden Autos. Wäre das nicht passiert, hätte sie wahrscheinlich überlebt. So aber lag sie jetzt hirntod in einer Intensivstation und ihre übrigen Organfunktionen wurden nur durch ein Beatmungsgerät sowie massive Medikamenteninfusionen aufrechterhalten. Acht Stunden lag die junge Frau hirntod, aber an die Maschine angeschlossen.

In dieser Zeit herrschte geschäftiges Treiben in zwei Operationssälen, denn es wurde ein aufwändiger medizinischer Eingriff vorbereitet. Der leitende Chirurg war 45 Jahre alt, ein Spezialist auf seinem Gebiet, aber das, was jetzt geschehen sollte, hatte er noch nie gemacht. Es war Sonntag, der 3. Dezember 1967, 2 Uhr 10, da drehte der Chirurg eigenhändig die Beatmungsmaschine ab. Nach weiteren 15 Minuten stand das Herz von Denise Darvall still.

- Wer war dieser später weltberühmte Chirurg und auf welchen Eingriff bereitete er sich vor?

Dr. Barnards erste Herztransplantation

Denise Darvall war eigentlich eine der berühmtesten Patienten des 20. Jahrhunderts, geriet jedoch später völlig in Vergessenheit. Sie wurde, nachdem ihr Vater Edward George sein Einverständnis dazu gegeben hatte, zur Organspenderin, eine 1967 noch keineswegs alltägliche Angelegenheit. Ihre Niere wurde einem Farbigen transplantiert, die Sensation aber war, dass erstmals in der Medizingeschichte ein Herz transplantiert wurde: das Herz der Denise Darvall.

Am frühen Morgen des 3. Dezember 1967, es war ein Sonntag, von etwa 2 Uhr bis 6 Uhr 30 erfolgte im Groote Schuur Hospital in Kapstadt/Südafrika unter Leitung von Professor Dr. Christiaan Barnard die erste Transplantation eines Menschenherzens. Empfänger war der Lebensmittelhändler und frühere Sportboxer Louis Washkansky, geboren 1914 in Li-

tauen und mit seinen Eltern 1921 nach Südafrika ausgewandert. 1939 meldete er sich zum Militär und erlebte das Kriegsende als Besatzungssoldat der britischen Armee in Klagenfurt/Kärnten. Washkansky war als Patient für die erste Herztransplantation gut und gleichzeitig schlecht ausgesucht. Gut deshalb, weil er dermaßen schwer herzleidend war, dass er in allernächster Zeit am Versagen seines durch mehrere Infarkte extrem geschädigten Herzens gestorben wäre. Eine missglückte Operation wäre für ihn kaum lebensverkürzend gewesen. Schlecht war jedoch sein sonstiger Allgemeinzustand, denn er war Raucher und Trinker, Diabetiker, der Insulin spritzen musste, und er hatte eine offene, eitrige Hautwunde am linken Bein.

Die Herztransplantation ist bekanntlich technisch gelungen, die Medikamente zur Unterdrückung einer Abstoßungsreaktion schwächten die Abwehrmechanismen des Immunsystems jedoch derart, dass Louis Washkansky nach anfänglicher Besserung am 21. Dezember 1967, dem 18. Tag nach der Operation, an einer massiven bakteriellen Lungenentzündung starb.

Für die Presse im Apartheitstaat Südafrika war wichtig, dass das Herz eines Weißen (ob Mann oder Frau schien den Journalisten gleichgültig) wieder in einen Weißen verpflanzt wurde. Ein Reporter aus New York wollte wissen, welches Religionsbekenntnis der Spender hatte, da Washkansky doch Jude sei. Barnard antwortete darauf, er sei sicher, dass das Problem der Abstoßungsreaktion durch einen Konfessionsunterschied nicht kompliziert würde.

Erstaunlicherweise interessierte sich niemand dafür, dass eine Niere der Denise Darvall im Karl Bremau Hospital dem 10-jährigen schwarzen Buben Jonathan Wyk verpflanzt wurde.

Der zweite Versuch

Fast einen Monat später, am 1. Jänner 1968, kam Dr. Christiaan Barnard von einem Kurzaufenthalt in den USA wieder in seine Heimatstadt zurück. Er hatte einen Fernsehauftritt vor rund zwanzig Millionen Amerikanern hinter sich und genoß sichtlich den öffentlichen Rummel um seine Person.

An diesem Tag, es war Neujahr und daher ein Feiertag, fuhr der 24-jährige Spinnereiarbeiter Clive Haupt mit seiner Frau Dorothy zum Picknick ans Meer. Das ging am Neujahrstag ganz gut, denn es geschah auf der südlichen Erdhalbkugel und daher war dort Sommer. Eben am Strand angekommen brach Clive Haupt bewusstlos zusammen. Die Ärzte stellten eine massive Gehirnblutung fest, am Vormittag des 2. Januar trat der Gehirntod ein. Inzwischen war der Patient in das gleiche Krankenhaus gebracht worden, wo vor einigen Wochen Denise Darvall gestorben war. Er wurde jedoch auf eine abgetrennte Abteilung gelegt, denn Clive Haupt war ein Farbiger. Damals gab es in Südafrika in den Krankenhäusern getrennte Abteilungen für »Weiße« und »Nicht-Weiße« und das musste streng eingehalten werden. Auch in diesem Fall drehte Dr. Barnard selbst das Beatmungsgerät ab, wartete aber diesmal nicht, bis das Herz stillstand, sondern begann sofort mit der Operation.

Barnards zweiter Transplantationspatient war der Zahnarzt Philip Blaiberg, geboren 1909. Er bekam das Herz von Clive Haupt. Die Operation fand am 2. Januar 1968 statt, Blaiberg lebte dann noch bis zum 17. August 1969. Um keinen Patienten wurde je ein derartiger Medienrummel entfacht wie um diesen zweiten Herztransplantierten. Während seines Spitalsaufenthaltes wurde über jede Einzelheit berichtet, Foto- und Fernsehteams waren immer in Bereitschaft. Es gab rührend-unbeholfene Bilder, etwa als Blaiberg sich nach der Operation erstmals wieder selbst rasierte. Manchmal war es aber nur peinlich, beispielsweise als Barnard sich ins Bett legte und Blaiberg so tat, als würde er ihn mit einem Stethoskop untersuchen.

Dahinter spielte sich jedoch eine menschlich-medizinische Tragödie ab. Blaiberg wurde zu Reklamezwecken missbraucht: Barnard brachte in einem großen Glasgefäß das herausoperierte Herz und der Zahnarzt musste es in die Hand nehmen – die Fotografen machten ihre Bilder. Zwei Monate nach der Operation sollte Blaiberg das Krankenhaus verlassen. Er sah blühend aus, was die Wirkung des Cortison war. Als er einmal mühsam vom Rollstuhl aufstand und winkte, stützen ihn Barnard und eine Krankenschwester, aber es sah so aus, als umarmten sie einander – die Fotografen machten ihre Bilder. Barnard zog einem medizinischen Wanderprediger gleich um die Welt, um sich und seine Operation zu präsentieren. Vom amerikanischen Präsidenten Lyndon B. Johnson über den Schah von Persien bis zu Darstellern in Sexfilmen, von Papst Paul VI. bis Frank Sinatra wurde praktisch niemand ausgelassen – die Fotografen machten ihre Bilder. Seine Abenteuer mit diversen Frauen, von Filmstars bis Journalistinnen, schrieb Barnard selbst ausführlich und detailreich in seinen Lebenserinnerungen nieder.

In der Zwischenzeit ging es Philip Blaiberg zunehmend schlechter. Er hatte zwar ein gesundes Herz bekommen, aber innerhalb kurzer Zeit entwickelte sich eine schwere Arteriosklerose der Koronararterien. Er bekam also dieselbe Krankheit, die er schon zuvor gehabt hatte. Am 17. August 1969, 18 Monate nach der Transplantation, starb Philip Blaiberg an Herzversagen. Jetzt war auch das Herz von Clive Haupt tot.

»Plötzlicher Ruhm ist ein berauschendes Erlebnis«

Diese Worte sind nur eines von vielen Zitaten des Christiaan Barnard, aber sie passen gut als Überschrift für seinen Lebenslauf.

Die Barnards lebten in Beaufort West, einer Siedlung in der Trockensteppe Karru, etwa 600 km westlich von Kapstadt. Vater Adam war Pastor der Holländisch-Reformierten Kirche, durfte aber nur den Gottesdienst für die Schwarzafrikaner betreuen; zu Hause jedoch predigte Mutter Elisabeth jedem ihrer vier Söhne: »Ich erwarte von Dir, dass Du der Erste bist – nicht der Zweite oder Dritte, sondern immer der Erste.« Christiaan, geboren 1922, hat sich das gut gemerkt.

Seine Muttersprache war Afrikaans, Englisch gab es nur nebenbei. Als guter und fleißiger Schüler erledigte er das Medizinstudium ohne Schwierigkeiten und eröffnete eine ärztliche Praxis. 1954 trat er in das Groote-Schuur-Krankenhaus in Kapstadt ein und wurde Chirurg. »Groote Schuur« heißt übrigens »Große Scheune« und ist ein alter Name aus der Siedlergeneration der Buren. Ein Studien- und Forschungsaufenthalt in Amerika brachte ihn zur Herzchirurgie. Barnard lernte eine Herz-Lungen-Maschine bedienen, dann wurde er Operationsassistent von Walton Lillehei in Minneapolis. Das war damals eine der ersten Adressen in der Herzchirurgie. Überhaupt gab es um die Mitte des 20. Jahrhunderts noch nicht so viele mit Herzoperationen vertraute Chirurgen. Man kannte und beobachtete einander genau, die Konkurrenz war klein, aber hart.

Jeder für sich ein Star, hüteten sie peinlichst ihre Tricks und Spezialmethoden: Denton Cooley, der »Cowboy«, und Michael De Bakey, der »Libanese«, in Texas, Walton Lillehei, der »Feinmechaniker am Herzen«, in Minneapolis und Norman Shumway, der »Zauderer«, in Palo Alto. Shumway arbeitete seit 1959 an der Technik der Herztransplantation; durch unzählige Operationsversuche an Hunden fand er heraus, wie dies gemacht werden muss. Im November 1967 schrieb Shumway: »Wir denken, dass der Weg für die Herztransplantation von Mensch zu Mensch gebahnt ist... obwohl die Tierexperimente noch fortgesetzt werden... stehen wir an der Schwelle zur ersten Herztransplantation von Mensch zu Mensch.«

Im Dezember 1967 kam Barnard den Amerikanern jedoch zuvor. Er arbeitete mit deren Technik und benützte eine von Amerika geschenkte Herz-Lungen-Maschine. Das Apartheitregime in Südafrika hatte es eilig, »seinen« Chirurgen zum Helden und Vorzeigearzt hochzustilisieren. Das kam sehr gelegen, denn man hatte einiges zu vertuschen: Das monatliche Durchschnittseinkommen eines schwarzen Arbeiters betrug damals in Südafrika 10 Dollar, Weiße verdienten 133 Dollar. Barnard stieg in den Jetset ein und genoß seine Publizität. Er war ein fleißiger und technisch versierter Chirurg und operierte bis 1983, danach behinderte ihn Polyarthritis an den Fingern zu sehr. Er war dreimal verheiratet und hatte sechs Kinder aus diesen Ehen. Als typischer »Womanizer« hatte er zahlreiche Affären und wurde wie ein Popstar von den Frauen belagert.

Barnards operatives Husarenstück beseitigte alle Hemmungen und Vorbehalte der Transplantationschirurgen. Schon drei Tage nach der Operation an Washkansky wurde in New York ein Herz transplantiert. Der Operateur hieß Adrian Kantrowitz, die Weltöffentlichkeit jedoch kennt nur Christiaan Barnard.

Am 2. September 2001 starb der wohl bekannteste Arzt des 20. Jahrhunderts, er wurde 78 Jahre alt. Als Todesursache wurde ein Asthmaanfall angegeben und ausdrücklich betont: »The heart was in very good condition« und die obduzierende Pathologin fügte hinzu: »I can say perfect.« Da kann etwas nicht stimmen. Einerseits heißt es, er hätte jahrelang an Asthma gelitten, was bekanntlich das Herz schwer schädigt, andererseits betont man den guten, ja perfekten Zustand des Herzens. Vielleicht liegt die Lösung darin, dass sich Barnard gerade auf Promotiontour für sein Buch *50 Wege zu einem gesunden Herz* befand. Da kann man ja gar nicht an Herzversagen sterben!

Worin liegt das Problem der Herztransplantation?

An der Technik scheitert nichts, jeder manuell geschickte und etwas erfahrene Chirurg kann die erforderlichen Nähte korrekt ausführen. Die Misserfolge sind einerseits auf die Abstoßung des Fremdorgans und andererseits auf eine manchmal rasch einsetzende Koronararteriensklerose im transplantierten Organ zurückzuführen. Das ist verständlich, denn wenn jemand zuckerkrank ist und dadurch die Arterien geschädigt werden, so geschieht dies auch mit den Blutgefäßen seines neuen Herzens. Was die Abstoßungsreaktion betrifft, so kam der Durchbruch 1980. Bei der Suche nach neuen Antibiotika wurde bei der Firma Sandoz in Basel aus dem Pilz Trichoderma polysporum die Substanz Cyclosporin gewonnen. Dieses Mittel erwies sich als ungeeignet gegen Bakterien, aber hochwirksam gegen jene Lymphozyten, welche die immunologische Transplantatabstoßung ausführen. Durch dieses Medikament konnte die Überlebenszeit bei allen Organtransplantationen entscheidend verlängert werden. Ein großes Problem ist allerdings noch immer ungelöst: Es hoffen ungleich mehr schwer kranke

Patienten auf eine Herztransplantation, als geeignete Spender zur Verfügung stehen. Für die USA existieren auch konkrete Zahlenangaben: 14.000 potenziellen Empfängern stehen pro Jahr nur 1.000 Spenderherzen zur Verfügung. Außerdem ist die Sache teuer. Sollten tatsächlich 14.000 Herztransplantationen durchgeführt werden, entspräche dies etwa 2,5 Millarden Dollar. Soviel kostet ein voll ausgerüstetes Atom-U-Boot mit atomaren Raketensprengköpfen. Noch in keinem Staat der Welt haben die Militärschädel einen Krieg gegen die Zunft der Chirurgen verloren.

- War die Operation an Louis Washkansky am 3. Dezember 1967 tatsächlich die erste Herztransplantation?

Nein! Die erste Herztransplantation erfolgte am 23. Januar 1964 und das kam so. James D. Hardy, Chef der Chirurgischen Abteilung des »Medical Center-University of Mississippi« in Jackson hatte bereits 1963 eine Lungentransplantation durchgeführt. Als am 22. Januar 1964 der durch mehrere Myokardinfarkte schwer herzkranke Boyd Rush, geboren 1896, in die Klinik eingeliefert wurde, hatte Hardy einen Patienten, der auf jeden Fall verloren war, da es keine Therapie mehr gab. Er schloss Rush an eine Herz-Lungen-Maschine an und bereitete die Transplantation eines Herzens vor. Der Spender sollte ein junger Mann mit tödlichen Gehirnverletzungen sein, der auf der Intensivstation nur noch durch maschinelle Beatmung künstlich am Leben erhalten wurde. Seine Gehirnfunktion war erloschen, aber das Herz schlug weiter. Das Transplantationsteam wartete auf den Herzstillstand, aber es war kein Ende abzusehen.

In der Zwischenzeit verschlechterte sich der Zustand von Boyd Rush dramatisch. Im Gegensatz zum zwei Jahre später ablaufenden Geschehen in Kapstadt wagte niemand, die Beatmungsmaschine abzudrehen. Dies hätte das Problem gelöst.

Da entschloss sich Hardy, ein Schimpansenherz zu verwenden. Das größte Tier aus dem Versuchsstall wurde ausgesucht, der Affe narkotisiert, sein Herz entnommen und Boyd Rush eingesetzt, nachdem das kranke Herz entfernt worden war. Ein einziger Stromstoß mit dem elektrischen Defibrilator genügte, um das Schimpansenherz wieder regelmäßig schlagen zu lassen. Doch die Pumpkraft des kleinen Affenherzens war für den menschlichen Kreislauf zu schwach, nach einer Stunde wurde der Herzschlag immer geringer. Das Schimpansenherz blieb stehen und Boyd Rush war tot.

Selbstverständlich hatten die Medien darauf gewartet über diese sensationelle Operation zu berichten. Als sich jedoch herausstellte, dass der Spender kein Mensch, sondern ein Affe gewesen war, verlor man das Interesse und das Ereignis verschwand aus dem Bewusstsein des Publikums.

- Wann wurde die erste Operation am Herzen durchgeführt?

Der 22-jährige Gärtner Wilhelm Justus aus Frankfurt am Main wurde in der Nacht des 7. September 1896 während einer Wirtshausrauferei durch einen Messerstich in die Brust schwer verletzt. Im Spital stellte der diensthabende Assistent mittels einer Sonde fest, dass der Stichkanal in Richtung Herz führte und Herzverletzungen waren für die Chirurgie der damaligen Zeit tabu. Wider Erwarten überlebte der junge Mann bis zum Abend des 9. September, als der Chefchirurg Professor Ludwig Rehn (1849–1930) von einer Reise zurückkehrte. Ihm stellte man den Patienten vor und er operierte sofort ohne Zögern. Rehn öffnete den Brustkorb auf der linken Seite, wobei diese Lungenhälfte kollabieren musste, das nahm der Chirurg in Kauf. Er fand eine massive Blutung in der Brusthöhle sowie im Herzbeutel und eine Stichverletzung der rechten Herzkammer. Diese verschloss er am schlagenden Herzen mit drei Seidennähten, der Blutaustritt hörte sofort auf. Wilhelm

Justus überlebte den komplizierten postoperativen Verlauf und wurde somit zum ersten Patienten der Herzchirurgie.

Der Weg zum Herzen

Lange Zeit erschien es völlig ausgeschlossen, das Herz zum Zwecke einer Untersuchung direkt zu erreichen. Es gab nur den chirurgischen Weg mit operativer Eröffnung des Brustkorbes. Da kam der Zufall zu Hilfe.

Ein 25-jähriger Assistenzarzt, der soeben die letzten Prüfungen und die Promotion absolviert hatte, blätterte zufällig in einer Zeitschrift für Tiermedizin. Er sah dort ein Bild, wo ein Tierarzt einen langen dünnen Schlauch in die Vene eines Pferdes einführte, um eine Blutprobe zu gewinnen. Blitzartig kam ihm der Gedanke, dass man einen solchen Schlauch ja auch beim Menschen durch eine Vene bis in das Herz leiten könnte. Das alles spielte sich 1929 in der chirurgischen Abteilung eines kleinen Krankenhauses in Eberswalde achtzig Kilometer nördlich von Berlin ab. Der junge Arzt besprach seine Idee mit einigen Kollegen, doch niemand hielt etwas davon. Was sollte es bringen, intravenös bis zum Herzen vorzudringen, um dort eventuelle Medikamente direkt einzuspritzen oder Blutdruck sowie Blutströmung zu messen? Doch der junge Arzt gab nicht auf. Zum Tierarzt des Ortes wollte er nicht gehen, Versuchstiere im Krankenhaus gab es nicht, also probierte er seine Idee an einer Leiche. Er benützte einen dünnen Harnblasenkatheter aus Gummi, fettete diesen mit Vaseline ein und schob ihn durch eine Vene in Richtung Herz. Alles ging mühelos, aber was nun? Da er entschlossen war das Herz zu sondieren, blieb nur eine Möglichkeit: Selbstversuch!

- Welcher junge Arzt entdeckte die Herzkatheterisierung und was passierte danach?

Dr. Werner Forßmann (1904–1979) hatte lediglich eine Operationsschwester zur Hilfe. Zuerst injizierte er sich eine Lokalanästhesie in den linken Arm, eröffnete dann selbst eine Vene, legte eine Hohlnadel ein und schob durch diese hindurch einen eingefetteten Blasenkatheter. Dabei stellte er sich hinter den Schirm eines Röntgengerätes, während die Schwester auf der anderen Seite einen Spiegel hielt, in dem Forßmann den Weg des Katheters verfolgen konnte. Und dann bewies er eiserne Nerven. Was er selbst auf dem Durchleuchtungsschirm sah, war zu wenig, er brauchte ein Bild zum Beweis. Also marschierte er mit dem Gummikatheter in seiner Vene in die Röntgenabteilung, die im Kellergeschoss lag, schob den Schlauch so weit es ging hinein und ließ einige Röntgenbilder anfertigen. Er hatte unwahrscheinliches Glück: Der Harnblasenkatheter war nur 65 cm lang, mehr brauchte man ja nicht. Auf dem Weg zum Herzen reichte dieser Gummischlauch nur bis zum rechten Vorhof. Wäre er bis in die rechte Herzkammer vorgedrungen, hätte dies lebensgefährliche Rhythmusstörungen hervorgerufen, aber so ging alles gut. Noch im selben Jahr publizierte Forßmann seinen Versuch und trat gleichzeitig eine unbezahlte Assistentenstelle bei Ferdinand Sauerbruch (1875–1951), dem damals bedeutendsten Chirurgen Deutschlands, an. Als Sauerbruch die Arbeit *Die Sondierung des rechten Herzens* gelesen hatte, fragte er Forßmann, was er denn damit eigentlich wolle. »Vielleicht kann ich mich später habilitieren«, war die Antwort, worauf Sauerbruch explodierte: »Mit solchen Kunststücken habilitiert man sich in einem Zirkus und nicht an einer anständigen deutschen Klinik.« Forßmann war damit auch schon wieder entlassen, kehrte nach Eberswalde zurück und wurde schließlich Urologe.

Dass jemand sich zuerst einen Harnblasenkatheter bis in das eigene Herz vorschiebt, dann ausgelacht wird und schließlich den Beruf eines Urologen ergreift, klingt wie ein Witz. Niemand in Deutschland erkannte damals die Bedeutung der

Sondierung des Herzens. Ärzte im Ausland wurden jedoch aufmerksam, sie wiederholten und verbesserten Forßmanns Methode. Entscheidend für den Durchbruch der Herzkatheterisierung als diagnostische Methode war der rasante Fortschritt der Herzchirurgie. Kein Chirurg konnte sich an die Korrektur eines angeborenen Herzfehlers machen, ohne vorher exakte Daten über Druck- und Strömungsverhältnisse zu besitzen.

In Deutschland wurde Forßmann nach dem Zweiten Weltkrieg völlig vergessen, er arbeitete schließlich als Chefarzt des Evangelischen Krankenhauses in Düsseldorf. Eine Universitätskarriere ist ihm nicht gelungen. 1956 erhielten Werner Forßmann, André Cournand und Dickinson Richards den Nobelpreis für Medizin.

Eine kleine Geschichte des Herzens

Die älteste bildliche Darstellung eines Herzens stammt aus der Altsteinzeit, etwa 30.000 v. Chr., und findet sich in der Höhle von El Pindal in Spanien. Es ist die Ockerzeichnung eines Mammuts mit einem herzförmigen roten Fleck an der Stelle, wo im Tierkörper tatsächlich das Herz liegt. Dieses Motiv ist einzigartig, nirgends sonst findet man aus jener Zeit Bilder von inneren Organen. Existenz und Tätigkeit des Herzens ist seit urdenklichen Zeiten bekannt. Bei jeder Schlachtung oder Opferung eines Tieres muss aufgefallen sein, dass das Herz bei Öffnung des Brustkorbes zumindest noch einige Schläge ausführte. So lag es nahe, im Herzen den Sitz des Lebens zu vermuten. Dies findet sich auch im ältesten Epos der Menschheit, dem sumerischen *Gilgamesch* aus dem 3. Jahrtausend vor Christus: Der große König Gilgamesch hatte Angst vor dem Tod und suchte die Unsterblichkeit durch das Heilkraut »Todlosigkeit«.

Als treibende Kraft bei der Suche nach Unsterblichkeit gilt das Herz. Lange Zeit wurde das Herz als Sitz des Willens und der Emotionen angesehen, da es sich bei Freude wie auch Ärger besonders bemerkbar macht. Nur wer gefühllos ist, hat ein Herz aus Stein. Auch die Angst bei Schmerzen in der Herzgegend brachte diesem Organ eine Sonderstellung. Selbstverständlich hatte noch niemand eine Ahnung vom Kreislauf des Blutes oder der Pumpfunktion des Herzens.

In Altägypten (3000–1000 v. Chr.) wurde dem Herzen die Fähigkeit zugeschrieben, die Ma-at, das göttliche Ordnungsprinzip der Welt, aufzunehmen. Das Herz war demnach der Sitz der individuellen Person und als einziges Organ in der Lage, die göttliche Ordnung zu begreifen. Es ist das Zentralorgan des Denkens und des Willens, herzlos hieß bei ihnen vernunftlos. Deshalb wurde auch bei der Mumifizierung das Herz im Körper belassen, alle anderen Organe hingegen entfernt. Im »Papyrus Edwin Smith«, einem medizinischen Text aus der ägyptischen Frühzeit, steht: »Das Herz ist es, das jede Erkenntnis hervorkommen lässt, und die Zunge ist es, die wiederholt, was vom Herzen gedacht wird.« Der ägyptische Lehrer forderte seine Schüler auf: »Gebt die Schriften in euer Herz« und meinte damit auswendig lernen. Das hat sich bis heute im Englischen erhalten, wenn es heißt »to learn by heart«. Die Vorstellung war, das Herz »spricht« in den Gefäßen mittels des Pulsschlages. Die Gefäße gehen vom Herzen aus und führen Luft (aer), deshalb wurden sie in der griechischen Literatur Arterien genannt.

Im chinesischem Altertum (1000–500 v. Chr.) wurde das Herz als zentraler Ort zur Kontemplation und Selbstkonzentration angesehen. Es galt als das vornehmste der fünf Eingeweideorgane: Herz, Leber, Gallenblase, Milz, Niere. Im Taoismus des Lao-tse (5. Jahrhundert v. Chr.) lautet die dritte Stufe der Vereinigung mit der Weltseele: »Das Herz fest in die Hand nehmen!« Medizinische Kenntnisse darüber hatten die Chinesen nicht, dagegen eine ausgeklügelte Pulslehre.

Die griechische Philosophie rückte das Herz wieder in den Mittelpunkt: Die Sonne spendet äußere Wärme, diese wird einverleibt, im Herzen in innere Wärme umgewandelt und mit dem Blut verteilt. Daher ist das Herzblut etwas Besonderes. Das Leben ist an diese Wärme gebunden, das Herz funktioniert gleichsam als Zentralheizung. Kälte führt zum Herzstillstand. Für Aristoteles beginnt das Leben im Herzen des Embryo, die Mutter trägt ihr Kind auch »unter dem Herzen«. Die klassische Antike hatte vom Herzen als Pumporgan und vom Kreislauf des Blutes durch den Körper keine Ahnung. Die Bewegung des Blutes wurde als »Ebbe und Flut« betrachtet und auf Bewegungen der Arterienwände zurückgeführt. Merkwürdig ist die Doppelbedeutung des griechischen Wortes »kardia«, denn dies heißt einerseits Herz und andererseits Mageneingang. »Kardialgie« war bei Hippokrates der Magenschmerz, in der modernen Medizin meint man damit Herzschmerzen. Da aber unsere Wissenschaftspolitiker ohnehin den Latein- und Griechischunterricht abschaffen wollen, ist das auch schon egal.

Im europäischen Mittelalter wurden lediglich die Ansichten der Antike kritiklos übernommen, die Ärzte beschäftigten sich nicht mit Herzkrankheiten, sondern hatten andere Sorgen. Die großen Seuchenzüge von Pest, Pocken, Cholera usw. bedrohten die Menschen, die Mediziner waren dagegen hilflos. In jener Zeit entwickelte in allen Belangen nur die arabische Medizin neue Ideen, Ibn Ain Nafis beschrieb im 13. Jahrhundert den Blutkreislauf durch die Herzkranzgefäße.

Im christlichen Europa wurde das Herz als Sitz der Seele, »domus animae«, betrachtet. Von hier gehen die Gedanken aus und steigen hinauf in das Gehirn. Die im 12. Jahrhundert aufkommenden Herz-Jesu-Gebete bestätigten die Anschauung vom Herzen als Ort der Seele und der Liebe. Das »Herz Jesu« ist Symbol seiner aufopfernden Liebe. Noch heute ist die Redensart »ein Herz und eine Seele« geläufig.

Drei Bräuche beleben den Herz-Seelenglauben:
1. *Die gesonderte Bestattung des Herzens beim Totenkult.* Dies war bei den Hohenzollern, Habsburgern und Wittelsbachern lange Zeit üblich. Das Herz erfuhr deshalb eine besondere Behandlung, weil es zu den unsterblichen Teilen des Körpers gehört.
2. *Die Pfählung des Vampirs.* Durch Vernichtung des Herzens wird der Lebensrest getilgt, ein Auferstehen ist nicht mehr möglich.
3. *Der Herzbildzauber.* Wird das Abbild eines Menschen an der Herzstelle beschädigt, so wird der Betreffende krank oder stirbt. Wird dagegen ein Symbol des Herzens liebkost, so bedeutet das »in Liebe vereint«. Ein herzförmiges Amulett hat Dämonen abwehrende Kraft. Das flammende Herz verkörpert religiösen Eifer und ist ein Zeichen des Hl. Ignatius von Loyola.

Als um 1520 Hernando Cortez das heutige Mexiko eroberte, fanden die Spanier dort eine besondere Kultform des Aztekenreiches vor: die Herzopfer. Das war zunächst ein Kult zur Besänftigung der Kriegsgötter, um beim nächsten Kampf erneut zu siegen. Dabei wurde Kriegsgefangenen vom Priester durch einen Brustschnitt das lebendig schlagende Herz herausgerissen und dem Sonnengott geopfert. Zum anderen konnte nur durch das Blut rituell geopferter Menschen das Feuer der Sonne neu gestärkt werden.

In Europa wurde das Herz als Sitz der Lebenskraft gerne verspeist. In der Vorzeit als Kannibalismus vom siegreichen Kämpfer, später wurde dem Fürsten oder dem Jäger das Herz eines erlegten Tieres angeboten. Der Herz-Esser wird dadurch selbst beherzt. Ein harmloser Rest dieser Herz-Magie ist das Verschenken und Verspeisen von Lebkuchenherzen am Jahrmarkt.

In der bildenden Kunst wurde das Herz naturfern stilisiert; zunächst wurde es als auf der Spitze stehendes Dreieck symbolisiert und dann mit busenförmigem oberem Rand dargestellt, teils mit himmlischer, teils mit irdischer Liebe in Verbindung. Die Medizin als Naturwissenschaft begann mit dem Aufkommen von Anatomie und Pathologie. Der alteingesessene Autoritätsglaube an die Schriftsteller der Antike ging so weit, dass zunächst bei anatomischen Befunden, die den griechisch-römisch-arabischen Gelehrten widersprachen, erklärt wurde: »Video sed non credo!«, also »Ich sehe es, aber ich glaube es nicht«. Die katholische Kirche erlaubte 1480 den Medizinstudenten zwar Leichen zu sezieren, aber es dauerte bis 1628, als William Harvey den Blutkreislauf und das Herz als Antriebspumpe entdeckte. Bemerkenswert ist, dass der geniale Leonardo da Vinci (1452–1519), der selbst anatomische Studien an Hingerichteten trieb, den Blutkreislauf nicht kannte. Auch Harvey wusste nichts über die Bedeutung des Blutdrucks und hatte auch keine Ahnung von der Sauerstoffaufnahme durch die Lunge. Trotzdem war die Entdeckung des Blutkreislaufes einer der größten Fortschritte in Richtung zur modernen Medizin. Wenn es nämlich eine Blutzirkulation gibt, so müssen in die Blutbahn injizierte Medikamente alle Organe des Körpers erreichen können. Die Idee der intravenösen Injektion war da, jedoch hatte man keine geeigneten Medikamente. Dies führte dazu, dass sogar Wein und Bier injiziert wurden. Diese Methode wurde als »neue Klistierkunst« propagiert. Früh begann man auch mit Bluttransfusionen, 1667 etwa von einem Schaf auf einen Menschen. Die Sache endete für Mensch und Tier tödlich, denn erst im Jahre 1900 entdeckte Karl Landsteiner in Wien die Blutgruppen. Das Gegenteil der Transfusion, der Aderlass, erfreute sich jedoch bis ins 19. Jahrhundert großer Beliebtheit. Unzählige Patienten wurden durch übermäßiges Aderlassen von ihren Ärzten umgebracht.

1731 entdeckte der irische Landgeistliche Stephan Hales eine Möglichkeit, den arteriellen Blutdruck zu messen, aber erst in der zweiten Hälfte des 19. Jahrhunderts wurde dies eine Standardmethode der ärztlichen Untersuchung. Seit 1902 schreibt man Elektrokardiogramme, im Jahre 1958 wurde der erste Herzschrittmacher implantiert. Der reale Austausch eines Herzens durch Transplantation erfolgte erstmals 1967. Ein symbolischer Tausch von Herzen ist uralter Brauch und verfolgt eine christlich-religiöse und fleischlich-weltliche Linie.

Als Symbol der himmlischen Liebe ist seit dem Mittelalter der Wunsch überliefert sein Herz mit dem Herzen Jesu zu vereinen. So etwa im Gebet der 1246 verstorbenen Zisterziensernonne Hl. Luitgard, als sie zu Jesus sagte: »Ich möchte dein Herz haben«, worauf er ihr geantwortet hätte: »Und ich will deines haben.« Der Tausch der Herzen ist ein Bildsymbol für besonders innige Liebe. Demgegenüber steht eine verbreitete Art der Brautwerbung im süddeutschen Raum: Der Bursche schenkt dem Mädchen als Angebinde eine so genannte »Feige« aus Silber oder Bein, also eine kleine Nachbildung einer geballten Faust, bei welcher der Daumen zwischen Zeigefinger und Mittelfinger durchgestreckt ist. Diese Anhänger waren schon in der Antike gebräuchlich und galten als Aufforderung zum geschlechtlichen Verkehr. Hat das Mädchen dem Burschen die Miniaturfeige zurückgegeben, so war es mit allen weiteren Annäherungsversuchen aus. Hat sie ihm aber als Gegengabe ein silbernes Herz geschenkt, war die Zustimmung sicher. Das Mädchen hat dem Burschen symbolisch ihr Herz übergeben.

Das Herz wird noch heutzutage als Symbol in Baumrinden geritzt, auf Wände gesprayt, in die Haut tätowiert, in Liedern besungen und als zugkräftiges Schlagwort verwendet, von »Ein Herz für Kinder« bis »Ein Herz für Tiere«.

Auch in der Sprache schlägt das Herz

Kein anderes Organ steht so sehr im Mittelpunkt unseres Denkens, Fühlens, Handelns und Sprechens wie das Herz. Einige ausgewählte Beispiele mögen das ins Bewusstsein rufen.

»*Das Herz lacht im Leibe*«, wenn es uns gut geht, aber wir weinen »*herzzerreißend*« im Unglück.

Wir sollten uns Kränkungen nicht so sehr »*zu Herzen nehmen*«.

»*Wenig, aber von Herzen*« ist Hilfsbereitschaft auch in eigener Not.

»*Von ganzem Herzen*« freuen wir uns und gratulieren.

Man kann auch medizinisch gesehen »*an gebrochenem Herzen sterben*«.

Vertrauensvoll werden wir »*unser Herz ausschütten*«.

»*Schweren Herzens*« fassen wir unangenehme Beschlüsse, »*unruhigen Herzens*« erwarten wir Nachricht.

»*Wer etwas auf dem Herzen hat*«, soll es ruhig aussprechen.

Man kann sein »*Herz öffnen*«, aber auch »*verschließen*«.

Man wird »*sein Herz an etwas hängen*«, »*sich ein Herz fassen*« oder es wird »*etwas zu Herzen gehen*«.

Es kommt vor, dass wir etwas »*nicht übers Herz bringen*«, und man wagt nicht zu sagen »*wie einem ums Herz ist*«.

Wir können etwas nur »*halbherzig*« tun, aber auch unser »*Herz in beide Hände nehmen*«.

Man legt die »*Hand aufs Herz*«, will man etwas »*aus vollem Herzen*« bezeugen.

Es schmeckt etwas »*herzhaft*«, wenn es die Lebenskraft stärkt.

Was einem nahe geht, »*liegt einem am Herzen*«, es »*wächst einem etwas ans Herz*«.

Eine »*Last liegt auf dem Herzen*«, dagegen »*fällt ein Stein vom Herzen*«.

Man ist »*warmherzig*« oder »*kaltherzig*«, manchmal »*großherzig*«.

Das Herz ist nicht nur der biologische Mittelpunkt unserer Existenz, das Herz wird als bestimmend für unser Leben angesehen.

Arzt war doch nicht der richtige Beruf

Am 10. November 1759 wurde der Knabe geboren und auf den Namen Johann Christoph Friedrich getauft. Sein Vater war zunächst Wundarzt und Feldscher, später Leutnant und schließlich Leiter der Hofgärtnerei. Die Mutter war die Tochter eines Gastwirtes. Der Wunsch Theologie zu studieren wurde dem jungen Mann nicht erfüllt, er musste in eine Militärakademie eintreten und dort gab es keinen Theologieunterricht. Daher begann er mit dem Jusstudium, wechselte jedoch nach zwei Jahren zur Medizin. Unser Medizinstudent war ein hoch gewachsener, hagerer Jüngling mit rotblondem Haar und blassem, sommersprossigem Gesicht. Die Nase vorspringend gebogen, die dunkelgrauen Augen tief liegend unter rötlichen Augenbrauen, die Wangen eingefallen. Er hatte eine nicht sehr angenehme, sich bei lautem Sprechen überschlagende Stimme und seine Kurzsichtigkeit zwang ihn zu häufigem Blinzeln. Das Medizinstudium jedoch betrieb er voller Ernst und mit Erfolg. Bei den Schlussprüfungen des Jahres 1779 errang er vier Preise und bestand alle Fächer mit Auszeichnung. Bei der Feier waren hohe Gäste zugegen, darunter Johann Wolfgang Goethe, Mitglied des herzoglichen Regierungskabinetts in Weimar. Viermal stand der Medizinstudent dicht vor Goethe, der kaum zehn Jahre älter war als er. »Wie gerne hätte ich mich bemerkbar gemacht«, erzählte der Mediziner später. Aber Goethe nahm ihn nicht zur Kenntnis und konnte sich auch später nicht an diese Begegnung erinnern.

Mit 21 Jahren war die Medizinerausbildung zu Ende, der junge Mann wurde Regimentsmedikus. Trotz mehrfacher

Aufforderungen schrieb er nie eine medizinische Dissertation und wurde daher auch nie zum »Dr. med.« promoviert. Er war Militärarzt, aber ohne Doktortitel. Das einzig erhaltene Zeugnis für die Ausübung seines Berufes ist ein handschriftliches Rezept für ein »Brechwasser«. Nach zweijähriger Dienstzeit entschloss er sich zu desertieren und den Beruf zu wechseln.

- Wer war der Medizinstudent?

Friedrich Schiller (1759–1805) studierte an der Militärschule des Herzog Karl Eugen von Württemberg Medizin. 1782 floh er aus Stuttgart und vor dem Militärdienst. In kurzen Abständen erschienen bald darauf *Die Räuber* sowie *Fiesco*, *Luise Miller* und *Don Carlos*. Danach machte Schiller offiziell die Bekanntschaft Goethes.

Von Kindheit an war Schiller nie sehr gesund gewesen, sein extravaganter Lebenswandel kam als erschwerend dazu. Man kann ruhig sagen, dass er sich weitgehend selbst zugrunde gerichtet hat. Er war ein Nachtarbeiter und schrieb seine Werke in durchwachten Nächten. Abends stellte er Wein und Kaffee zurecht und schrieb bis zum Morgengrauen. Auf diese Weise entstanden seine klassischen Werke. Goethe meinte dazu: »Seine durchwachten Nächte haben unsere Tage erhellt.«

1789 wurde Schiller als Professor für Geschichte an die Universität Jena berufen. Damit verbunden war die Verleihung der Doktorwürde der philosophischen Fakultät. So wurde er doch noch Doktor, wenn auch nicht Doktor der Medizin. Sein Gesundheitszustand war labil, immer wieder litt er unter »Husten«, »Katarrh« »Frost und Hitze« (Schüttelfrost), »Stechen beim Atemholen« und so fort. Die Lunge war seine körperliche Schwachstelle, er wurde in den letzten 15 Jahren seines Lebens nie mehr gesund.

Am 1. Mai 1805 ging Schiller ins Theater, er war bereits sterbenskrank. Vor der Haustür traf er Goethe, der allerdings nicht in der Stimmung war, ihn zu begleiten. Sie gingen eine kurze Wegstrecke gemeinsam und verabschiedeten sich dann, ohne zu ahnen, dass sie sich zum letzten Mal gesehen hatten. Im Theater erlitt Schiller einen heftigen Fieberanfall, nach Hause zurückgebracht konnte er das Bett nicht mehr verlassen und starb am 9. Mai; er wurde 46 Jahre alt. Schillers Leichnam wurde seziert, der Obduktionsbericht ist erhalten. Daraus geht hervor, dass seine Lungen durch entzündliche Veränderungen beinahe komplett zerstört waren. Es ist sehr wahrscheinlich, dass er an Tuberkulose gelitten hat – beweisen lässt sich dies nicht mehr.

Knochenschicksale

Nach ortsüblicher Weimarer Sitte wurde Schiller in der Nacht vom 11. zum 12. Mai 1805 im Landschaftskassengewölbe, einer Gruft für Beamte, Offiziere und Angehörige des niederen Adels, beigesetzt. Goethe nahm an den Trauerfeiern nicht teil.

21 Jahre nach Schillers Tod ließ der Weimarer Bürgermeister Carl Leberecht Schwabe die Gruft öffnen um nach dem Skelett zu suchen. Da dort inzwischen 75 Tote beigesetzt worden waren, fand man ein Wirrwarr von zerfallenen Särgen und vermoderten Knochen. 23 nicht zerfallene Schädel wurden geborgen, darunter angeblich auch jener Schillers. In diesem Jahr 1826 lebten noch Schillers Diener und der seinerzeitige Sargtischler, außerdem hatte Schwabe selbst den Dichter gut gekannt. Für die Ausgräber stand fest: Schiller hatte den größten Kopf, also musste der größte Schädel der seine sein. Da Schiller hoch gewachsen war, schloss man weiters, dass die längsten Knochen zu ihm gehören mussten. Es wurden auch ein Schädel sowie die passenden Skelettteile gefunden und als Schillers sterbliche Überreste deklariert. Goethe pflichtete der Identifikation bei und verfasste ein passendes Gedicht:

> *»Im ernsten Beinhaus wars, wo ich beschaute,*
> *Wie Schädel Schädeln angeordnet passten;*
> *Die alte Zeit gedacht ich, die ergraute...«*

1827 fand die feierliche Überführung und Beisetzung in der Fürstengruft zu Weimar statt.

Im Jahre 1883, also 56 Jahre später, untersuchte der Anatom Hermann Welcker Schillers Totenmaske und einen Gipsabguss des »Schwabe-Schädels«. Er kam zu dem Schluss, dass das Skelett von 1826 nicht Schiller gehören könne, weil Maske und Schädel nicht übereinstimmten. 1911 unternahm der Schädelexperte August von Froriep einen neuen Versuch der Identifizierung. Er grub den Boden der Gruft nochmals um, barg weitere 63 Schädel bzw. Schädelteile und glaube in einem (Nr. 34) den wirklichen Schädel Schillers gefunden zu haben. Nun gab es zwei Schädel, die als Schiller-Schädel galten, und welcher von ihnen der echte war, ließ sich nicht entscheiden und so wurde der »Froriep-Schädel« mit einem passenden Skelett ebenfalls in der Fürstengruft beigesetzt. 1959 wurden beide Särge zwecks Ausbesserung von Fäulnisschäden geöffnet und die Schädel neuerlich untersucht. Das Ergebnis war niederschmetternd: Der »Froriep-Schädel« stellte sich als eindeutig weiblich heraus, im »Schwabe-Schädel« fand man künstlich eingesetzte Zähne. Bekannt war jedoch, dass Schiller zu Lebzeiten nur einen Zahn verloren hatte und sonst ein vollständiges Gebiss besaß. Es ist somit nicht auszuschließen, dass der 1959 in der Fürstengruft vorgefundene Schädel nicht der gleiche war, den Schwabe gefunden hatte.

Literatur

Adam B.: *Die Strafe der Venus. Eine Kulturgeschichte der Geschlechtskrankheiten*. Orbis, München 2001

Albring, W.: *Gorodomlia. Deutsche Raketenforscher in Rußland*. Luchterhand, Hamburg 1991

Astre, G. A.: *Hemingway*. Rowohlt, Reinbek 1984

Barnard, Ch.: *Mein Weg als Arzt und Mensch*. Scherz, Bern 1969

Barnard, Ch.: *Das zweite Leben*. Piper, München 1993

Barth, H.: *Hermann Oberth. Begründer der Weltraumfahrt*. Bechtle, München 1991

Bauer, W. A.: *Angelo Soliman, der hochfürstliche Mohr*. Gerlach und Wiedling, Wien 1922

Bäumler, E.: *Amors vergifteter Pfeil*. Piper, München 1989

Blumenberg, W.: *Karl Marx*. Rowohlt, Reinbeck 1989

Brabbée, G.: *Sub Rosa. Vertrauliche Mitteilungen aus dem maurerischen Leben unserer Großväter*. Rosner, Wien 1879

Burgess, A.: *Ernest Hemingway*. Hoffmann und Campe, Hamburg 1980

Canby, C.: *Geschichte der Rakete*. Edition Rencontre, Lausanne 1964

Das Herz. Eine Monographie in Einzeldarstellungen. Band 1 und 2. Thomae, Biberach 1965 und 1966

Der Koran. Übersetzung von Rudi Paret. Kohlhammer, Stuttgart 1989

Deutsch, A.: *Sammlung von Wiener Schattenrissen aus dem Jahre 1784*. Verlag »Wiener Freimaurer-Zeitung«, Wien 1928

Dolmetsch, C.: *Unser berühmter Gast. Mark Twain in Wien*. Edition Atelier, Wien 1994

Durant, W.: *Weltreiche des Glaubens. In: Kulturgeschichte der Menschheit*, Band 5. Ullstein, Frankfurt 1981

Erlanger, P.: *Ludwig XIV. Das Leben eines Sonnenkönigs*. Societäts-Verlag, Frankfurt 1976

Esser, M.: *Der Griff nach den Sternen. Eine Geschichte der Raumfahrt*. Birkhäuser, Basel 1999

Forßmann, W.: *Selbstversuch*, Droste, Düsseldorf 1972

Franke, H. W.: *Triumph der Herzchirurgie*. Kindler, München 1968

Friedenthal, R.: *Karl Marx. Sein Leben und seine Zeit.* Piper, München 1981

Garrett, L.: *Die kommenden Plagen. Neue Krankheiten in einer gefährdeten Welt.* S. Fischer, Frankfurt, 1996

Gräter, C.: *Götz von Berlichingen. Auf den Spuren eines abenteuerlichen Lebens.* K. Theiss, Stuttgart 1986

Hemingway, L.: *Mein Bruder Ernest*. Rowohlt, Reinbek 1962

Hotchner, A. E.: *Papa Hemingway*. Piper, München 1966

»Islam. Die Geschichte einer Weltreligion«. In: *Damals*, 34. Jg., 3/2002

Krohn, W.: *Die letzten Lebensjahre Ludwig's des Vierzehnten*. Costenoble. Jena 1865

Küpper, H.: *Illustriertes Lexikon der Deutschen Umgangssprache*. Bd. 1. Klett, Stuttgart 1982

Lapiere, D.: *Ihr seid die Hoffnung*. Bertelsmann, München 1991

Leuschner, L. und H. Herrlich: *Berühmte Biologen und Mediziner*. Klett, Stuttgart 1995

Lynn, K. S.: *Hemingway*. Rowohlt, Reinbek 1989

Mannebach, H.: *Hundert Jahre Herzgeschichte*. Springer, Berlin 1988

Marchis, V.: »Wernher von Braun.« *Spektrum der Wissenschaft*, *Biographie* 4/2001

Marx, K. und F. Engels: *Manifest der kommunistischen Partei*. Dietz, Berlin 1958

Menegazzi, C.: *Ludwig der XIV. Kaiser*, Klagenfurt 1987

Mertz, D. P.: *Geschichte der Gicht*. Thieme, Stuttgart 1919

Mochmannn, H. und W. Köhler: *Meilensteine der Bakteriologie*. G. Fischer, Jena 1984

Neumann, H. J.: *Friedrich der Große*. Edition q, Berlin 2000

Nöstlinger, E.: *Den Osten im Westen suchen. Die Lebensgeschichte des Christoph Kolumbus*. Beltz, Weinheim 1991

Osman, N.: *Kleines Lexikon deutscher Wörter arabischer Herkunft*. Beck, München 1997

Palm, K.: *Suppe Taube Spargel sehr sehr gut. Essen und trinken mit Adalbert Stifter*. Löcker, Wien 1999

Parsons, N.: *El Negro/El Negre of Panyoles*. University of Botswanda, History Department, 2000

Pilgrim, V. E.: *Adieu Marx. Gewalt und Ausbeutung im Hause des Wortführers*. Rowohlt, Reinbeck 1990

Portele, K.: *Über menschliche Stopfpräparate in Wiener Sammlungen*. Wiener klinische Wochenschrift 70, 322, 1958

Raddatz, F. J.: *Karl Marx. Der Mensch und seine Lehre*. Rowohlt, Reinbeck 1987

Reimann, V.: *Der Iffland-Ring*. Deutsch, Wien o.J.

Renz, A.: *Lebensgeschichte des Ritters Götz von Berlichingen mit der Eisenhand*. Selbstverlag, Mosbach 1939

Rius: *Marx für Anfänger*. Rowohlt, Reinbeck 1983

Ruffie, J. und J. Ch. Sournia: *Die Seuchen in der Geschichte der Menschheit*. Klett-Cotta, Stuttgart 1987

Schipperges, H.: *Die Welt des Herzens*. Knecht, Frankfurt 1989

Scholler, H.: *Die Geschichte der Wiener naturhistorischen Sammlungen*. Naturhistorisches Museum, Wien 1958

Schöne, A.: *Schillers Schädel*. Beck, München 2002

Schuller, V.: *Hemingway und die Frauen*. Stern, Hamburg 1989

Staiger, J.: *Herz und Kreyslauf im Wandel der Zeiten*. Herchen, Frankfurt 1997

Stein, W.: *Kolumbus oder wer entdeckte Amerika?* Hirmer, München 1992

Stuhlinger, E. und F. I. Ordway: *Wernher von Braun. Aufbruch in den Weltraum. Die Biographie*. Bechtle, München 1992

Thoraval, Y.: *Lexikon der islamischen Kultur*. Primus, Darmstadt 1999

Thorwald, J.: *Die Patienten*. Droemer Knaur, Zürich 1971

Weiss, W. M.: *Islam*, DuMont, Köln 1999

Wiench, P.: *Die großen Ärzte. Geschichte der Medizin in Lebensbildern*. Kindler, München 1982

Winkle, St.: *Geißeln der Menschheit*. Artemis und Winkler, Düsseldorf 1997

Wollf, K.: *Lebensbeschreibung des Ritters Götz von Berlichingen zugenannt mit der Eisern Hand*. Die Lese, München 1911

Zweig, St.: *Sternstunden der Menschheit*. S. Fischer, Frankfurt 1950